中國哲學史話

張起鈞 吳怡 著

三民書局

國家圖書館出版品預行編目資料

中國哲學史話 / 張起鈞,吳怡著.——三版四刷.——
臺北市: 三民, 2018
面; 公分

ISBN 978-957-14-3981-5 (平裝)

1. 哲學 — 中國 — 歷史

120.9 93005338

 中國哲學史話

著作人 張起鈞 吳怡
發行人 劉振強
著作財產權人 三民書局股份有限公司
發行所 三民書局股份有限公司
地址 臺北市復興北路386號
電話 (02)25006600
郵撥帳號 0009998-5
門市部 (復北店)臺北市復興北路386號
(重南店)臺北市重慶南路一段61號

出版日期 初版一刷 1964年1月
三版一刷 2004年11月
三版四刷 2018年1月
編號 S 120050
行政院新聞局登記證局版臺業字第〇二〇〇號

ISBN 978-957-14-3981-5 (平裝)

http://www.sanmin.com.tw 三民網路書店

獻給讀者的話

本書的目的在用通俗的語言，輕鬆的筆調，介紹中國哲人的思想，我們的重心不在尋章摘句、作講「書」式的註釋；而是希望能融會貫通，用簡明扼要的文字，向讀者報告那些哲人究竟說了些什麼。尤其希望把他們所以苦口婆心、諄諄說教的底蘊烘托出來，使世人明白他們真正精神的所在；以使後人聞風而起，接著他們的棒子跑下去。

這一想法對於作者來說，實在是一超額負擔；真使我們深深的感到：心有餘而力不足。但現在既然因緣輻湊，來挑起這沉重的擔子，便唯有不揣鄙陋，竭盡全力的去作。書中文章雖都平淡稀鬆，距離理想極遠，但每一篇都確曾反覆推敲，幾經刪潤；其中三分之一以上的篇章都曾徹底改寫過四、五遍之多，甚至短短的一兩百字，也常常耗盡了三、四天的苦思。至於力不從心之處，只有請讀者原諒和教正。

尤其要向讀者聲明的，作者雖力求冷靜客觀，以符哲人的原意，但事實上終難免攙進「個人的理解」；甚至在許多闡發精神旨趣，講述傳承使命的地方，很可能流露出主觀情感和意念。這在年長的讀者，冷眼旁觀一望可知；但對年輕的朋友，我們卻生怕這「可能曾有的私見或偏差」，或許會妨礙了對哲人們的正解，那我們就不勝遺憾了。因此希望最好能參讀哲人們的原著和前賢的解講，庶幾「兼聽則明」，而避免本書或有的弊端。

還有一點要附帶一提的，就是喜歡輕鬆的讀者們，我們建議先從第二章看起，等全書看完之後，再回來看第一章（中國哲學的傳統精神），以免為這章嚴肅的文字，打斷了閱讀的興趣。

最後，希望讀者諸君不吝賜教，如發現有錯誤不妥之處，不論公開指責或私相函告，都一律感謝，一切寶貴的意見，我們都敬謹接受，並將於再版時，儘量據以改正。

張起鈞 謹識

再版自序

一

《中國哲學史話》於去年元月印行，到今天（民國五十四年元旦）整整一年了。一年來我們時時感到這書還是太早拿出來。單以錯字來說就有七、八十處都未校出。其他更不要論了。但是讀者諸君對此並未介意，反而紛紛嘉勉，甚至還有許多學人遠從歐美菲澳來信獎譽，真使我們不勝惶慚和感謝。不過在惶慚之餘，有一點自信還足以告慰大家的，就是這本書的撰寫旨趣。它不僅想把哲學思想推廣到「哲學界」之外，同時還想更真實的表達中國哲人的意境。而後者正是在撰寫中國哲學史的一種嘗試。這一嘗試如果能有些微貢獻，而給大家開闢一條新路，也不枉讀者諸君的一番愛護。這一點每與友朋談起，並承殷殷垂詢，因此乘這出書一年的時節，作一書面報告，以示答謝讀者諸君的關懷和盛意。

二

中國本來並無「哲學史」之類的著述；比較近似的，只有《宋元學案》、《明儒學案》等書。這些書雖然也在依著時代介紹各家各派的學說思想，但它們只是將各家重要的著述摘錄彙列在一起而已，與西方所謂的「哲學史」實大不相同。而第一部用西方哲學史的方式來寫中國哲人思想的，當然就是那部眾所周知、胡適先生所撰的《中國哲學史大綱》上卷，這書雖只出了上卷，並未寫完，但它所介紹的方法卻打破了傳統的「學案」藩籬，而給國人帶來一個新的研究途徑。於是「哲學史」之類的著作，便如雨後春筍般的出現在文壇了。但其中頗多彼此模仿，少有推陳出新之作。真能夠稱得上「第一手」(First Hand) 而又寫完全了的，當然要推馮友蘭先生的《中國哲學史》。這本書不僅在國內獨步一時，成為權威的著作，並且經美國卜德 (Berk Bodde) 教授譯為英文，成為英文中唯一的一本中國哲學史（另有《中國哲學簡史》(*A Short History of Chinese Philosophy*) 一書是馮氏根據前書為藍本縮寫的）。其所以有如此的盛譽，自是由於內容精審，水準高超；尤其中國哲學以往並未經過有系統的整理工作，馮氏首作全史，開疆闢土，功不可泯，這也是不必多贅的。但從學術史的觀點來看，則馮氏此作的主要貢獻乃是他第一個用西方的方式寫完一部中國的哲學史。但天下事往往是「利之所在，弊亦生焉」的，他的貢獻固然在用西方的方式寫，而其弊端也就是在用「西方」的方式來寫了。

三

何以說「用西方的方式寫」是弊端呢？因為中國哲學畢竟是中國哲學而與西方哲學的路數和情調大不相同。現在用西方的方式寫，固然就邏輯理路方面清晰明白，遠較前人的支離摸索為佳；但是就在這有條有理的敘述中，卻把中國哲學塑造成一套邏輯的論辯，一如西方哲學，而忘掉了中國哲學的「實踐精神」。這「實踐精神」不僅為中國哲學特徵之所在，同時也正是那套邏輯論辯所附麗的主體，若捨此而不論，那就無從了解中國哲學的本來面目。這種重實踐的精神，就是馮友蘭先生本人也完全同意。馮氏在其《中國哲學簡史》第一章論及中國哲學的精神時，便引錄金岳霖教授的話道：（馮氏所引據，云為金氏未發表的手稿，原文不詳，故下文為就該書英文譯出者。）

由於倫理、政治、審思、知識備於一身，因此所有中國的哲學家都可說是不同程度的蘇格拉底。知與德在他們（按：原文為「他」，茲為適應中文語氣譯為「他們」），為不可分的同一件事。他們的哲學需要他們身體力行（原文為 live）甚至自己就是實現其哲學的工具。按照自己的哲學信念而生活，就是他哲學的一部份。他的所為就在不斷堅定的鍛鍊自己，以達到超乎「自私」和「以自我為中心」的純淨境界，從而與天地合而為一。這種鍛鍊的進行，顯然不能停止；因為停止就等於私我出現失去天全。因此在「知」的方面他要永遠鑽研摸索，在「行」的方面他要永遠勉力而為。知行既不能分，乃在「哲學家」的本義下（鈞按：哲學家本義為蘇格拉底自稱之「愛智者」）融合於其身。就如蘇格拉底一樣他並不把哲學當作上班才作的事。同時也如蘇氏一樣絕不置身人生邊緣，而作一個與世隔絕的黯淡哲人。對他而言，哲學絕不僅僅是一套為了使人理解的觀念形態，而實是哲學家行為所依據的箴言體系；推而極之，甚至可說他的哲學就是他的史傳。

金岳霖先生這種說法，我們完全引為同感。尤其他說一個人的哲學有時甚至可說就是他的小傳，真是把中國哲學家的精神宣洩無餘。在這種情形下我們怎麼可以把它拿來和西洋哲學一樣處置，而只把理論加以組織說明便算了事？我們縱不說哲學就是他的小傳，行為就是他的想法；但至少應該承認思想和行為是其同一人格的兩種表現。那也就是說學說思想是他人格在文字方面的表現，而人生行為是他人格在行動方面的表現，這兩者任缺其一都不足以了解其人格的全面。其實這還是從表面來看，若進一步分析，則中國哲學除了先秦的名家、魏晉的玄論等少數派別不計外，所有主要的學派自孔子、墨子……以迄王陽明無不是以人生的實踐為主，而學說思想不過是其行為的說明與推動而已。因此若把哲人的行止出處棄置不論，而只講他的思想，又怎能把握住中國哲學的真意，標揭出中國哲學的特徵？這一點就是撰《中國哲學史》的作者馮友蘭氏也要承認吧（由其徵引金岳霖氏的話可為證)。我們所以說：「用西方的方式寫中國哲學史」是有弊端的，其故在此。

四

正由於上述的弊端，所以我們才有《中國哲學史話》的撰寫，以謀補正和改進。我們在《史話》中不僅介紹哲人的思想，尤其要闡述他為什麼有此立言造論的底蘊。我們想把哲人的思想和行為打成一片，以使其人格和懷抱完整的展現在讀者的眼前。因此雖有故事穿插，卻絕不是為了輕鬆湊趣，雖則它也能給讀者帶來不少的趣味。

這種寫法不過是我們的一個理想而已，至於實際如何能把哲人的行為和思想打成一片，如何能從德知兩方面烘托出哲人的完整人格和意境，實不是簡單易為的事，我們此處所作不過是一種拋磚引玉的嘗試而已。在從事這種嘗試工作中，我們深深的體會到：不僅每位哲人都有其立言的旨趣和其努力的懷抱。而他們這些旨趣懷抱竟是彼此呼應關聯的；不僅彼此呼應關聯，並且還是在彼此間具有共同精神的。這種共同精神若從一家一家細為比較，自然很難看出；但若持而與西洋或印度的哲學思想來比較，那就昭然若揭了。試看希臘哲人自泰利斯直到集大成的亞里斯多德，他們一意所求的可說是全在客觀真知，一心嚮往的就是真理，因此才有所謂「愛智之學」。再看印度以及西洋中古的哲人，他們雖是終日孜孜矻矻於思辨的園地，並且對哲學有著極大的貢獻，但是他們所為的卻是宗教。一切學說思想在他們心中，可說是要去理解和闡揚宗教的工具而已。在這種對照下，便很清楚的可以看出中國哲人的不同情調了。中國哲學家中雖也不乏與西洋印度哲人相同的，但大體說來卻：既不是為了抽象的客觀知識和真理，也很少是為了往升天國（當然有些佛學家應作例外），而他們卻是為了改善世道造福人群。儒家如此，墨家、法家也是如此，就是道家也不例外（因為他們也都是認為人能按照他們的想法而生活，才是最幸福的）。甚至佛學，雖是從印度傳來的出世之學，但也受了這種精神的感染，而與印度的本來面目頗有不同。只看大乘之學在中國特別發達就是明證。總而言之，大家都可說是為世道而學問。這一情調正是中國哲學與西洋印度大異其趣的。當然，我們不能說在中外之間一刀劃清，說西印哲人完全沒有這種情調，或說儒墨等家並無西印哲人的追求；因為人類總是人類，心豈無所同然？但中國哲人之普遍的懷著這種抱負而為學，則斷斷不是西洋與印度所有的景象。

在這為世道而學問的洪流中，我們又可以看到儒家實別有其一貫相承的精神，那就是他們標榜要以內聖外王的學養來作救人救世的奮鬥。而這一精神就構成了儒家所以為儒家的法印。我們試看，從孔子、孟子、荀子、……直到程朱、陸王，他們的學說內容是如何的不同，討論的問題是如何參差互異？但儘管不同互異，卻不害其同為儒家，並且他們還都自命是繼聖人之絕學，傳孔子之真道。這其中的關鍵就在他們都是秉承著同一精神，作著同一的奮鬥。至於學說內容的不同那不過是由於時代環境不同而生「禹稷顏子易地則皆然」之說法而已。這種內聖外王、救人救世的精神雖是由孔子而光大，但其淵源卻遠承自歷代的聖王（即民族偉人的代表人物），所謂堯舜禹湯文武周公者是。而這種歷代相承的內聖外王救人救世精神，也就是宋儒以來所說的「道統」了。這道統精神就其光大於孔子，且為儒者一貫的標榜而言，自是儒家的特有之物，但就其遠紹自堯舜禹湯、列祖列宗而言，則是我民族的共同產品，它實普遍的潛存於中國人的血液中；而非儒家一家所得而壟斷。因此每一個有心的中國讀書人，無不多少具有幾分這種精神，自先秦的墨、法、陰陽各家以及後世非儒非道、亦儒亦道的人士莫不皆然；不過不像儒家那樣親切分明、鄭重標榜而已。試看墨子與孔子，宋牼與孟子除了主張見地不同外，他們救世的熱忱又有什麼不同？由此看來這內聖外王救人救世的道統精神，不僅是儒家的中心懷抱，同時也流露在其他的各家各派。其間雖有佛教學者可稱例外；但佛學在中國哲學史的兩千五百年中，只有七百年佔優勢；其餘的時間大體可說全是儒家的天下。正因此故，所以當我們敘述各家的思想時，可以清清楚楚的看到儘管他們的學說內容彼此大相逕庭，但其立說的旨趣奮鬥的懷抱，卻每多相同互似之處，甚至還前後呼應，一貫相承，而上述的道統精神就正是這統貫全程的主流。

五

由於對上述這一事實的體認，所以很幸運的，本書在無形中有了一個中心靈魂。因此雖是分章介紹不同家派的思想，但彼此間卻不是隔離孤立的。我們除了把各家思想前後激盪呼應的關係指明外，並抓住他們一致百慮、殊途同歸的精神，而把各個哲人的奮鬥編織起來，使全書成為一個有系統的完整結構，使全書表現出一個完整統一的氣氛。於是不僅把中國與西洋印度哲學的相異情調足以烘托出來，並且有力的說明了中國哲學的特徵是什麼。從孔子到王陽明我們隨處可以看到哲人們是如何的為傳統抱負而奮鬥，而他們的學說是如何的在表達這種中心的旨趣。這種相承一貫的精神，這種完整統一的氣氛，雖是哲人們所表現的客觀事實，但既由我們體認而說明，於是便如前述，無形中成了本書的中心靈魂，而從寫作的觀點來看，也就成了我們貫穿全書脈絡的骨幹。假如要問本書有無特點，我們可以說有的，就是拿這內聖外王救人救世的道統精神為主流，來說明中國哲人為世道而學問的旨趣；因此使對中國哲學的本來面目，能有正確的認識。假如本書還能有一點些微貢獻時，也只有這一點還能勉強濫竽充數。因為把兩千五百年的哲學思想，用一個一貫相承的精神來講解說明，這還算是一個新的嘗試。當然這也只是一個「嘗試」而已，我們希望這個嘗試能發生拋磚引玉的作用，而引出許多偉大的作品，以光大我中國的哲學領域，以發揚我中國哲人的傳統精神。

六

在此有一個附帶說明的，就是本書題材的按排。本書既是以道統精神為貫穿全書脈絡的骨幹，因此全書的取材和結構，便不能不以這個主旨為歸依。一年來有很多友人向我們問到下列的許多問題：

(一) 楊朱並無著作傳世，留下來的話不過三句而已，為什麼也寫一大篇？

(二) 董仲舒，尤其是韓愈，並不是什麼了不起的哲學家，為什麼竟也各佔一章，大寫特寫？

(三) 王弼和抱朴子也同樣分量太輕，不值得寫成兩章。

所有這些問題的答案，都由於按照前述的主旨按排而形成的，孔子是第一個講學論道的，依據孟子的說法，孔子的思想所以發生動搖，就是由於楊墨興起的緣故。所以他以距楊墨彰孔子自任。假如我們只寫墨而不管楊，則孟子的呼籲奮鬥豈不成了無的放矢？因此便不得不把楊朱也寫成一章。當然根據三句話而寫成一章也不是一件省力的事。同樣的理由也把王弼和抱朴子各寫一章，分別代表道家和道教，以免有佛無道，而使宋儒闢老排佛的運動沒有著落。至於董仲舒和韓愈二人，我們雖明知不是什麼大哲學家，但是他們卻在道統精神發展的轉捩點上，佔有極重要的歷史地位。我們為了說明這種轉變的動向，不能不請出他們來，以使敘述有所附麗。例如前述的內聖外王道統精神，我們就是放在韓愈章內說明的。而那表彰六經獨尊儒術的歷史大事，也自然要請出董仲舒來說明，何況董氏重義輕利的呼籲又是從孟子到宋儒的一個重要橋樑呢？至於他們的哲學地位，我們早已用「功臣」和「文豪」兩辭為標題；而暗示他們的成就實不在哲學了。

此外還常常有朋友談到佛學的部門寫得太多。實則在我們幾經考慮的結果，這已是最緊縮的寫法。試問就中國思想界的立場來看，我們能不寫慧能(禪宗)麼？寫了慧能後，能不寫玄奘(法相宗）麼？但既寫玄奘的法相宗又怎能對教下三宗的其他兩宗——天台、華嚴拋棄不管。因此又勢必要寫智顗（天台宗）和法藏（華嚴宗）。但佛學之有如此成就並非來自一朝，何況它還是自印度輸入的，因此對這一輸入和發展的過程勢不能不有所交代。因此又寫了佛圖澄和鳩摩羅什兩章，以作介紹宏法（佛圖澄）和譯經（鳩摩羅什）的運動，庶使讀者，不致有突如其來的感覺，所以這實在是不能再少的節約寫法了。

按：本文內容曾以「《中國哲學史話》的旨趣」為題，於中國哲學會第六居年會（民國五十三年十二月二十日）中由本人作專題報告。嗣並於《新天地》三卷十一期發表。今逡錄於此，用作再版序言。

張起鈞 謹識

中國哲學史話

目次

第一章　中國哲學的傳統精神

一

「哲學」是一個西洋名詞，是指一種思辨明理的學問。我們中國從前雖然有類似的研究，並且也有非常卓越的成就；但其研究的態度，取捨的範圍，卻不與西方所稱的「哲學」相盡同。我們今天也一起籠統的稱之為「哲學」，說它是中國哲學，不過是一種方便的說法而已。中西「哲學」的內容和意義既不太相同；研習者的旨趣，自然也彼此參差，不免互異。因此我們現代雖也稱孔孟老莊等人為哲學家；但他們的精神、性質，實與西方的哲學家大不相同；而這一差異的所在，正構成中國哲學家的傳統特質。

中西哲學，以及中西哲學家的差異所在，當溯源於其興起的背景。西洋哲學是興起於古代希臘，約當西元前六世紀到四世紀的兩三百年間。那時境內大體安定，生活優裕。哲人身處其間，既無偉大的政治場面鼓舞其興致（希臘境內當時只是許多小國寡民的城邦而已）；又無嚴重的憂患問題迫使其解決。因此足以引起他們注意的便只有這面臨身處的大自然了。他們不思則已，要思考便會想到宇宙的基本問題，而去海闊天空的追問宇宙的本源；超乎人我的去探討自然理律；並從而輕描淡寫的去構畫其人生的夢境。

但中國的哲學家便沒有這樣幸福了。中國的哲學是興起於春秋戰國時代，那時人們遭逢史無前例的巨變，作為經濟基礎的井田制度(土地公有、財富平等)，作為政治和社會骨幹的封建制度，這些都是人們有記憶以來惟一無二的傳統制度。這時都崩潰瓦解，發生革命性的變化。「君」「父」是人之大倫，為宗法道德的無上尊嚴守則，而這時竟是：「臣弒其君者有之，子弒其父者有之」。再加上戰禍頻仍，民生塗炭，已是到了天翻地覆，簡直活不下去的境況了。這時，醉生夢死無知無識的，自當別論；只要有頭腦的，擺在他面前的問題，便是這整個社會應該怎樣才能活下去。這是一個活生生的現實問題，而不是紙上談兵的理論遊戲。唯其如此不同，所以希臘哲人偏於愛智，而其所追求的，不是外在現象的客觀理解；便是諸般事物的抽象邏輯；流風所及便樹立了西方哲學的特徵。至於中國先秦的哲人，由於環境使然，都一致偏於實踐。除了極少數的辯析之士：如惠施、公孫龍等喜作抽象的名理討論外，他們努力追求的主流，全是覓取合理應行的途徑，謀求人世問題的根本解決。換句話說，就是要尋求至道，以救人救世。這並不是說西方的哲人不講求人生世道的問題，但他們的講求，多半是求之於邏輯的推論；而中國哲人的論斷則都是求之於人世的實際體悟和證驗。唯其求之於邏輯，往往理論響亮，事實卻感扞格不通；非徒閉門造車，難合實際；有時簡直就是朱子所說的「彌近理而大亂真」了。例如柏拉圖的《理想國》，你能說理論不妙，陳義不高嗎？但假如真要付諸實施時，不僅不能達於至公至愛，各揚其德的理想；反之卻將是百分之百的共黨人民公社（因為人民公社還未作到柏氏共妻共子的地步）。這豈是柏氏所能料及？其所以如此者，就因為他這一套都是坐在書齋內憑空杜撰的；不僅對於世事並無證驗，就是對他本心也無堅定的信念；一旦思考理論別有發展，又會提出其他的主張了。試觀柏氏另一著作《法律論》中的主張，不就與《理想國》中的大異其趣嗎？至於中國哲人就不同了，他不是坐在書齋裡，亂想主張；而是投身在社會中，以生命求之。試看孔子，他是「食無求飽，居無求安」，而一心志道，甚至說：「朝聞道，夕死可矣。」這樣求來的結論，自然是深厚有力，而非空論可比。他們不僅以生命來求道，並以生命來行道。孔子的栖皇一代，「知其不可而為之」，不必說了；墨子又何嘗不是「摩頂放踵，利天下為之」？他與信徒弟子嚴格實行他那兼愛非攻，尚同尚賢的主張，不惜以身相殉。姑且不論這些都是哲學大師，就是次要的如許行、陳仲子之流，也無不是篤行自己的主張。許行闡揚神農之道，認為「賢者與民並耕而食」，他便「與其徒數十人，皆衣褐捆屨，織席以為食」。陳仲子是齊國的世家巨族，他尚廉貴義，認為家中的祿俸是不義之祿，家中的宅室是不義之居；他就毅然偕妻離家，遠處於陵，甘度那貧困飢寒的生活。最令人感動的，是晉朝的一位哲人慧遠，他是和尚，篤信佛法，嚴守戒律。當他病危的時候，弟子們勸進豉酒，他認為違反戒律不飲；又以蜜和水漿進奉，他不知是否違律，叫弟子們檢閱律文以作決定，檢閱未半而死。像他們這些主張結論，都是付出了生命代價而得來，又付出生命的代價而信守的，自然嚴肅認真，不會像柏拉圖的輕率立說，忽又變論。更不會像萊布尼茲藏起一套說法，而又另拿一套來肆應公卿權貴了。因此西方的哲學家只是智者，而中國的哲學家則往往都是聖賢。由於智者和聖賢的不同，使得中西哲學的本質也大不一樣。西方哲學都是智者思考的紀錄，而中國哲學則都是哲人們救人救世的方案；儘管大家方案不同，觀點互異，而這種精神卻自始至終，一以貫通，毫無二致。我們只要一溯源流，便昭然若揭了。

二

前面說過中國哲學興起於春秋戰國時代；何以起於這時，其原因雖很複雜，但最重要的就是因為這一時代有著嚴重而深刻的問題，引起了仁人志士們的奮起。所謂：「殷憂啟聖」者是。須知有病才去尋醫覓藥，沉痛的刺激才能迫使人們去潛心思考。當時仁人志士們眼見天翻地覆，難於坐視，才群起奮思，徹底檢討問題，想找出一個解決辦法；而我們今天研究的所謂哲學（指那一時代留下來的哲學典籍），就是他們這些辦法和有關討論的記載了。在這些仁人志士中的第一個，也是最偉大最有成就的一個，當然就是孔子。如以舊日的禮法制度來論，孔子可說是一位點石成金的守舊派。孔子眼見大廈將傾，滿目瘡痍，這不是頭痛醫頭，腳痛醫腳的問題；要挽狂瀾，唯有重建傳統禮法，恢復全面的秩序，從這一點我們說孔子是守舊派。但他這守舊，並不是頑固的復古；而是保留舊有的形式，賦與了高深的意義、進步的內容。唯其有進步的內容，才能解決新的問題；唯其有高深的意義，才有追求的價值。這正是孔子以「述」為作，點石成金的高明手段。

仁人志士們的想法，當然不能盡如孔子的老成圓到；尤其在一個制度趨於崩潰的時候，大家所見到的，往往都是那一制度的缺點流弊。因此振奮而起的哲人們，都是對舊有禮法採取反對態度，而各自提出認為正確合理的途徑，以謀代替。在這一怒潮中，最主要的見解，可說有兩派：一派是墨家，一派是道家。墨家創自墨翟，他認為世亂道衰，都是起於大家不相愛。假如大家都能一致相愛，毫無畛域，那裡還有互相賊害之事？天下又那有紛亂？因此高唱「兼愛」之說，奔走呼籲；並提出許多革命性的具體主張，來推翻舊有禮法，以謀挽救世道。他的信徒很多，聲勢很大；不僅禽滑釐、相夫氏、相里氏、鄧陵氏等在張大其說，宏揚墨教；就是「禁攻寢兵」，「雖饑不忘天下」的宋鈃、尹文，也是屬於他的陣營。至於另一派的道家，則是逐漸演變而成的。這一派最先享名的是倡「為我」說的楊朱，而集大成的則是還淳返樸，為弱居下的老子。其後莊子出來，詩情哲意，超逸動人，更是推波助瀾，增色不少。道家思想都是恬淡自守，消極出世的；甚至楊朱還公然明倡「拔一毛而利天下，不為也」的主張。表面看來，似與我們所說救人救世的旨趣無關。殊不知道家所以倡導這種思想，實因鑑於社會民生所以陷於紛亂痛苦，都是捨己逐外，妄事紛華之所致。因此才提出他們認為幸福的人生，而想解脫人民於苦海。並且他們還認為：假如人人都行其道，個個都能恬淡自守，世間自然無人作惡為非，天下自然歸於寧靜太平。試問這不是救人救世，是在作什麼？不過他們用的是一種消極姿態，消極辦法罷了。

翻案的文章，照例比正面文章容易精彩。道墨這種強調一端的主張，比起維持社會全面均衡的儒家學說，自然出色動聽。因此這兩家的新奇創見，迅速的便壟斷了當時的思想界，使孟子不得不慨歎：「楊朱墨翟之言盈天下；天下之言，不歸楊，則歸墨。」實則道墨兩家，理論上雖都很高妙，但若真要付諸實施，不僅流弊極大；並且要使社會解體，國本動搖。試問人們果真徹底「為我」，還那有社會組織？人們果真徹底「兼愛」，還那有人倫道德？無組織，無倫常，社會國家又怎能維持？這種趨勢（即道墨兩家在思想界的優勢）若繼續發展下去，危機將不可勝言。於是乃有孟子荀子一般見遠思深之士，出來力闢眾說，宏揚儒術。荀子曾把所有重要的各家學說，都一一指出其蔽惑不可之處，而闡明孔子之道才是唯一健全可行的王道。孟子更是大聲疾呼，以闢楊墨彰孔子而自任。孟子這種熱誠衛道的精神，不僅遭受許多淺見之士的誤解；甚至他的弟子也懷疑他好辯。但是又有誰知道他之出於不得已的一片苦心？他的辯難並非只是作些學術的討論，更不是要與人爭一日的短長；而是他深知「楊墨之道不息，孔子之道不著」，則邪說流行，道德淪喪，結果會是人將相食，民無噍類。因此他才深自恐懼，不得不起而論戰。他把這論戰比作禹抑洪水，周公兼夷狄驅猛獸，和孔子成《春秋》。也就是說他這論戰，乃是關乎整個民族存亡，國家興廢的奮鬥；而非僅是一個學術性的論辯。孟荀這番努力，總算是「功不唐捐」，使得夠刺激、富誘惑的楊墨百家之學不再張揚；而深入淺出，平實妥當的孔子之道，終被認識。大家知道這才是通盤籌劃、健全可行的正路；要謀長治久安，只有採行這種辦法。到了漢武帝時，更索性由政府明令「罷黜百家，獨尊儒術」，使孔子的主張正式成為全國上下奉行之道，以至於今。

三

在群倫共處之道得到結論後，怎樣活下去的問題，大體已不存在。仁人志士不再有社會鼎沸，民無噍類的憂患。他們無須去追求「如何維持人生」；而引起他們注意的，乃是人的本身。他們要問一問這人生的「究竟」。因此這時哲人們的努力方向，已不是如何外在的厚生立群；而是要進一步的來解決人生內在的基本問題。這一怒潮可說是肇始於魏晉的玄談。那時王弼何晏一般人們開始探討人生的究竟，及其相關的問題。所謂「性」、「命」、「名」、「理」、「道」、「德」、「有」、「無」都是超越現實生活，窮究人生底蘊的討論。這還不過是這一怒潮的前奏小唱，而隨著佛教佛學的大量輸入，乃使其達於極峰高潮。這時許多聰明睿智之士，聚集在佛門的旗幟下去追求人生的真正旨趣，要解決人生的最後問題。為了這一努力，他們犧牲樂利，虔誠向道。不論是孤處窮山僻壤，與世隔絕；不論是投身危邦險境，應接眾生，只要是有助於明道濟世，無不毅然奔赴，甘之如飴。縱令生命危殆，此身不保，也都在所不惜。玄奘之出生入死的赴印取經，就是一個典型的好例。

在他們這種努力下，乃使明心見性，了生脫死的追求，獲得了驚人的發展。凡是環繞著這一目標的每個角度，無不經過發掘而有成就。從基本認識來說，有的認為一切事物確乎是存在的；

有的則認為一切都是虛幻無實，那就是所謂「有」與「空」了。從達到目標的方法途徑來說，有的是要從行為的磨礪修持著手，而制定許多嚴格奉行的規律，那就是所謂的「戒」。有的是要從內心的鍛鍊攻治著手，而有種種法門，使我們能收其放心，歸於寧寂，那就是所謂的「定」。有的是要從理解著手，而有種種精深的經論，使人們認識宇宙人生的實況，因而明心見性、了悟至道，那就是所謂的「慧」。從修持證悟的程序上說：有的主張一點一滴，慢慢積累而成功，所謂是「漸」，例如神秀所說的「時時勤拂拭，莫使惹塵埃」。有的則認為當下覺悟，立地成佛，所謂是「頓」，如慧能所主張者是。以上都是就其內容來說，若再就其源流發展來說，則這些哲人們的努力功績，更有使人讚歎不置的成就。

佛教是起源於印度的，它的學說有普遍真理的部分，但也免不了帶有印度的特殊情調。這種特殊情調，對於中國人並不一定適合；並且對於佛學的基本旨趣也無必要。於是佛教輸入後，這一部分就漸漸的改變，而趨向中國人的口味，具有中國人的色彩。例如佛學裡煩瑣枯燥的分析，博雜不約的贅述，都漸漸擱置；代之而起的卻是簡明扼要，旨約易操的面貌。這種情形本是文化交流中，當然的狀態，原不足奇。但在通常的情形下，一個原始東西移植於另一社會，在經過改變後，不是失去原來的意義，便是變成了第二流的東西。而此處可貴的，則是在無數苦心孤詣之士的努力下，佛教佛學的改變，既未失去本義，也未淪於二流；相反的，其改變不同之處，乃在汰蕪存華，出藍勝藍。我們說「汰蕪存華」，是指其對於精彩高貴部分的發揚光大。例如佛教雖產自印度，而印度及緬泰等地，所流行的都只是小乘；而其高深有價值的大乘佛學，則是繁榮滋長於中國。因此當印度大詩人泰戈爾，民國初年來訪華，乃不勝浩歎，而要把大乘佛學從中國搬回印度去。我們說「出藍勝藍」，是指的中國人對佛教佛學的成就，實已遠超出印度原來的研究。例如浩瀚無邊的經典，莫衷一是的說法，經過中國哲人的努力，都組成有中心、相通貫的系統，因而成立了所謂「宗」；而這「宗」正是印度所未有的。由於哲人們的觀點不同，組成的情形不同，而有不同的「宗」成立。到了唐朝這種發展便達於極峰，前後建立的宗有十三個之多，即：

1. 毗曇宗
2. 俱舍宗
3. 成實宗
4. 三論宗
5. 四論宗
6. 涅槃宗
7. 法相宗
8. 天台宗
9. 華嚴宗
10. 律　宗

11. 禪 宗
12. 淨土宗
13. 密 宗

這十三宗裡，以大小乘來分，毗曇、俱舍、成實三宗為小乘，其餘全是大乘。以其源流來說，則三論宗是由鳩摩羅什開始介紹，其說到嘉祥大師（吉藏）才完成。法相宗則由玄奘而建立，二者都是印度固有教義，分別闡發「空」「有」之說（三論宗為空，法相宗為有）。至於智者大師建立的天台宗，賢首大師建立的華嚴宗等，則都是融合經論，而自成的中國教宗。其中尤以禪宗最為出色。禪宗之初起本是菩提達摩自印度傳來，但經過幾代，到了六祖慧能正式把禪宗建立起來時，它已別具情調，不是印度原有的東西了。它不僅具有中國人的口味，並且根本就摻入了中國的原料。它大體上可說是揉合了印度佛學旨趣，和中國道家智慧而成的一種嶄新的東西。除了其附會拈花微笑，代代相傳的傳說外，實際在印度找不出什麼源流故跡。它實已脫化而成為一種中國宗教。佛教的「中國化」發展到這一步，可謂已到了不能再變的極峰，而佛教的成就也達到了全盛的階段。

四

天下的問題，好比後波繼前波，往往是連續著而來的。這時明心見性，了生脫死的問題，固然已有了極精彩的解答；但在同時也帶來了潛在的流弊。因為佛學不論多麼精深，佛教不論多麼宏偉，但其究極，則終是以清淨寂滅為歸趨；其基本的立場是在否定現世的生養之道。假若其道大行，人人徹底遵奉，那就根本要取消了現有的人世，至少要取消了社會人倫；試問這是多麼嚴重的問題？中國人是肯定現世的，是具有優良的世道傳統的。對於這一危機，那能袖手旁觀，坐視無睹？於是便有眼光銳敏的哲人指出隱憂，大聲疾呼，謀求挽救。

首先發難的重要人物，當推韓愈。他挺身而出，高揭排佛的大纛。認為從佛老之道必至社會解體，民無噍類；而呼籲重振傳統的世道，以挽狂瀾。他具體的提出〈大學〉的說法為佐證，而要大家實踐修齊治平相生相養之道；那也就是他所標榜的堯舜禹湯文武周公孔子直到孟子一脈相傳的道統。只有循此道統而行，才是健全合理的正道。後來他的學生李翺也起來響應。李氏標榜〈中庸〉，他用佛學的理論闡述儒家的心性之說，藉作修齊治平的實際工夫，而建立儒學的形上基礎。韓李這種思想，就哲學本身去講，實在不足一道；但從哲學史的流變來看，卻象徵著一個劃時代的轉變。它意味著哲人們的奮鬥方向，從「出世」轉回到「入世」。這一呼籲經過五代到了宋朝，便發展成熟，結出卓越的果實，那就是宋明的理學了。

談到宋明理學，當然要從宋朝初年說起。那時學術方面，雖有范仲淹、歐陽修等的倡導，胡瑗、孫復等的講述；但真正在哲學思想方面有了成就的，還是要到稍後的北宋五子——周敦頤、邵雍、張載、程顥和程頤。這五個人出來後，使得傳統的儒家學說整個變了面目。原來孔孟之教是要使人躬行實踐，不重言說的。孟子有時為了與人爭辯，還講一講心性養氣的問題；而孔子則根本是因材施教，勉其作人，很少空談抽象的理論。所以子貢才說：「夫子之文章可得而聞也，夫子之言性與天道不可得而聞也。」這些玄談空論，本來都與救人救世，修己樂群沒有什麼必然的關係。但在清談興起，佛學輸入之後，大家的興趣轉向哲理，而要作尋根究底的討論時，那麼儒家這種面貌便相形見絀。所以才智之士，便不勝玄理妙論的誘惑，而相率投身於所謂「異端」了。為了挽救這「儒門淡薄，收拾不住」的頹勢，儒者乃不得不起而造作論據，從事學理上的對抗。而「北宋五子」就是這種應運而生的傑出人物。首先建立一完整體系的是周敦頤，短小精悍的〈太極圖說〉，便是其思想的代表。其次當推張載，他的〈西銘〉，不僅氣魄磅礴，陳義高深，而其「民胞物與」的精神，尤給後世以寶貴的教訓。但這一運動真正達到成功的階段，而給宋明理學奠定基石的，還要算二程兄弟——程顥、程頤了。直到這時，才把儒家已失去的天下重新恢復。因此朱子才接著韓愈慨歎道統於「軻（孟子）之死不得其傳焉」之後，而說：「於是河南程氏兩夫子出，而有以接乎孟子之傳。」

程顥程頤雖然共學同志，親為弟兄，我們籠統的稱為「二程」；但是他們的性情思想，卻彼此大不一樣。大程（顥）和易近人，與之相處，如坐春風；小程（頤）則嚴峻肅穆，使人敬畏，對於生徒子姪，往往直相指責，不假顏色。由於氣質不同，學問思想也因之而異。大程本乎孟子「立乎其大者」的旨趣，教人為學「須先識仁」，然後「以誠敬存之而已」。一切概括，簡單明瞭。

小程則德知分論，規制周詳。他的為學名言，是教人「涵養須用敬，進學則在致知」。而談到「致知」，便牽掣到無窮無盡的外在知識和物「理」了。其精神旨趣和大程完全不同。由於這一不同，乃使得這一對弟兄分別開創了爾後約一千年的中國哲學的兩大學派。程頤可說是「理學」的鼻祖，而「心學」則溯源於程顥。

這兩派中首先得到發揚的，是理學。這一結果並不是偶然的。二位程子，相差只有一歲，大程只活到五十四歲便死了；不僅未能多假歲月，宏揚其學，就是自己本身的學問，恐怕也還未發展到極峰。這一損失是無法衡量的。而小程年逾古稀，享壽七十有五，這成熟的二十幾年實在活得太有價值了。其收穫及影響，豈是中年而逝的大程所能望其項背？加以就學問本身來說，大程的學問雖然簡易，但只適宜天分高的人；中下之士，每感無從下手。小程的學問則系統明密，博學詳說，學者有層次可循；縱是下愚之士，只要努力，也能有其所得，當然易於使人接受。因此傳流廣大，群相講論。四傳而至南宋的朱子，就更加發揚光大，結出異彩。朱子不僅把程頤的理氣二元之說，出藍勝藍，闡發到了高峰；並且融匯了周、邵、張、程（顥）四子學說的精華，而構成廣大精微的體系；乃使理學的發展達其大成，而為數百年獨步天下的顯學。朱子尤其有一件事，對於後世影響極大而不能不提的，就是他對四書的編註。〈大學〉、〈中庸〉，本來只是《禮記》中普普通通的兩篇而已，並無人特別注意。直到韓愈、李翺，才開始標榜提倡，而慢慢成為後世儒者裝新酒的舊瓶；以作對抗佛老的理論根據。到了朱子，就索性把它配合《論語》、《孟子》成為《四書》；並用盡平生的力量，作了深入淺出的註解；使那些零散平淡的篇章，成為有系統盡精微的經典。尤其〈大學〉裡〈格物致知〉一章的補傳，輕描淡寫的便把〈大學〉的思想注入了朱子自己的靈魂，使它成為「程朱」之學。而這程朱之學的《四書》，便成了爾後八百年家傳戶誦的典籍。

以上是說小程一派的「理學」，至於大程一派的「心學」，則發達較晚，首先使其昌明的，當推南宋的陸象山。象山之學並無師承，但其旨趣卻隱然與大程的思想吻合。他認為人們所以有一切過失蔽惑，全是由於失去了「本心」。為學之道即在求此「本心」，這便是唯一要點。「苟此心之存，則此理自明」，因此不須支離漫逐，在外物上亂求事理。所謂「學苟有本，六經皆我註腳。」就是他強調這種精神的名言。由這種精神再往前發展一步，便是後來王陽明的「心即理」、「致良知」說了。王陽明認為聖人之學只是一個「心」學。「天下無心外之事，心外之理」，為學只是學此心，只要能盡此心，自然明白萬事萬物之理。而吾人之「良知」正是此心的本體，同時也就是天理。因此為學的最終歸趨即在於「致良知」而已。

總之心學雖肇端於大程，但為小程聲光所掩，世人籠統的混為「二程」，以致不大顯著。及後陸象山出，其個人的聲名雖甚喧赫足與朱子相伯仲；但就學派傳承來講，終不能與朱子匹敵。直到王陽明的手中，心學才達到頂峰，而取程朱理學的地位而代之。此後直到明亡，都是陸王心學的天下。及到清朝以後，陸王之學，雖也隨同程朱之學，並趨消沉；但卻無新的有力思想代興。

清初雖也有顧亭林、黃梨洲、王夫之、李二曲、顏習齋一般名儒，各有其學術成就；但在哲學思想方面，實是小巫見大巫，無足稱述。後來考據訓詁之風興起，直到五四運動，更是思想真空，不值一談了。

上面我們一直是就宋明哲人分門別派敘述的，看來好似彼此逕庭、不能相通；但我們縱目觀覽，通檢全程時，則遠自韓愈、李翺，直到王氏陽明，他們實是一道怒潮，一個奮鬥。其間雖有程朱，陸王的門戶，理學心學的分別，一如前文所述；但如從大處來看，其不同點只不過是方法，細節的不同而已。一主格物致知，由博返約（程朱）；一主明心立本，守約馭繁（陸王）。若用他們的術語，則只是程朱偏於「道問學」，陸王偏於「尊德性」而已。（這並非我們故作附會，實則他們本人便這樣說過。例如陸象山曾引述朱子與友人信中的話：「陸子靜（陸象山）專以尊德性誨人，故遊其門者多踐履之士；然於道問學處欠了，某（朱子）教人豈不是道問學處多了些子，故遊某之門者，踐履多不及之。」可為明證。）但精神旨趣則完全一致，全都是吸取了佛學的精華而排佛，革新了儒家原始面貌，而自詡承傳了孔孟的真道。說到後者，我們試看孔孟何嘗高談心性玄妙問題，大論理氣形上系統？這不是改變了原貌是什麼？再說前者，他們雖都標榜排佛，但實際上，不僅每人都對釋老有極深的研究；並且他們的學問裡面，就含有濃厚的佛學成分。陸王之學久已被人譏為近禪，不必再說；就是程頤也總是勸人靜坐。而其「主一之謂敬，無適之謂一」的名言，根本就是坐禪的無上法門。然而他們終要排佛而崇儒者，絕非標奇立異，故為意氣之爭。實乃是在他們內心深處，意味著一個嚴肅的使命。他們要接受佛學所提出的問題和其答案；但卻要扭轉其奮鬥的方向。那就是要把走向出世的奮鬥，搬轉到「現世」；而這一為「現世」而奮鬥的旨趣，便正是韓愈所高唱的堯、舜、禹、湯、文、武、周公、孔、孟一貫相承的中華傳統精神。

五

由上面的事實來看，很明顯的，兩千多年來，中國哲人的奮鬥可以分為三大階段。從春秋戰國到兩漢是第一階段；從魏晉南北朝到隋唐是第二階段；從晚唐經過五代而到宋元明清是第三階段。每一階段中，儘管哲人們異說紛紜，彼此對立；但都有其共同面對的主題，都有其同一奮鬥的方向。大體上說來，在第一階段中，大家所追求的乃是合理的社會，合理的人生，其奮鬥方向是在現世。而第二階段的主流，則是在致力於明心見性，脫俗超塵，其奮鬥的方向是在出世。等到第三階段，哲人們又把奮鬥的主流，從出世搬回到現世，而把明心見性的要求融納在人生中，再由人生擴展到社會。〈大學〉三綱領「在明明德，在親民，在止於至善」，就是最富代表性的說明。我們若用黑格爾「正」「反」「合」的說法，則第一階段是「正」，第二階段是「反」，第三階段則是融合了「正」「反」精華的「合」。因此儘管哲人們的主張見解互異，各時代的奮鬥方向不同；但匯通來看，大家都是先後承續，向著一個途程而邁進。他們好像是接力賽，一棒緊接一棒；

路段雖然不同，目標卻是一致。從小處看他們的主張，往往針鋒相對，互相抨擊；例如孟子的呼籲闢楊墨，宋明理學家的排老釋。但若縱目而觀，則他們的精神全都一致在求實際人生問題的解決，而不是空作理論的推敲。而這一特點，正是中國哲學家一貫相承的傳統精神。

今天世界陷於空前的動盪，人類遭逢史無前例的危機。這正需要哲人們奮其智慧，給人類找出一條道路，庶能制止邪說暴行，而開太平盛世。這一任務絕不是坐在書齋裡，玩弄邏輯把戲，推敲語意分析所能達成的。它需要從事實中找到問題的核心，從體驗中找到真正的辦法。因此唯有發揮中國哲人的傳統精神，像孔孟一樣抱著救世精神，深入社會，找出拯救人類奠立太平的新道路；然後才不辜負冥思玄想的意義，才無忝於哲人的使命。宋朝大哲學家張載曾有傳誦千古的「四句偈」，要我們：

為天地立心；
為生民立命；
為往聖繼絕學；
為萬世開太平。

我們願與舉世哲人而共勉。

第二章 中國文化的象徵——孔子

一

在歷史的長流中，我們從過去航向未來，從原始航向文明，足足航行了五千年的里程。在這段旅程的中央，有一座光明無比的燈塔，為我們照亮朦朧的過去；也為我們照開渺茫的未來，使我們安然的避過無數的風浪與暗礁。這座燈塔，就是我們的至聖先師——孔子。

孔子，在中國歷史上，扮演了一個重要的角色。今天，當我們研究中國文化，闡述中國思想時，都必須以他為源流，以他為依歸。因為他是我們的導師，他是我們的典型。是他，在我們的心田內播下了理想；也是他，在我們的血液內注入了中國文化的精神。

他，對於世界文化來說，無異是中國的商標。二千多年來，他的一言一語，不僅深鐫在華夏兒女的心版上；而且他的教化，遠被異邦外族，同化了入侵的夷狄蠻貊，臣服了來朝的韓、日、越南。他的豐功偉業，不僅使得歷朝歷代，尊奉他為至聖，賜封他的後裔；而且使得遠邦異族，也廣設孔廟，以表嚮往。甚至當孔子的七十七代孫訪問韓、日、越南等國時，當地的人民都不遠千里而來，跪在他面前，叩頭致敬。他們之所以對一個陌生的外國人，致以如此崇高的敬意，乃是為了感恩於孔子的教化，乃是為了表達內心的傾慕。由此一端，可以想見孔子教化之廣，感人之深了。

然而孔子之所以受到如此的尊崇，除了他是萬世師表，文化的播種者之外；另有更深一層的意義，因為他是中國文化的象徵。

他雖然生在二千五百年前，卻承受了在他以前二千五百餘年的文化遺產；同時也支配了在他以後二千五百餘年的文化開展。他一方面發揚古聖的學說，表揚古聖的人格，使我們了解有一個美麗的過去，從而鼓起奮鬥追求的熱情；同時，更透過古聖的理想，樹立一個「人」的標準，畫出一個「仁」的境界，揭出一條做「人」的道路，作為我們今後奮鬥追求的目標。

這一熱情的鼓舞，這一目標的追求，便形成了中國文化的巨流。而孔子，正是這條巨流中的燈塔。沒有他，我們的歷史沒有重心；沒有他，我們的文化沒有遠景。所以他的存在，不僅象徵了中國的文化，同時也決定了中國的文化。

二

孔子，名丘，字仲尼，是春秋魯國昌平鄉（今山東曲阜縣南八十里）人，生於周靈王二十一年（西元前五五一年）。那時，舊制度的解體，舊秩序的破壞都非常激烈，像宋、魯、鄭、齊等國，政權都落在大夫手裡，他們互相攻伐，互相併吞，君主反成了傀儡。我們的先師孔子，便生在這樣一個動亂的時代中。

雖然他生長在魯國，但祖先卻是宋國的遺族；不過那只是一個沒落的貴族、流亡的貴族。他的父親是個名為孔紇（叔梁紇）的大力士，在他晚年，續娶了顏氏的兒女，便是孔子的母親。不幸他在孔子三歲時，便離開了人世，留下孤兒寡母，過著形單影隻的生活。然而這並不足以阻礙孔子的發展；相反的，孔子之所以偉大，正是由於他能在困苦中奮鬥，在平凡中創造自己。

由於父親的早逝，他一直在良母的撫育下成長。環境促成了他的早熟，他從小便喜歡模仿成人祭祀鬼神。十五歲就立志求學。十九歲結了婚，次年便作了年輕的父親。為了家室之累，使他不得不替貴族們做些小事，以維持家計。他先在倉庫內任出納，後來又跑到牧場上管牛羊。雖然他天資聰敏，「多能鄙事」；然而這畢竟是為貧而仕，並非他的心願。一隻鴻鵠是必須迴翔於無邊的蒼空，豈能徘徊在平地上啄食米粒？所以他雖為貧而仕，卻是一心志道，努力向學。

他最感興趣的是禮制，為了配合他對禮制的研究，後來便到祭祀周公的太廟中，去擔任一點小職務。每次他在祭祀的大典中，都問這問那的，不肯放過每一個細節，因此有人譏笑他說：「誰說鄹地的這個青年懂得禮制，不然為什麼他一進太廟，什麼都要問。」殊不知這種每事都問的謙虛態度，正是孔子求學的精神，知禮的表現。同時，由這段話中，更可證明孔子在當時是以禮聞名的了。

孔子把禮制作了一個比較研究，認為周禮兼採夏、殷兩代的長處，較為完備，所以決定實踐周禮。周禮的創制是周公，因此他一生所憧憬的是周公。一方面固然是對於周公制禮作樂的傾心拜倒；一方面卻是希望自己能如周公一樣輔弼明主匡時救世，以實現內聖外王的理想。然而這兩點在當時的魯國，卻完全的絕望。因為魯昭公十九歲即位，「猶有童心」，實際政權卻掌握在三桓（即季孫、叔孫、孟孫為魯國大夫，皆出桓公，故稱三桓）手中。其中，以季孫氏的權力最大，也最不守本分，任意僭用天子的禮樂，把孔子氣得直呼：「是可忍，孰不可忍也！」不久，魯昭公被逐，這更不可忍的事，終於逼得孔子拂袖而去，奔向齊國。

他到了齊國後，由齊國大臣高昭子的介紹，得以面會齊景公。開門見山的，他便提出：「君君、臣臣、父父、子子」的主張，認為君臣父子都各有他們的權責，如果彼此能各盡本分，社會自然安寧，國家自然安定。齊景公雖然非常讚賞孔子的見解，甚至準備把尼谿的土地封給孔子；但他只是識才，並不能用才。孔子看出齊景公沒有魄力實踐他的理想，於是便謝絕了景公的優遇。這時，他去意已決，連飯也來不及煮，便帶著淘漬的濕漉漉的米，匆匆的離開齊國，再回到魯國。

孔子為什麼又匆匆的回到魯國呢？因為這時魯定公即位，政局也許會有轉機。那知事實上，政權仍然為季孫氏所擺佈，而季孫氏又為他的權臣陽虎所挾持，所以當時真正獨裁的卻是陽虎。眼光銳利的陽虎，看中了孔子的才幹，曾多方用計聯絡孔子。當時孔子不願為虎作倀，一切拉攏都被他巧妙的應付過去。後來陽虎一倒，孔子的機會可真來了，因為季孫氏為了感謝孔子不附陽虎，便委命他作司寇，這時孔子已是「五十而知天命」之年了。

寶刀未老，這是他政治生涯中的黃金時代，也是他平生所學得以充分發展的時候。在這段期間，他一手完成了兩大任務，就是「夾谷之會」和「墮三都」運動。所謂「夾谷之會」，就是魯齊兩國在夾谷地方的會盟。因為當時齊景公企圖借用萊夷的兵力在會盟中逼脅魯侯，不料「好謀而成」的孔子，用預設的武士，擊退萊夷；並義正辭嚴，感服景公，取回汶陽的土地，充分顯出了政治家的魄力。但最值得注意的還是「墮三都」運動。這個運動的意義就是要把三桓的城郭拆除，這是孔子與整個惡勢力的挑戰。因為此舉不僅預防家臣的負嵎作亂；而且削弱了三桓的力量，使國家易於集權。可是等到陽虎的餘黨被肅清後，孔子雖建了大功，卻走入了政治生涯的下坡。因為聰明的季孫氏不會讓孔子的政治理想，來阻礙自己的政治野心，所以當孔子已把魯國治理得井然有條後，便故意製造機會，逼孔子自動辭職。這時，孔子與離開齊國時的心情完全不同，而是萬分依戀的，遲遲的離開了可愛的祖國。

當孔子的學生子路，先從魯國的都門出外時，有一個守門的人問道：「請問你從那裡來的啊？」子路回答說：「從孔子那兒來的。」那個守門的人便大聲的說：「是那個知道世局已不可為，而仍然要苦幹的人嗎？」這個守門的人，雖是寥寥數語，卻說出了孔子最偉大的精神。因為孔子也明知當時君主們都是黷武主義，向他們宣揚和平的仁政，無異是對牛彈琴。然而身為一個救世的仁者，又不得不盡其在我。所以他雖然失意於魯，不得志於齊；然而救世的熱情，卻使他不灰心、不氣餒，而要另覓政治舞臺，以發展他的政治抱負。因此當他這次離開了魯國後，便決心周遊列國。

《史記》上說他周遊列國時，曾拜見七十二君；其實他除了周、齊外，只到過衛、陳和楚國的屬地葉，以及路過宋、曹、鄭三國。所以周遊的範圍並不大，不出現在的山東、河南二省。不過在這次周遊中，所遭遇的波折和困難卻很多，這正是孔子的人格和理想，在現實中的考驗。

首先他到了衛國，看到城內熙熙攘攘，一片繁榮，覺得條件很好，只差教化。但這時的衛靈公被妖姬南子所迷，當然不能以賢易色，去重用孔子。雖然許多近臣們想拉攏他，甚至南子也召見他；但他既不願跑門路，又不願走內線，曾對子路發誓說：「我要是這樣沒出息，老天有眼，老天有眼！」

在這樣一個骯髒的舞臺上，當然不能施展孔子的抱負。所以後來衛國發生政變，父子爭權時，他便離開了衛國。此後他接二連三的遭遇到幾次驚險的風波。

一次是路過匡地，據說匡人誤會他是陽虎，而要加以殺害。事實上可能是當地的政變引起的，總之當時情勢非常緊張。孔子和顏淵曾一度失散，後來顏淵趕上孔子，孔子說：「我以為你被害了。」顏淵回答說：「老師活著，弟子怎麼能夠輕死！」另一次是在宋國的一棵大樹下講禮，宋國的司馬桓魋要殺害孔子，幸而孔子先得到情報，化裝離開宋國。司馬桓魋撲了個空，氣得把那棵大樹也拔了起來，可見他與孔子的勢不兩立。孔子對於這兩次的風波，毫無懼色。他認為：如果大道不滅，如果老天要我宣揚大道的話，一個桓魋、幾個匡人又能把我怎麼樣？

還有一次，是當孔子在陳國住了一段時期後，突然思歸心切，離開陳國。正走在陳、蔡之間，不意吳王夫差派兵伐陳，在兵荒馬亂中，遭到絕糧的危機。弟子們餓的餓，病的病，幾乎無法繼續奔走。這時子路大發牢騷說：「難道君子也有如此窮困的時候嗎？」孔子卻回答說：「君子在窮困時，能不變以前的操行；只有小人在窮困時便胡作亂為了。」

以上三個故事，充分表現出孔子的臨危不亂，處逆境而常安。但孔子之所以有如此的修養，主要的是由於他一心以宣揚大道，救世救民為念；而把個人的生死安危置之度外，這是孔子在顛沛流離中所發出的人格的光輝。然而在這裡我們也可以看出孔子之所以屢遭挫折，主要是由於他的思想過於深刻，不易為一般人所了解；甚至連他很親近的弟子對於他的理想都不了解，例如子路便曾問他說：「如果衛君任用你，請問第一件事該做什麼？」孔子回答：「無非是正名啊！」子路驚訝的說：「老師也真是夠迂闊的了！這樣的世局，究竟要怎樣正名呢？」孔子生氣的回答說：「子路啊！你真是個老粗！君子對於自己不懂的事，就別插嘴。告訴你，名義不正，就不好講話，事情就辦不成，禮樂就無法施行，刑罰就無法適中，人民也就不知所措了。」事實上，當時的君主們幾乎都是僭用禮樂，不守名分的，而孔子卻高標「正名」，這在子路眼中已是萬萬行不通，何況當時的君主們？所以孔子最後到了衛國，衛君聽到了「正名」兩字，也只得敬謝不敏了。

這時，孔子已是六十八歲的高齡。他從魯國開始，現在又回到魯國，雖然周遊的範圍不大，卻足足化費了十餘年的時光。此時孔子已厭倦了政治生涯，自知再也遇不到一位可以輔弼的明主，以實踐生平的抱負。於是便把他的熱情和理想，轉變了一個方向，發揮在教育上。

在這段時期，他朝夕和學生們講學，討論古代的文化，和人倫道德。他們生活得非常安定而有韻味。然而救世的熱情卻一直燃燒著他的心靈，他看到別人獵獲一隻怪獸，便說：「那是麟啊！」就歎著：「吾道窮矣！」，《春秋》也就不再寫下去了。他時常以夢不到周公，而悲傷自己的衰老，而感歎理想的幻滅。後來他最心愛的學生顏淵先他逝世，更使他痛不欲生。因為他視顏淵為道的繼承者，顏淵的死，無異象徵了大道的窮途末路，所以他失聲的叫著：「老天要我死啊！老天要我死啊！」想不到第二年他最親信的子路在戰爭中被剁成肉醬，他如失左右臂，不禁叫著：「老天催我死啊！老天催我死啊！」雖然他是為學生而哭泣；但哭泣聲中，卻不知包含了多少道窮的悲歎！就在這情感創傷和理想幻滅的雙重煎熬下，這位救世的木鐸，終於隕落了。

然而隕落的只是孔子的肉身，他的精神卻永遠的向上奔放。尤其他在回到魯國的最後五年間，修《詩》《書》，定《禮》《樂》，作《易傳》，寫《春秋》。把前代的思想加以闡述，把古聖的人格加以美化；再注入自己的理想和精神。雖然他及身並未實踐周公的夢想；可是他在學術上的這番努力，卻使周公活在後人的心中，卻使他的理想，成為中國文化的靈魂。

三

孔子的思想深厚圓融，面面俱到，真不知從何說起才是。為了方便起見，我們可說孔子的中心思想便是「作人」。

人，生來已經是「人」，何必還要「作人」？原來我們生下來圓顱方趾，五官四肢，那只是自然界中的人；那只是動物的一種；而不是我們自命為萬物之靈，與天地參的「人」。「自然人」是我們與生俱來的，用不著去「作」；而一個有意義，值得我們自傲的「人」，卻須經過努力而獲得。我們既秉受了人形，就應該把人所特具的寶貴性能儘量發揮出來，好好的作一個像樣的「人」。而這一番自強不息的努力，就是「作人」的功夫了。

作人要作到什麼地步，孔子給我們懸了一個目標是「仁」。只有「仁」才是人的極則。「仁」是什麼？朱子說：「仁者本心之全德。」那就是說：仁是人的德性之總體，正因如此，所以「仁」的含義非常豐富。它既是一種狀態，又是一種活動。說句老實話是「兼體用，賅本末」，絕不能用一個「定義」來表達，一如西方哲學之所為。（按：能下定義的，必須是一個概念；而「仁」則並不是僅僅一個概念。）大體說來「仁」的最基本意義是要對別人關切而愛護。例如孔子的學生樊遲問仁，孔子告訴他：「愛人。」那就是說：「一個仁人應該愛護別人。」（而不是「人的定義是愛人」）所謂「愛」，是要等差的愛，是要我們由親及疏，由近及遠的愛；而不是一律平等，賢愚莫分。我雖愛我叔父，但卻更愛我的雙親；我雖愛我的鄰人，但卻怎能比我叔父。我雖當愛眾人，但對於仁者卻應更加親近。這種態度，從表面上看好似胸襟褊狹，有失大公無私的氣度。但如仔細想想：這不僅是最切實能行的途徑，並且還正是本心最合理最真誠的反應。因為愛終究是一種情感，情感是在生活過程中自然產生的，而不能憑理智來製造。我們無法對不同關係不同接觸的人發生同樣的感情。假如一定要同，那不是矯揉造作，就勢必是別有用心，那還有什麼意義？反之我們若把內心的真實狀況，誠摯的表現出來，那才是真正的直道。以上還是就理論來講，再就事實來論，要對眾人一體看待，說著雖然好聽，實際上卻根本行不通。試問我們如何能把父親看成路人，或是把路人當作父親來侍奉？反之我雖只侍奉我自己的父親；但別人的父親，也正有他自己的兒子去侍奉。人人各親其親，各子其子，便使這社會構成一個整體的「和諧」。

「愛」只是主觀的情感，但仁者的愛人不能只憑主觀情感；而要使這一腔熱情真能發生效果，還須有其適當的表達方式。因此當顏淵問仁時，孔子便告訴他：「克己復禮為仁。」禮就是社會上的行為軌範，復禮就是使我們的行為符合社會上公認的規範。以小事為喻，從前中國實行作揖、叩頭，你如對某人表示敬愛之忱，作揖叩頭就行了。假如你是從外國來的而要去擁抱親吻，那就後果不堪想像。因此只有通過社會的規範，才能真正達到我們愛人的目的。社會上最重要的行為規範就是倫常（五倫），只有在倫常的踐履中才能實現仁者的願望。換句話說，一個深明大義的人，絕不是從事婦人之仁、姑息之愛；相反的是要在「君君、臣臣、父父、子子」中盡到社會的責任，表現群體的大愛；然後才發揮了仁的精神，實現了作人的意義。

上面這一套就是人生的行誼。我們束髮受書，投師就教，就學的是這一套。孔子說：「有顏回者好學。」好的什麼學？好的就是這一套。試看其詮釋「好學」所說的「不遷怒，不二過」不就是這一番作人的努力嗎？不僅坐而學是這套；起而行也完全是這一套。孔子說：「君子食無求飽，居無求安。」那麼求的是什麼？求的就是作人的道理。這作人的道理一刻不能放鬆，須臾不可離去。所以說：「君子無終食之間違仁，造次必於是，顛沛必於是。」一切事，是作？還是不作？是取？還是捨？全都以作人的道理為依歸。他說：「富與貴是人之所欲也，不以其道得之，不處也。貧與賤是人之所惡也，不以其道得之，不去也。」假如心安理得，所行合乎作人的道理，那怕是一個最貧困，最清苦的生活，也怡然自得，安之若素。所謂：「飯疏食、飲水、曲肱而枕之，樂亦在其中矣。」反之假如違背了作人的道理，儘管是最優裕、最可羨的生活，也毫不加以考慮。所謂：「不義而富且貴，於我如浮雲。」豈止如浮雲？假定一旦走到一種地步，要作人就不能活命；那麼一個有修養的人，將毫不猶豫的選擇「作人」的途徑，絕不為活命而改易奮鬥的方向。孔子說：「志士仁人無求生以害仁，有殺身以成仁。」為什麼？須知你若苟且偷生，生命雖是保全，卻失去了人之所以為人的意義，活著也不過是一種人形的動物而已。所謂「衣冠禽獸」者是。反之若是明辨是非，慷慨就義，你雖失去生命的軀體，卻光榮的完成了人生的旅程，有血有肉的表現了「人」的存在。這時才真是盡到了作人的道理，而使「仁」的精神發揚光大，照耀人間。

個人如此，整個社會更要如此，否則豈不成了動物世界，禽獸集團？因此立國為政，一切都要本乎道義，所謂「政者正也」。我們固然要謀求福利，使得國富民裕；但更要講求人生的價值，作人的道理。所以當冉有問：「假如一個國家已經富了，還要怎麼辦？」孔子就告訴他「教之」，教什麼？要教大家明人倫，敦禮義，而使國家高尚合理，不愧為一個人類的團體。這才是我們為政經邦的無上原則。國可破，家可亡，而這一原則卻斷斷不可放棄。有一次子貢問政，孔子便明明白白的告訴他：「兵」可去，甚至「食」都可去，但這代表道德正義的「信」，卻絕對不可去。他說：「自古皆有死，民無信不立。」豈僅「不立」，那根本就不成其為「人」的國家了，還有什麼意義？我們絕不以任何代價出賣信義，也不以任何藉口放棄作人的原則。我們環顧今天世界各國，無不「唯利是圖，唯力是視」。往往為了一時的便利，不惜出賣盟友，背棄信義，真不知立國的精神何在！假如大家，尤其若干大國，能奉行孔子的教訓，堅守信義的原則，世界縱然未能獲致永久的和平；至少也不會是今天這種混亂紛擾的局面了。

四

《莊子．天下篇》說：「離於天下，其去王也遠矣。」那就是說：不近人情，不合人性的說法，絕不可以為聖王之道。孔子所以稱為至聖先師，為人尊奉歷久不衰，主要的原因就是他的學說本乎人情，合乎人性，絕無標奇立異，聳人聽聞之處。但也正因如此，所以每當思想紛歧，雜說並起的時候，孔子的學說，便使人感到平淡無奇，沒有他家學說來得精采動人。於是大家便紛紛摒棄，而投向有誘惑性的學說了。在這種情形下，孔子之道一厄於楊墨百家之學，再厄於老釋玄妙之教。若不是孟荀大師，宋明諸儒出來距闢呼號，不僅後世難以了解孔學價值；恐怕儒家的教化根本就蕩然不存了。

天下事往往是禍福互倚，利弊並具的。孟荀大師，宋明諸儒，雖然能夠言拒楊墨，學闢佛老而挽救了儒學的噩運，彰顯了孔子的學說。但也就在這論辯的過程中，產生了思想的偏差，而這偏差帶來了世人對孔子的誤解。譬如孟子之時，世風險惡，下焉者固然一切唯利而圖；上焉者如墨子等大賢的學說，也都是以利為權衡一切的原則。流弊所及，不僅是：「上下交征利而國危矣。」並且社會人群也將無法維持。孟子針對這種弊患，乃提出義利之辨。這本是對症而下的妙藥，但藥總是有所偏的。由於對「義」的強調，便引起人們對「利」的忽略與厭棄。到後來宋明諸儒為了對抗老釋，又特別講究內在的身心修養，就愈發把事功刑政放在腦後。影響所及，便使世人誤解儒家，以為是只講義理空論，而不管民生樂利和事功勳業的了。殊不知這都是孟子以後逐漸產生的偏差與流弊，而與孔子本人無關。孔子並不想把人民高弔在虛幻的天國。只看他與孟子對管仲的不同看法，就是明證。孟子認為管仲「功烈如彼其卑也」，乃「曾西之所不為」，「爾（指公孫丑）何曾比予於管仲」；那簡直是極端看不起管仲了。但孔子把管仲卻推崇到極高的地位。他說：

「管仲相桓公，霸諸侯，一匡天下，民到於今受其賜。微管仲吾其被髮左衽矣。」那就是說若不是管仲出來尊王攘夷，保衛華夏的文明，我們早被征服而變成野蠻人了。因此儘管他知道管仲不知禮，儘管他知道管仲「未死公子糾之難」；而仍給以最高的評價，一再稱許他：「如其仁，如其仁」。試問這豈是一個摒棄事功，不重勳業者的態度？再者，即使是重義摒利，看不起管仲的孟子，他對為政也是有一套為民興利致福的具體辦法的。他主張：「五畝之宅樹之以桑，五十者可以衣帛矣。雞豚狗彘之畜無失其時，七十者可以食肉矣。百畝之田勿奪其時，數口之家可以無饑矣。」同時又一再強調：「仁政必自經界始」，「養生送死無憾，王道之始也」，試看又那一點放棄了民生樂利？孟子尚且如此，孔子更是可知，因此我們怎可把那些「無事袖手談心性，臨危一死報君王」的腐儒流毒，記在孔子的帳上呢？

到了近代，一切發生劇變，新異思想更是蜂湧而起。大家競新求變之餘，當然對孔子的學說感覺厭倦，認為已經是陳腐落伍的東西了。尤其在社會思想瀰漫，革命風氣盛行的情形下，許多偏激分子，妄加惡意的指責。他們往往只看到孔子的「對子言孝，對臣言忠」，而忽略了他「對父言慈，對君言惠」的另一面；同時又看到歷代君王無不尊孔崇儒，於是便直指孔子是帝王御用的鏢客，統治階級的幫兇，而高倡打倒孔家店的口號。這真是對孔子的極端誤解與誣衊。不錯，孔子是在主張：「君君，臣臣，父父，子子」；但這並不是要維護那一部分人的特權與地位；而是要保持社會的全面秩序。（當然，其內在的深意是在「作人」，而秩序的安定，不過是大家作人的共同結果而已。）而這「秩序」就是一個社會能夠存在的基本條件。試想整天造反，到處混亂，社會又怎麼能維持？因此人類一天要營社會生活，便一天不能沒有秩序；而要維持秩序，便不能廢棄孔子的教化。過去許多儒者所以信誓旦旦的說：「天不變，道亦不變」，其故在此。這並不是孔子個人憑空創造的不朽奇蹟；其所以有如此卓越的成就，實是我民族傳統智慧的積累，不過到了孔子手中加以發揚光大而已。所謂「堯、舜、禹、湯、文、武、周公、孔子」的道統說法，就是說孔子之道乃是歷代聖王（民族智慧的象徵人物）一脈相傳，淵源有自的。唯其有這種深厚的淵源與傳統，然後才能發揮雄厚的潛力，影響廣大的人群，然後也才能經得起考驗，傳之於永恆。這豈是一人的管見，一家的私言所能比？我們試看西洋一般的哲學家，不論是柏拉圖、亞里斯多德，還是康德、黑格爾，有誰能喚起大眾的心聲，見之於人們的生活行動？反之能與孔子一樣影響群倫的佛陀與耶穌，也無不是承襲印度與希伯來民族的傳統智慧。這足見一人的學說思考究竟有限，而眾人匯聚的智慧才是力量無窮。而孔子就是我歷代聖王智慧累聚的極峰，所謂「大成至聖」者是。因此孔子之道才有這樣偉大的力量。尤其，像佛陀、耶穌等，他們雖也都如孔子一樣，集民族傳統智慧的大成；但他們的教化都是出世的，而孔子則是「立人之極」。這其間究竟誰高誰下，不是此處所要討論的；但要在人世間實踐社會人生的問題，卻無疑的以孔子之道最為妥當合宜。

今天舉世遑遑，動盪不安。人與人、國與國、民族與民族、階級與階級、宗教與宗教，無不發生嚴重的鬥爭，使得危機四伏，人人痛苦。此無他，全都是由於有「己」無「人」，不能心平氣和的承認別人的「存在」。換句話說，就是未能奉行孔子的恕道了。假如大家果真能作到「己所不欲，勿施於人」，試問那還有鬥爭的發生？人，不能離開他人而生活；國，也不能隔絕別國而獨存。大家要想和平共處，長治久安，絕不是光靠「制度」與「利害」所能維繫；而必須大家從內心上承認別人的不同，尊重別人的存在；然後才能熙攘相接，共臻太平。而要達到這個目的，除了倡行孔子的恕道，還更何求？因此，孔子的教化，雖是產生於兩千多年前的中國；而在今天的世界，卻有其全新的意義。我們唯有發揚孔子的精神，才能健全人與人之間的關係，才能走向人類的大同境界。

第三章　熱情救世的鉅子——墨子

一

當孔子領著學生周遊列國，到處散佈救世福音後的五十餘年，另有一派人物，卻在儒家發祥地的魯國，以反儒的姿態，走進了歷史，那便是墨子領導的墨家了。

因為那時，政治混亂、社會解體，有心人士都提出他們的救世主張。雖然他們的動機相同，但方法卻各有千秋。有的積極、有的消極、有的緩和、有的激烈。真所謂是千巖競秀，萬壑爭流了。由於大家的看法不同，不由得便「各是其所是，各非其所非」。而引起彼此的攻擊和爭辯；尤其孔子是第一個提出一套主張；並且又是一套保守持重的主張。因此便首當其衝，成為後起各家的攻擊對象。在這群起而攻的浪潮中，孔子的聲勢大為動搖，許多人在動聽的口號下，捨棄了平淡的儒家，投身於新興的學派。其中尤以兩個學派給儒家的打擊最為嚴重，幾乎使孔子之道不易發展下去，墨家就是這兩大學派中的一派。

墨家在當時的聲勢極為顯赫，孟子描寫當時天下的思想主張，不是走向墨家；便是投奔另外一派的楊朱。假如楊墨之道不息，孔子之道便無法彰著。他並且號召所有自命聖賢之徒的人士起而對抗楊墨，以謀挽救孔子之道，這足見墨子聲勢之大了。墨子所以如此聲勢顯赫，並非偶然；他倡「兼愛」之說，叫他們大公無私，彼此徹底的相利相愛。這是何等動人的口號！兼愛的另一面便是「非攻」，不論是人與人、家與家、國與國，彼此都不可相攻相害，而要保持親睦和平的狀態。這和平的呼聲，豈不正是當時戰亂頻仍中的天外福音？加以他本身人格偉大，熱情無比，以全副的精力實踐他那挽救世道的主張，所謂「孔席不暇暖、墨突不暇黔」，就是說明他與孔子一樣的栖栖皇皇，獻身救世。不過孔子的作風是含蓄的，是中庸的。他雖要積極救世，同時卻是「有所不為」；他雖滿懷關心人們的生活福利，同時卻更愛優美的文化，崇高的「精神」，這一切不是一般人所易了解的。但墨子的作風則是簡單明瞭，毫無保留的，要救世便是救世，便全心一意向著這個目標刻苦鍛鍊，待命獻身。所謂「以繩墨自矯，而備世之急」。只要對於天下有利，一切犧牲在所不惜，正是所謂「摩頂放踵，利天下為之」。這種赤裸而動人的作風，是人人所能了解，人人都要喝采的。何況他又有一幫組織嚴密，絕對服從的徒眾，積極實幹，四處呼號呢？

總之，他是口號響亮，作風動人，熱情橫溢，徒眾效命，真是有聲有色，影響一代了。正因為如此，才把墨家推上高潮，使儒學黯然而失色。

二

不幸，這樣一位重要人物，卻被時間之流沖盡了他的足跡。今天我們在《史記》中翻到有關墨子的記載，只是附在〈荀卿列傳〉後的二十四字：「蓋墨翟，宋之大夫，善守禦，為節用，或曰並孔子時，或曰在其後。」這段飛來之筆，真是神龍見首不見尾，使我們無法了解墨子的真面目。

由於歷史上沒有把他交代清楚，因此他的身世便成為許多人猜謎的對象。有的人說他不姓墨，有的人解釋他所以稱為墨子，乃是他受過墨刑（古代五種肉刑之一，即臉上刺字），或者皮膚很黑，真是異說紛紛，莫測高深。幸而在《墨子》一書中，還留著他的許多故事；從這些故事裡，我們還可以畫出他的一個簡單輪廓。

他大約生於孔子死後的十餘年，卒於孟子生前十餘年（約西元前四七九至三八一年），他曾做過宋國的大夫，然而他的出身並不是一個貴族；而是一個無產階級，可能是手工藝一流的人物。因為他懂得工匠的繩墨，而且曾製造過許多的巧利之器。他的技術，據說還超過工匠的祖師公輸般呢！

有一次，墨子花了三年的功夫，製造了一隻木鳶，能在天空中飛行，真是妙絕天工；可是墨子卻以為這功夫不如他製造的木車，只用幾塊木頭，花了一天的功夫，便可載動三十石重的貨物。

非但耐用，而且可以跑得很遠；可是木鳶所花的時間久，卻毫無功用，只是供賞玩罷了。

由這故事中，可以看出墨子的身世了。他不僅懂得繩墨，而且能製造載物用的木車，和供賞玩的飛鳶。試問這不是工匠一流的人物，是什麼？

然而他不是真正的工匠，他能分清飛鳶和木車的功利不同，可見他是有智慧的。他生在文化的搖籃——魯國，因此他也接受到文化的洗禮。他自己說曾看過各國的史書，可見他是非常博學的。

有一次，他南遊衛國，帶了許多書，他的學生奇怪的問：「老師曾教訓公尚過說：做工匠的主要是量曲直罷了，現在老師帶了這麼多的書，究竟有何用處呢？」墨子回答說：「從前周公每天早晨讀一百篇書，晚上又要召見七十位學士，因此周公學識淵博，能夠輔佐天子，他的功勳至今不滅。現在我既沒有治國的公務，又沒有耕種的勞苦，怎麼可以不讀書呢？」

由這段話中，可以看出墨子的抱負，他也如孔子一樣有做周公的美夢。因此他也和孔子一樣的周遊列國，弘道救世。在楚惠王五十年，他到了楚國的郢都，把所著的書獻給惠王。惠王讀了一遍，大加讚賞說：「好書、好書，我雖然不能治理天下，但卻願意供養賢人。」墨子看透惠王無意採納他的政治見解，便告辭說：「我曾聽過進賢的道理，如果他本身被採用，而他的政治抱負不能施展，他是不願無功受祿的。或者他的政治見解不被採用，也是不願空佔名位的。現在我的書既不被採用，不如讓我回去吧！」惠王聽到他這番話，很不好意思，便暗地叫臣子穆賀去推辭說國君年老，不能作徹底的改革。穆賀會見墨子，兩人談得很投機，把心底的話全盤托出，他說：「你的言論實在非常正確；可是惠王是一個領袖，可能因為你是賤人，不敢採用你的言論吧！」這可把墨子氣壞了，大發牢騷說：「那裡是不敢實行！譬如治病的藥，雖是樹皮草根，天子吃了以後，可以除病，豈能因為是樹皮草根，就不吃嗎？現在農人把米穀獻給君主，君主把它們做成酒菜來祭祀上蒼，上蒼豈能因為是賤人所種的就不吃嗎？」墨子氣跑了以後，楚國的執政大夫魯陽文君對惠王說：「墨子是北方的聖人，你不能用禮接見他，未免失去了人才啊！」惠王非常後悔，趕緊派文君去追回墨子，願以五百里的地方封給墨子。畢竟墨子是為了政治抱負，而不在於區區的封祿，所以毅然的加以拒絕了。

惠王指他是賤人，乃是指他沒有貴族的血統。尤其墨子所帶領的一群人，都是些出身於平民的勞動者，惠王當然不會欣賞他們的。然而惠王不能任用墨子的原因，絕不是因為墨子是賤人，而是墨子的政治見解不合惠王的口胃。試看公輸般也是個賤人，惠王卻任用他，因為他能製造戰爭的利器，為楚國開闢土地啊！公輸般替楚國製造了許多戰船上的兵器，如拉攏敵船的「鉤」，和抵抗敵人的「拒」。楚人憑著這種利器，大敗越人。公輸般得意洋洋的挖苦墨子說：「你看我的技巧如何，能夠製造戰船上的鉤拒。不知你整天高唱的義也有這種鉤拒嗎？」墨子反駁說：「我提倡義的鉤拒，比你戰船上的鉤拒好。我用愛去鉤別人，用恭去拒別人。如果不用愛去鉤，別人不會親近你；不用恭去拒，便失去了彼此的界限。只有大家相愛相恭，才能利己利人。你用鉤制人，別人也會用鉤制你；你用拒抗人，別人也會用拒抗你。彼此相鉤相拒，結果是兩敗俱傷。所以說我義的鉤拒比你戰船上的鉤拒好。」

公輸般和墨子雖然同是工藝的一流人物，但他們的氣質卻完全不同。公輸般只是一個善於製作的工匠罷了。他沒有自我的精神，只是國君的臣僕、侵略的工具。墨子非但善於製作，但他還要追求製作的目的。他覺得製作的目的在於有利人群。飛鳶對人們毫無利益，所以他放棄了飛鳶；木車雖然有利於人群，但不能解救當時的危機，所以他放棄了工藝，而從事於另一種神聖的工作。就是用義的鉤拒去消滅戰爭的鉤拒；也就是用和平主義去打倒侵略主義，這便是他的政治抱負。

然而墨子的和平主義，絕不是一種理論、一種高調；也不是寄託於賢君賢相的和平政策，像儒家的所謂仁政，它本身是一種以武力為後盾的實際行動。墨子像孔子一樣帶著徒弟們，周遊列國。但孔子的學生們，都是身通六藝，個個都有政治的才幹，所以他尋求的是一個政治的舞臺。而墨子的徒弟們，都是出身勞動階級，他們有熱情，講義氣，然而缺乏思想，沒有才幹。所以他們沒有興趣在政治舞臺上表演。然而他們願意為別人服務，願意犧牲生命，為國際間解決糾紛，以實踐和平主義。

請看墨子是怎樣解決國際間的糾紛：有一次公輸般替楚國製造了一種攻城的雲梯，準備侵略宋國。這時墨子正在魯國，聽到了這個消息後，便趕緊出發，走了十天十夜，雙腳走出了許多水泡，還是不肯休息。水泡破了將要腐爛，他便撕下一塊衣服，把破爛的腳趾包好，仍然繼續趕路。

到了楚國郢都後，便立刻去找他的對頭公輸般。

公輸般問：「你老兄有什麼貴幹啊？」

墨子故意說：「北方有個人欺負我，請你幫我幹掉他。」

公輸般默不作聲，眉宇間顯著不愉快的神色。

墨子又故意的說：「我以十兩黃金為酬勞，幹不幹？」

公輸般正色的說：「我是講義氣的，絕不作職業兇手。」

墨子抓住了這個話柄，便義正辭嚴的說：「請聽我說吧！我在北方，聽說你發明了雲梯，正預備攻打宋國，試問宋國有什麼罪過呢？……你講義氣不殺一人，卻幫助楚國去殺更多的人，實在不通之至啊！」

公輸般深深的佩服墨子說得有理。

墨子便問：「那麼你為什麼不取消攻宋的計畫呢？」

公輸般說：「太遲了，我已把計畫告訴了楚王。」

墨子便要求公輸般帶他去見楚王。

墨子問楚王：「聽說大王正起兵攻宋，大概是有把握打垮宋國吧！如果沒有把握，而且又負了不義之名，請問是否仍要攻打宋國？」

楚王回答：「假如一舉兩失的話，為什麼還要攻宋呢？」

墨子說：「好吧！我敢斷定你打不垮宋國。」

楚王驕傲的說：「公輸般是當今有名的工程師，他已替我製造了一種攻宋的特殊武器呢！」

墨子說：「既然如此那末就現場表演一番，他攻我守。」

於是墨子解下衣帶，圍成了四方形，當作城牆來防守。公輸般用機械化的武器，發動了九次的攻勢，都被墨子擋住。公輸般已是技窮，再也顯不出本領，可是墨子的防禦卻很從容。公輸般垂頭喪氣了一會，突然發現了妙計似的，冷笑著說：

「我知道怎樣對付你了，可是我不說出來。」

墨子也幽默的說：「我知道你準備怎樣對付我了，我也不說出來。」

這時楚王不知他們葫蘆內賣些什麼藥，便問墨子是什麼意思。墨子坦白的說：「公輸先生的意思，不過是把我殺掉。以為殺了我，宋國就守不住，你們就可以攻宋了。其實，我早已派禽滑釐等三百餘人，拿著我的守禦武器，在宋國的城牆上等候你們了，即使殺了我個人，又有什麼用呢？」

楚王無可奈何的說：「好吧！那麼我就不攻宋了。」

由這段動人的故事中，我們除了敬佩墨子的熱誠和機警，以及為和平犧牲的精神外；還必須認清一個事實，就是從事於這項和平運動者至少有三百餘人，而且他們的聲勢很大，可以嚇退野心勃勃的楚王。

他們在當時解決了不少國際間的糾紛，除這一次外，事蹟可考的還有他去見齊王，打消了齊國攻魯國的念頭。後來又去楚國，說服執政魯陽文君，打消了楚國攻鄭的野心。可見上至國君，下至執事，對於墨子這派人物都有幾分敬懼的心理。

這一派和平運動者，是一群勞工群眾的集合，他們提出的信條是為和平而奮鬥，為大我而犧牲。他們的偶像是大禹，因為大禹「湮洪水，決江河，而通四夷九州」，為萬民除去了大害，創造了華夏的文化。他自己親自拿著工具，疏通河川，勞苦得從腳跟到膝蓋以及小腿後面的毛都磨光；而他還要冒著狂風大雨，處理國事。他們發誓要效法大禹的這種勞動精神，他們規定衣食住的標準。住的房子，必須是矮的平房，柱子不應雕飾，四壁愈簡陋愈好；吃的是用粗土罐盛的羹湯，和劣等的玉蜀黍；穿的，夏天是麻布，冬天是鹿裘。生的時候，不唱歌，不作樂；死的時候，不要隆重的葬禮，只需薄薄的一口棺木。一切以服務為原則，用最大的能力助人；以最低的限度養己。如不能做到這點，便要開除墨籍。

他們選出最有技藝、最有魄力、而且最能「自苦為極」的人作領袖，叫做「鉅子」。墨子當然就是他們的第一任鉅子。這個鉅子是墨者的持法者，整個團體的活動都是操縱在他的手中。請看下面二段故事。

孟勝作鉅子的時候，和荊國（就是楚國）的陽城君很友好，陽城君請孟勝代為守城，把玉剖為兩半當作符，一人一半，然後去參加荊王的喪禮。這時群臣要殺吳起而冒犯了荊王的屍體，於是群臣們被判侮辱先君的罪行。不幸陽城君也有份，陽城君知道了這個消息後，不及趕回自己的城池，便連夜逃亡在外。荊國就要派兵沒收陽城君的封邑。這時守城的孟勝向子弟們宣佈：「我接受陽城君的交託守城，以符為信。現在荊國派兵收城，卻沒有符。我們既然抵擋不住荊國的大兵，只有一死。」他的弟子徐弱說：「如果我們的死，對陽城君有所助益，當然值得一試。但事實上毫無益處，而且使我墨者全部消滅，萬不可輕死的啊！」孟勝回答說：「你的話錯了，我和陽城君的關係，不是老師，就是朋友；不是朋友，就是臣子。如果這次我們不能為信約而死，以後再也沒有人願意和我們墨者作師生朋友君臣了。我們這次的赴死，只是為了保持墨者的義氣，發揚我們的主義啊！至於後繼的人，我將把鉅子的任務交給宋國的田襄子，請別怕墨者將絕世吧！」

徐弱感動的說：「果如你所說，我願先死為你們開路。」便在孟勝的面前，切下自己的頭。於是孟勝交託了後事，便率領弟子們，一齊戰死。另外二人是去傳信給田襄子的，他們也要回去跟孟勝一齊死。田襄子阻止說：「孟勝已把鉅子的任務交託給我，你們就得聽我的命令。」這兩人仍然跑回去自殺。後來的墨者認為這兩人不聽從鉅子的命令。

還有一段故事：腹䵍作墨者鉅子時，他的兒子犯了殺人罪。秦惠王對腹䵍說：「你已很老了，只有一個獨生子，所以我命令官吏減輕你兒子的罪，你就照我的意思做吧！」腹䵍卻回答說：「墨者的法律，殺人者死罪，傷人者處刑。這就是為了禁止人們犯殺傷的罪，這是天下的大義。現在承你君王的美意，減輕我兒子的罪，但我是墨者，不能不實行墨者的法律啊！」於是便殺死了他的兒子。由這兩段故事中，可知墨者是如何的講義氣，如何的執法如山。

墨子就是率領著這樣一個嚴密的組織，鋼鐵的隊伍，去周遊列國，實行和平主義的。

三

雖然孔子和墨子都是為了救世而努力；而且又是生在密接著的兩個動亂時代——春秋和戰國。然而他們的精神氣質卻完全不同。孔子是透過真實的道德心，去塑造一個活生生的人。一切的學術禮法都集中在這個「人」的身上。而墨子卻是憑著他的一股衝力來救世。他是透過客觀的利，來看一切的。他認為互愛、知天、明鬼、用賢、統一，對於社會有利，所以他要「兼愛」、「天志」、「明鬼」、「尚賢」、「尚同」。他認為戰爭、浪費、厚葬、音樂，和講命運對社會不利，所以他激烈的要「非攻」、「節用」、「節葬」、「非樂」、「非命」。甚至於覺得那些空談的儒生誤國，所以他也要「非儒」。

他非儒的主要原因，是儒家不講利。事實上儒家不是不講利，而是講在骨子裡。墨子眼光不夠銳利，他只看到表面的利，而看不到骨子裡的利。

他對外界的認識，不是訴之於高深的思想，而是訴之於通俗的常識。他是一個優良的社會解剖家，然而卻不是一位優良的醫師。他看出了社會的病態，卻找不出根治的藥方；只是憑他的常識來頭痛醫頭，腳痛醫腳罷了。

先看他如何去發現社會的病態：

他覺得諸夏的文明實在沒有值得驕傲的地方，整個社會充滿了矛盾，他這樣的自問：

殺一人是一重不義，必須判以一重死罪。殺十人是十重不義，必須判以十重的死罪。這是大家都認為合理的處分。可是在侵略的戰爭中，殘殺成千成萬的人，非但沒有罪，而且殺人愈多，功勳愈大。

跑進別人的園子裡偷菓子，是盜竊的行為，必須受法律制裁。跑進別人的欄廄內偷牛羊，所犯的罪愈大，必須受更嚴厲的處分。可是現在的國君們公開的跑進別人的城池內，擄掠珠寶美女，甚至把別人的城池佔為己有，非但不感覺罪過；反而誇讚自己的武功，這是為了什麼？

衣服是用來蔽體的，居室是用來防身的；可是一般貴族階級卻要錦上添花，窮極奢侈；而一般勞苦群眾，連蔽體防身的起碼條件都不夠。

婚姻是為了繁衍種族的，可是一般貴族階級蓄伎納妾；一般勞苦群眾，則連婚娶的能力都沒有，這又是為了什麼？

為什麼？為什麼？墨子一直的問下去。

為什麼統治權要交給一個家族世代相傳，不管他的子孫是白癡或低能；為什麼一個貴人死了，要那麼多無辜的活人去陪葬？而且還要向人間撈去那麼多的珠寶財物，放在棺木內？為什麼打發一條死屍，要弄得傾家蕩產；而且子孫們在二三年內，硬要餓得愁得「哀毀骨立」？為什麼勞苦群眾們吃不飽，穿不暖，睡眠不夠，而貴族們卻整夜的笙歌取樂？為什麼大家不肯自力更生，而把一切委諸命運？

這種種的社會病態，擺在墨子的眼前，究竟他要怎樣處理？

他認為種種社會的不平，人生的愚昧，都是由於人類的短視。只看見一個人的私利，一個階級的私利，一個國家的私利；而看不見大我的福利，社群的福利，以及天下的福利。因此他要把個人自私的心思，客觀化而成為一種大利。在這大利的下面，有時也許會對某一部分的事有損害；但就全面來看，這損害實是顧全大體之不得已的犧牲。他說：

「斬斷手指，以保存整條手臂，這是在利中取大利，在害中取小害。在害中取小害，這不是取的害，而是取的利啊！因為他所取的，是他所需要的。譬如路上遇到強盜，這是一種不幸。假如你只被斬斷手指，而保全了性命，卻是不幸中的大幸呢！」

這才是利的真諦，唯有獲致了這種大利，社會人群才能真正幸福。因此我們一切設施舉措，都應該以這利為取捨權衡的標準。合乎利的，便辦；反乎利的，便取消。簡單明瞭，絕無徘徊的餘地。

因此不僅上面對於音樂、享用、殉葬等都基於「利」的原因而反對，非戰也同樣用這種理由，他說：「假定打了一次勝仗！試問究竟得到多少利益？統計一下，還不如損失的多呢。為了爭奪幾里大的城郭，卻消耗了幾萬的人員，而所得的只是一座虛城，這又何苦呢？」甚至許多具體的主張也都是基於「利」的觀點而提出。例如他主張「明鬼」，「非命」，因為：

「如果大家都相信鬼神能賞善罰惡，便沒有人敢做壞事，天下便不會大亂了。」

「王公大人相信命運，必定不肯熱心於政務。農人們相信命運，必定不肯賣力的耕種。所謂命運，只是暴君拿來壓制人民；或窮困的人，拿來自我安慰罷了。」

總之，他對事務的一切具體辦法，都是圍繞著「利」的觀點而安排的。若用近代哲學的術語來講，他真可說是一位徹頭徹尾的功利主義者了。

四

上面所說都是墨子的「應用」哲學。至於他的基本觀念，也就是他思想的核心所在，那就是「兼愛」的學說了。

古今中外的聖賢，無不是教人們相愛；因此墨子的「愛」，並不稀奇，但其特點卻是在「兼」字。墨子對「兼」字有他特殊的看法，若用現代的話來解說，就是：「完全包括，毫無分別」。而所謂「兼愛」就是對所有的人全都一律相愛，毫無厚薄軒輊的不同，這實在是「愛」的最高陳義了。墨子所以提出這種主張，無疑的是出自他那無比強烈的同情心。但是在理論上，他卻把它歸於天志。

墨子從種種方面證明上天對人類，是一律覆育，一律愛護的，世上的人和「天」的關係，全是一樣遠近，不分軒輊。就如許多孫子，在老祖父的膝下一樣，全都是他兒子們的孩子，沒有遠近親疏。假如人們不明此義，而要你疆我界，秦楚自分；那就如孫兒們各分門戶，相互攻擊一樣的使老祖父傷心。我們為了避免上天的傷心而降罰，我們為了體行天志以求多福，便勢必要人人相愛，毫無厚此薄彼的偏愛。

從哲學的眼光來看，把「兼愛」的基礎建築在這個道理上，實在是薄弱荒謬之至。但是我們知道，墨子真正使人傾倒的是在其熱情救世；而不是在其哲學思辨。我們絕不可因其哲理欠佳便否定了他的正面貢獻，這就如絕不可從思辨證驗的觀點，來否定耶穌的價值一樣。因此我們勢必要撇開他那貧弱的思辨，而來一探他「兼愛」本身的究竟。

「兼愛」的口號雖是響亮動人，博得所有熱情人士的傾倒；但「美言不信，信言不美」，響亮動聽的口號，往往「似是而非」，不切實際的。兼愛的說法，就是一個例子。先就抽象的理論來說，人人全都一律無別的相親相愛，豈不是最理想的事，誰能反對？殊不知若要真個付諸事實，這最動人的說法，卻是最不合理，而又無法行得通的謬論（詳說見前文孔子篇，此處不贅）。人與人之間有其相通互愛的共同基礎；但也有其天然生就的差異關係（如父母子女，以及鄰居，師友等特殊關係）。共同基礎雖然重要，而這差異關係卻是人們日夕接觸的實際生活，與人們發生息息相關的作用。我們必須對這差異的關係，有其差異的安排與對待。因此儒家才要講：「君君，臣臣，父父，子子」；才要講：「老吾老以及人之老，幼吾幼以及人之幼。」現在若為了強調人們的同類意識，而竟抹煞這些差異關係；那不僅要取消人類一切倫常對待關係，並且根本會在實際生活中無所措其手足。

人類所以與動物不同的，就在其具有「政治生活」與「倫常道德」。人們只有在這兩者中才能發揮出卓越的才能與品德，才能表現出人之所以異於禽獸的特徵。現在（從乎楊朱的為我說法，勢必取消人們的政治生活，所謂「無君」——說詳下文楊朱篇。）從乎墨氏兼愛的說法，勢必取消了人我間一切的倫常關係，使人無從發揮其卓越優美的性能。雖存在而缺乏「人」的意義，實不過是一種動物的活動而已。所以孟子才說：「墨氏兼愛，是無父也。（按：如把父親當作父親而特殊看待，那就不是「兼愛」了。又「父」是倫常的代表，無母、無兄，其意均同。）無父無君是禽獸也。」墨子當初提倡兼愛之說，原是出於一片至誠，極端善意。只因辨析不精、考慮不周，以致「失之毫釐，謬以千里」，而產生這樣嚴重的流弊，豈是墨子始料所及？足見立言之不可不慎了。

墨子的教訓已經褪色，不用再管；但鑑古可以察今，舉一足以反三，今天圍繞著我們身邊，從政治到商業有著無數美麗動人的口號，但試想這些美麗的口號有幾個不是兼愛說的情形呢？我們若能冷靜的想一下，就不枉費研究墨子所得的教訓了。

第四章 恬淡自足的隱者——楊朱

一

正當儒墨兩派人物，在中國文化的園地內，努力著耕耘，互不相讓時；另有一派人物，跟在墨家後面，突然的興起，分佔了儒墨的園地，這派人物的代表就是楊朱。

從孟子的口中，我們可以看出當時的情勢。孟子說：「楊朱墨翟之言盈天下；天下之言，不歸楊，則歸墨。」我們縱使把儒家也列進去，當時的天下，至少是三分的。尤其儒家先受攻於墨子，再受攻於楊朱，已經是元氣喪了大半。所以孟子說：「楊墨之道不息，孔子之道不著。」可見楊朱思想聲勢的可怕。

楊朱究竟是一位怎樣的人物呢？《史記》中沒有一個字提到他，因此我們對於他的身世一無所知。傳說他多愁善感，看到鄰人因歧路而亡羊，便終日不語，鬱鬱寡歡。然而傳說畢竟是傳說，即使是事實，也無補於我們對他身世的瞭解。不過有一點值得我們注意的是，《莊子》書中曾屢次提到陽子居，這可能就是楊朱。因為楊又作陽。但《莊子》的故事都是虛設的，我們不能用那些故事來瞭解楊朱；不過我們卻有一個線索，從《莊子》對楊朱的描寫中，可知楊朱是和老莊同一路線的人物，也是個隱士。今天我們對於楊朱的身世，所知也只有這點了。

至於楊朱的思想究竟怎樣呢？我們所知也很有限，因為他的著作早已失傳了，今天我們還懂得一點楊朱思想，都是從別人的引述中得來，而這些引述，也只有以下三條：

「全生保真，不以物累形，楊子之所立也。」（《淮南子》）

「陽生貴己。」（《呂氏春秋》）

「楊子取為我，拔一毛而利天下，不為也。」（《孟子》）

這樣一位舉足輕重的思想家，所留給我們的遺產只有這點，實在是中國文化上的一大損失啊！

二

也許有人要問：「《列子》書中不是有一篇專門記載楊朱思想的嗎？」

《列子》是一本問題書，它本身是偽造的。而其中的〈楊朱篇〉更是對楊朱思想的低價附會。我們試看它是如何曲解楊朱的思想。

《列子》中的楊朱，不是要與儒墨對立，提出他的另一套救世的見解；而是為了他的享樂主義、肉慾主義，尋求一個合理的說法。試看他如何的自圓其說：

為什麼要及時享樂？因為人生太短促了。他說：

「活到一百歲，總算是高壽了，但真能活到一百歲的人，一千人中沒有一個呢！就算每個人都能活到一百歲吧！在這一百歲中，幼年和殘年佔了一半，夜寐和晝眠又佔了一半中的一半，再加上疾病和憂患，又減去了一半。估計在這短短的十幾年中，逍遙自得，無憂無慮的時間，實在所剩無多呢！」

生命是這麼的短促，人生究竟有什麼意思呢？為名譽、為事業嗎？可是：

「十年也是一死，百年也是一死；仁聖也要一死，凶愚也要一死；生的時候是堯舜，死了便成為枯骨；生的時候是桀紂，死了也成為枯骨。他們都變成了枯骨，誰知道他們之間有些什麼不同呢？所以我們應該在生的時候及時行樂，不要為死後而憂慮。」

「至於死後，那跟我毫無關係。火葬也好，海葬也好，埋在地下也好，暴露在外面也好，用稻草縛起來，丟在水溝裡也好，用錦衣包起來，藏在石棺裡也好。」

這是一種唯生的論調。在表面上看，還與真正楊朱的思想距離不遠，然而骨子裡已藏有縱慾的念頭。所以再向前跨出一步，他的真面目便完全暴露了出來。

他認為死既然一了了之，什麼都是空的，那麼在生前何不尋求快樂？何必自苦如此呢？所以他強調：

「我們應該看盡天下的風景和美色，享盡人生的快樂和享受。我們只怕肚子飽了，不能再享受其他的飲食；精力竭了，不能再玩樂一切的美色。那裡還有心情去考慮自己的名譽，擔心自己的生命呢？」

那麼究竟要怎樣行樂呢？他的理想人物，一個是好酒的公孫朝，一個是好色的公孫穆。這兩個人都是鄭國大夫子產的兄弟。

公孫朝是一個嗜酒如命的人。他的房子內，儲酒有千多缸，釀酒的麴積起來充滿了走廊，在門外百步的地方，就聞到做酒的氣味。當他飲酒的時候，根本不知世道的安危，人心的好壞，九族的親戚，以及生死的哀樂；連外物的有無都不知道，即使用水澆他，用火燙他，用刀刺他，他也不理會呢！

公孫穆是一個好色之徒。他的偏房就有幾十個，而且都是國色天香的窈窕少女。當他沉湎於美色時，躲在後房，拒絕會客，晝夜的玩樂，一玩就是三個月，還似乎沒有滿足。同鄉如果有美麗的少女，一定用錢去買，或用其他的方法勾引，非到手絕不甘心。

公孫朝的好酒，代表麻木的追求；公孫穆的愛色，代表縱慾的墮落，這兩點正是頹廢思想的特色。

他們對於鉤心鬥角的爭權奪利，毫無興趣；對於著書立說，揚名聲於後世，也無興趣。他們不屑於財富，視金錢如糞土；同時也不愛惜自己的生命，任意的浪費。他們追求的是快樂，而不是幸福。他們無意於心靈的安恬，他們渴望的是肉體的刺激，感官的滿足。

在一個極端混亂的時代，常常有這種極端的頹廢思想；這不是一種思想，而是一種病態的心理。當然這不是楊朱思想，而是楊朱思想的附會。試看像公孫朝和公孫穆這類人物，純粹是一種暴發戶的行為，是社會的寄生蟲，我們應該嗤之以鼻。如果把他們套上楊朱思想，與儒墨三分天下，非但侮辱了楊朱，而且侮辱了儒墨呢！

三

那末真正的楊朱思想究竟怎樣呢？

我們必須認清楊朱是道家一流的人物，他的思想淵源是來自《論語》中的許多隱者。

首先我們看看這些隱者們的動態：

有一次，孔子在衛國閒居作樂，正在擊磬的時候，有一位背著草器的隱者，經過孔子的門前，從音調中知道為樂者的懷抱，他便說：「天下這樣大亂，還有心情為禮作樂嗎？」接著又說：「想不開呀，這樣的專心致志！沒有人知道你，也就算了吧！你應該知道：可以仕就仕，不可以仕就悄悄的退隱吧！」

又一次，孔子迷了方向，派子路去問渡口。子路去問兩個正在耕田的隱者，一個叫長沮，另一個叫桀溺。

子路先問那位長沮說：「請問你渡口在那兒？」

「那位坐在車上的是誰啊？」長沮反問說。

「是孔丘。」子路直截的回答。

「是魯國的那位孔丘嗎？」長沮有點驚奇的問。

「是的。」子路回答。

「只要是他，那他應該知道渡口啊！」

子路碰了一鼻子灰，本想發作；但為了找渡口，只得耐著性子去問另一位桀溺。

桀溺也反問：「你是誰啊？」

「我是仲由。」子路回答。

「哦！就是魯國孔丘的徒弟嗎？」桀溺驚奇的問。

「是啊！」子路有點不安。

「天下大亂，誰能夠挽救呢？你跟從躲避壞人的孔子，還不如跟從我們，離開整個社會吧！」

桀溺說畢，便繼續耕種，不睬子路。

又有一次，子路在孔子後面追從，還未趕上孔子，卻在路上碰到了一位正在除草的老人。子路問他：

「你看見我的老師嗎？」

「不事生產的人，怎能稱得上老師？」這位老者挖苦的說，一面植杖鋤草。

這時，子路仍然恭敬的站著。這位老者便留子路過夜，並殺雞請客；同時叫他的兩個兒子出來拜見這位遠客。第二天，子路趕上孔子，告訴這番經過。孔子歎著說：「這是一位隱者啊！」再派子路去找那位老者時，已經不知去向了。

從這些記載，可以看出當時隱者們的動態了。他們不是過著農居生活，便是作一個小公務員。他們都是混在平民階級，下流社會中，自隱無名，不求聞達。然而他們並不是碌碌眾生，他們是有學養、有見識的。前面故事中，那位背著草器的隱者，他聽到孔子擊磬，便知道孔子是位有心人；他有這種感受，當然他也是一個有心人，所以才能和孔子起了共鳴。然而他和孔子不同的，只是孔子還要「知其不可而為之」，他卻是「算了吧！算了吧！」至於長沮和桀溺，一聽到孔丘和仲由，便知道孔子這一行人的目的；可見他們對於當時的學術界是非常清楚的，只不過他們是冷眼旁觀罷了。還有那位鋤草的老者，對子路非常客氣，並且教他的兒子們拜見子路，以行長幼之節，可見絕不是普通的農人；否則子路去後，他們不必逃開。他們不是怕孔子一行人再來投宿；而是怕孔子邀他參加這一行列。由這些事實，可以想見他們自己另有一套人生觀的。

他們看到整個世界是一片大混亂，臣子弒君主，兒子弒父親的慘案到處皆是；而且國際間連年的戰禍，更攪得民不聊生。弭兵之會，形同紙上談兵；提倡人道，無非對牛彈琴。因此他們認為孔子的「知其不可而為之」的精神，只是傻子的精神。孔子的「有心哉」！只是可憐的癡心罷了。所以他們諷勸孔子，雖然過去的無法挽回，未來的還可以把握啊！應該及時回頭，收起那木鐸，參加隱者的陣營。退隱在山野田間，與鳥獸為群，與樹木為伍，過著簡樸自然、無憂無慮、逍遙而遊的生活。

孔子沒有接受隱者們的勸告，仍然栖皇的救世。隱者們也只顧在小天地內尋找自我，這樣春秋時代過去了。到了戰國時代，時代愈來愈混亂，思想也愈來愈激烈。墨子認為孔子的精神不夠熱烈，便聚合群眾，組成一種苦行派。這時隱者們覺得孔子的作法，已是有點癡想；而墨子的這種硬幹，更是愚不可及。他們也提出了一套思想，而楊朱就是這一思想的代表。

今天我們提到楊朱的思想，並不是楊朱一人所創造的思想；而是每個隱者們的思想。他們的思想，從《論語》中的隱者，到戰國時的隱者，是一致的。他們並不像儒墨一樣有所師承；而是每個人自己去尋找他們的小天地。可是他們在這個小天地內所發現的心境卻是彼此相同的。因此他們之中無論那一位都有楊朱思想；反過來說，他們當中有一位楊朱的隱者，他的思想可以代表所有的隱者。也許有人問，為什麼我們不稱長沮，桀溺的思想，而偏要稱楊朱的思想呢？對於這個問題，有一個譬喻。兒時曾玩過一種化學遊戲，就是在一張白紙上，用化學藥水寫上文字，乾後依然是一張白紙。如果再把它放入水中，字跡便歷歷分明的顯了出來。許多隱者，就同白紙上的字跡，是隱性的；可是到了楊朱，便同白紙浸入水中，是顯性的。所以我們可以說楊朱是個隱者；也可以說他不完全是一個隱者。他是個隱者，因為他有隱者的思想；他不是個隱者，因為他已把思想發表出來了。

四

首先我們看看隱者的楊朱，也就是看看楊朱所表現的隱者思想。《呂氏春秋》說他：「陽生貴己。」所謂「貴己」，就是尊重自己，看重自己的意思。這有點個人主義的色彩，也是每個隱者思想的特色。然而楊朱眼中的「個人」，絕不是感官的組合，更不是慾望的組合；而是純樸的自我，真實的本體。那麼我們應該如何來追求這個自我，發揚這個本體呢？楊朱勸我們保全生命的本真，不為外物所干擾。什麼是生命的本真呢？楊朱沒有告訴我們，但從他的立論中，可以推知那是指天生自然的本性，也就是真摯純潔的情感。我們必須保養這種情感，不為外物所引誘。我們都知道城市生活，物質的引誘大。聲色犬馬，鉤心鬥角，人們整天追逐著這些，學會了虛偽欺詐，拍馬奉承，因此失去了原有的天性。鄉村生活，便沒有這些引誘。他們整天與大自然接觸，一片純真無邪，逍遙自在。這些外界的引誘，包括了《列子》篇中所提到的「名」、「位」、和「貨」外，還應加上「肉慾」，以及聲色犬馬等一切具體的，抽象的可欲對象。要「不以物累形」，就是要戒除肉慾所加於身心的戕害。一個真正的隱士，是懂得養生之道的；一個懂得養生之道的人，豈是愛酒和好色的嗎？

其次我們要看看非隱者的楊朱，也就是要看看楊朱透過隱者意識，而表現出的救世精神。孟子批評楊朱說：「楊子取為我，拔一毛而利天下，不為也。」這句話的意思是什麼呢？「拔一毛」是說害之小者，「利天下」是說義之大者。犧牲一根毫毛，去換取利天下的大義，這是最合算的事了，可是楊朱卻不願意幹。這是什麼原因呢？因為一毛雖然微小，總是自家身上的東西；利天下雖是大義，卻是身外之物。為什麼為了身外之物，而犧牲自己呢？

這是一般隱者的意識。楊朱雖然有這種意識，然而他的旨趣不在這兒。根據《列子・楊朱篇》的記載，楊朱曾說過：「伯成子高，不以一毫利物，舍國而隱耕；大禹不以一身自利，一體偏枯。古之人，損一毫利天下，不與也；悉天下奉一身，不取也。人人不損一毫，人人不利天下，天下治矣！」《列子・楊朱篇》雖然是偽託的，但這幾句話卻與楊朱的思想符合。因為楊朱正是從伯成子高等隱者意識中昇華出來，也正是崇尚大禹的墨家的反動。「損一毫利天下，不與也。」是他的消極意義。而「悉天下奉一身，不取也。」正是他的積極精神。

現在我們進一步分析為我主義，是如何從消極意義，轉變為積極的精神。在一方面看，既然拔「一」毛都不肯，那末拔「兩」毛、「三」毛，當然不肯。如此推下去，試問犧牲生命、犧牲人格，還願意嗎？再從另一方面看，利「天下」尚且不屑為，那末利「天下之半」，利「天下之少許」，當然更不屑為。如此推下去，試問對別人有害，與天下無利的事，還願意去做嗎？試想一個連天下的大利也不值得一顧的人，還會去追逐什一之利嗎？還會去害人禍世嗎？如果人人懂得這個道理，人人信奉這個原則，人人都能尊重自己，而不侵犯別人，當真能作到「拔一毛而利天下，不為也」；那末社會問題根本不會產生，天下自然昇平了。

自楊朱發表這番理論後，許多人都起來響應，形成一種學派。因此，這時已失去了隱者的意味，而成為救世的主義了。然而他們與儒墨不同，儒家是正面提出純化人性的目標，墨家是正面提出解決社會問題的方法；而楊朱卻是從人性上，消極的使問題不產生。

墨家是儒家的反動，楊朱又是墨家的反動，由於他們都是在反面或消極方面，提出他們的學術思想，所以他們都是缺乏人性上的深厚基礎。墨學很快的便衰微了，楊朱也很快的變了質。今天我們對楊墨感興趣，並非對他們的思想，而是對這種思想所代表的人心感興趣。

在那樣一個混亂的時代，往往會產生兩種極端的心理，一種是火一般的熱情，一種是水一樣的冷靜。有些人認為這個社會如此的糟，非要像火一樣把整個人心燃燒起來，作一番大刀闊斧的改革不可，這就是墨家。另有些人認為社會的病態，絕不是頭痛醫頭，腳痛醫腳所能奏效的；主要原因是大家被物慾忙昏了頭，因此先澆一盆冷水，使他們清醒清醒，這便是道家。

楊朱消極的救世主義，對於人心厭倦的當時，的確是一劑清涼散。許多隱者們覺得楊朱的思想甚合自己的脾胃。因此他們也都寫下了自己的智慧，希望能喚醒人們的自我，共同追求人生永恆的幸福，和真正的快樂，這就是我們後面所要談到的老莊。另有些人對楊朱的思想並無深刻的了解，他們附會楊朱，他們有小聰明，卻無大智慧。他們是個名義上的隱者，毫無崇高的心境。發展到後來便是享樂主義派，如魏晉的許多荒唐的名士。楊朱思想，到他們手中，已是完全的變質了。

第五章　智慧無雙的老者——老子

一

老子《道德經》是一部奇書，它雖然只有寥寥五千字；但對中國文化所產生的影響，卻不是五千部書所能闡述得清楚的。據統計，過去國人替它注解，闡述的書，留存到現在可稽考的已有六百餘種。平均每七個字，便有人替它寫一本書。到了近代，譯文遍及各種重要的文字；每一文字譯本，還不止一種。即以英文為例，到現在為止，便有四十四種譯本之多。人們對於它的重視，可想而知了。

這本書在戰國時代，已是很流行了。像莊子這樣的天才，尚且隨時隨地引用它充滿了智慧的句子；還有法家《韓非子》的書中，竟有〈解老〉、〈喻老〉兩篇文章為它詮釋，足見推崇之一斑。其他如荀子之批評、遊士之徵引，真是不一而足。到了漢代，由於政府採行黃老政治，這本書乃成了為學施政所共遵的寶典。而那偉大的批評家司馬談，更是把它推崇備至。東漢末年，中國本土產生了一種道教，居然把《道德經》看作聖經。接著魏晉的名士們，更是人手一冊，把它看作清談的資料。到了唐朝，由於皇室姓李的緣故，「愛屋及烏」，竟然認《道德經》的作者為祖先！一方面設立研習道家的博士、助教等，並別立道家為一科以舉士；一方面又在天下遍設道觀，誦《道德經》及《莊子》、《列子》等書。這時幾乎每戶人家，必備《道德經》一本。由於歷代學者和君主的倡導，《道德經》的流行，幾乎比《論語》還要廣泛呢！

《道德經》不僅在國內盛行，而且暢銷於國外。它被譯成各國文字，據《良師叢書》(*Mentor Book*) 的編者說：除了基督教的《聖經》外，譯得最普遍的，就要推《道德經》了。尤其兩次世界大戰以來，世人受盡了炮火的荼毒，窮極知返，才覺悟到徒賴物質並不能給人類帶來真正的幸福；他們把目光轉向東方文化，於是代表東方智慧的《道德經》，更引起他們的注意和推崇。因此蒲克尼 (R. B. Blakney，當代美國的學者，譯有《老子》)，在《道德經》的譯本序中說：當人類隔閡泯除，四海成為一家時，《道德經》將是家傳戶誦的一本書了。

總之《道德經》的風行，絕不是偶然的。《大英百科全書》一九五九年版說：中國人的生活、文化，沒有一方面能擺脫《道德經》的影響。這固然是一個西方學者對於中國人的瞭解，但他確是指出了其真象。《道德經》所以這樣重要，乃是因為它代表了中國人的經驗、中國人的智慧，不能只拿它當作一本「書」來看。

二

那麼這部《道德經》的作者是誰呢？筆者可以很快的回答說，是老子。如果再問老子究竟是何許人？這可有點為難了。請先看司馬遷告訴我們的故事：

孔子在五十一歲那年，為了要增廣禮制的學識，便跑到周朝去請教一位守藏文獻姓李名耳字伯陽的老官員。那位官員已是白髮皤皤的老翁了，在他眼中，孔子還只是一個血氣方剛，初出茅廬的青年，所以用教訓的口吻說：「你現在所研求的禮，它的創造者的骨頭都已腐爛，只是他的言論還保留在世間罷了。一個君子有機會便出來為仕，沒有機會便應該退隱。我曾聽說過一個善經商的人，藏著很多貨色，但表面上好像很匱乏；一個有德行的人，即使滿肚子都是智慧和才學，表面上好像一無所知。所以你應該去掉驕氣、態色、和慾心，這些對於你是有百害而無一利的啊！我能告訴你的，只是這些罷了。」孔子聽了這段話後，回去後便向他的學生說：「鳥，我知道牠會飛；魚，我知道牠能游；獸，我知道牠善走。善走的可以用網抓，能游的可以用綸捕，會飛的可以用箭射；至於龍，我就不知道了。因為牠可以乘著風雲直上九霄，我所看到的老子，就是游龍啊！」

司馬遷說完了這個故事後，更有聲有色的描寫下去：認為這個老子以道德修身，他主張自隱無名，不求聞達。他住在周朝很久，後來看到周室衰微，便出關西去。關令尹喜知道他是飽學之士，勸他寫一本書以把他的智慧傳留在人間。於是老子便寫下了五千字；分為上下篇，就是現在的《道德經》。他出關以後，便沒有人再知道他的去向了。接著司馬遷又懷疑起來，覺得老萊子也和老子一樣是楚人，著書十五篇，也是發揮道家思想的。太史儋又似乎是老子。最後，司馬遷自己也搖搖頭，不知誰是真正的老子。

司馬遷談了半天，非但沒有告訴我們《道德經》的作者，究竟是誰？而且使我們更覺得迷惑不解。不過我們對於司馬遷所說的孔子問禮的故事，頗感興趣。這段故事的味道，與《莊子》書中所提到孔老的故事相同。老子是莊子心目中的至人；孔子卻是莊子眼中，值得同情，而常常挖苦的人物。雖然《莊子》書中有關老孔的故事，都是虛造的寓言；但從作者的態度上，可以看出老孔之間的關係。這與《論語》的隱者與老子的關係完全相同。由這個線索，我們可以這樣的說：老子是長沮、桀溺、楊朱一系的人物。也許是楚國的那位狂人，也許是背草器的隱者，也許是鋤草的那位老人。

筆者說這話無意在逃避問題。事實上，二千年來，這個問題一直是個謎。許多學者絞盡了腦汁，仍然猜不透這個謎底。有的說老子生在黃河流域，有的說老子是印度的移住者。有的說老子在母胎中數十年，生出來已有白髮，所以稱為老子。有的說老子名耳，可能是緬甸地方大耳國的人種，遠徙到中國的。有的說老子姓李是因為他家有李樹。對於這些漫天胡猜，我們只有一笑置之。到了近代，又加上一個老子成書年代的謎。有的說《道德經》比《論語》早，有的說《道德經》比《莊子》晚。當然他們都會提出一番大道理，但仍然無法揭出這個謎底。因為這不是一個可解的謎，而是一個不適於去猜的謎；也就是說這個謎本身便沒有一個確定的謎底，正像天上的浮雲一樣，你說它像山也好，像樓臺也好，事實上它什麼都不是，它只是雲。所以我認為《道德經》的作者是老子，老子就是老子。

因為《道德經》這部書不是完成在一個人手中，它是由許多道家思想的人物，輾轉抄寫，而且隨時隨地添加、刪節而成的。正如今天我們聽到許多充滿智慧的俗語，試問誰能知道這俗語的創作者。尤其這些人物，都是隱士，他們生時已把自己的姓名隱沒住，不願在社會上露臉；死後我們又怎能突然知道他的大名？同時，即使我們知道是某個隱士所作，對我們也毫無助益；因為我們對於一個人的瞭解，往往是瞭解他在社會上的功業和人與人之間的關係；而一個隱士早已揚棄了這些關係。我們除了知道他的存在，對於他本身理應一無所知；因為沒有生平正是他的生平，否則他便不是一個隱士了。

我說老子就是老子，就是說這個老子沒有固定的生平。這個老子可能代表張三、李四等好幾個人；也可能代表王五一個人。總之，這是一位有智慧的老人。他像普通老人一樣，閱盡滄桑，飽經憂患。他曾眼看別人建造了高樓大廈，眼看別人在大廈內歌舞歡笑，同時又眼看別人的高樓大廈變成斷井殘垣，眼看別人走進墳墓變成枯骨。他退在一旁靜思，一切繁華逝如流水，人生究竟為了什麼？他看到有些人先天的稟賦比別人好，卻是紅顏薄命，天才早夭；相反的，醜女和愚人，反而傻人有傻福，能坐享天年。他摸著鬍子靜思，曇花一現，這是什麼緣故？他又看到有些人一生追求幸福，得到的卻是痛苦；有些人一生追求理想，卻掉入失望的深淵；有的人步步成功，最後卻是一次大大的失敗；有的人老謀深算，自以為聰明，結果壞人還有壞人磨，強中更有強中手。他沉思又沉思，默想又默想。他把所思的、所想的寫下來，都是些人生寶貴的經驗和智慧。

莊子曾對惠施說過：「孔子到六十歲的時候，才看得開人生；以前認為對的，後來始發覺是錯的。我們現在所認為對的，安知到六十歲的時候，不認為都是錯的呢？」人生的確如此。年齡愈大，世事的閱歷愈多，對人生的瞭解也愈透徹。這就同爬山，在山腳下時，我們妄自尊大，因為那時我們的眼界只及於周圍，超不出那重重的圍牆去看外物；等到我們往山上爬，爬高一步，我們的眼界擴大一點，我們的境界也更高一層；直到爬上了巔峰，我們的眼界可以拓擴到無窮遠，這時再回頭看看山腳下，那螞蟻般的行人是多麼的渺小，以前妄自尊大的自我，該是多麼的無知愚蠢啊！

今天，我們在周圍可以發現許多老人，他們雖然沒有豐富的學識，卻有充沛的經驗。他們的知識不是靜的，而是動的。我們的老子正像這些老人一樣，已活到生命的高峰。一個老人總有他們老人的看法。他們不喜歡用強鬥狠，也不會好高騖遠，他們不再像年輕人那麼富有衝勁。他們喜歡回憶，甚至希望返老還童。他們這時的心境往往跟兒童一樣的天真無邪，他們看得太多了，懂得太多了，他們已摸透了人們的心理，也看透了世事變遷的法則。老子是一位老人，他的思想中，便充滿了這些特色。

所不同的，老子非但活到了生命的高峰，同時也達到了智慧的高峰。他的智慧並不因生命的衰老而衰老；相反的，因生命的成熟而成熟。他在人世間混了一輩子，看盡了人世的一切興衰存亡，和悲歡離合。他總覺得冥冥中似乎有一個主宰，而這個主宰既不是作威作福的鬼神；又不是無法解釋的命運。他覺得萬物的自生自滅，都有它們的道理；而人生的果報相應，也有它們的道理。這個道理，很不容易用言語來表達，用思想來分析；但卻是實有其物，真有其事的。老子《道德經》就是為了反覆描畫這個道理。

三

老子覺得人人都追求幸福，但怎樣才是真正的幸福？怎樣才能追求真正的幸福？卻很少有人知道。

一般人往往把一生的幸福寄託在物質上。以為物質上如果能得到充分的滿足，便是幸福。事實上，物質所能供給的只是感官的享受。而感官的滿足容易麻木。眼睛看久了，便感覺厭煩；嘴巴吃多了，便感覺噁心；耳朵聽慣了，便感覺陳舊；於是只得在物質上變換花樣，層層翻新。同是一件衣服，有高領、有短袖、有彩裙、有旗袍；同是一種食物，有生炒、有油炸，還要加上醬油、味精、辣醬、香菜；同是一種住室，有亭臺樓閣、有洋房園囿、有專門的設計；同是一種交通，有慢車快車、有柴油車、還有飛機。雖然都是衣食住行的滿足，而滿足的方式卻變幻無窮：新還要更新，香還要更香，快還要更快，舒服還要更舒服，永遠的變換，永遠的追求，可是卻永遠的得不到滿足。等到感官的刺激到達了某個程度，感覺便完全麻木了，所以他說：「五色令人目盲，五音令人耳聾，五味令人口爽。」跑進了五光十色的商場，只令人頭暈；聽到鼓樂喧天的鳴奏，只令人震耳欲聾；吃慣了山珍海味，只令人倒盡胃口。

老子深深的感觸到這點，因此他覺得向外追求，永遠得不到滿足，唯有向內追求，才是幸福的法門。就拿貧富來說，它們的關係是相對的。一個不知足的富翁，比一個知足的乞丐還要窮。所以他認為你如果知道滿足，你便永遠不會感覺匱乏，這完全是一個心理的作用。老子所追求的真正幸福，就在於這個方寸的心中。你必須保持這顆心的平息無波，不為外物所干擾；那末外界的刺激與你的心絕緣，你便無憂無慮，心廣體胖，怡然自得其樂了。

然而怎樣才能保持這顆心，不為外物所干擾呢？要達到這種功夫，必須對外界的一切有透徹的認識，尤其把握住事物演變的關鍵。

老子覺得一般人看事物都是膚淺的、表面的、單線的；而沒有看進事物的深一層、另一面、以及相反相成的道理。他說：「別人回答你一聲肯定的『唯』，與敷衍的『阿』，其間究竟相差多少？同樣，人們常常提到的善善惡惡，其間究竟有些什麼分別呢？」非但「唯」、「阿」、「善」、「惡」是如此，世間上一切的事物都是如此。究竟怎樣才算「高」，怎樣才算「下」，怎樣才算是「長」、「短」、「前」、「後」、「難」、「易」，誰都無法肯定的答覆，因為這些都是憑感受來判斷的。而人們對外物的感受，都是相對性的。這些相對性的事物，給予人們的第一個印象，它們的關係是相反的。「高」就是絕對的「高」，「下」就是絕對的「下」，它們是完全不同的，所以大家都一股勁的趨高避下。如果我們稍進一步分析，便發現它們的關係是對立的。沒有「下」，便顯不出「高」；

唯其愈「下」，便顯得愈「高」。如果我們再透過智慧來看這些相對性的事物，非但是「相反」，而且是「相成」；非但是「對立」，而且是「互變」的。

他說：「禍兮福之所倚，福兮禍之所伏。」在表面上看，福就是福，禍就是禍。如果用智慧來理解，禍的本身含有福的因子；而福的本身也含有禍的因子，所謂「失敗為成功之母」、所謂「多難興邦」，這些現象不是很明顯的說明了這個關係嗎？同樣，「飽暖思淫慾」，「宴安鴆毒」，這種經驗的教訓，還不能發我們的深省嗎？

看清這些現象，領取這種教訓後，我們便不至於轉入人慾的大漩渦中，隨波逐流了。相反的，我們卻能洞悉潮水的升降有數，以把握人生的樞機。

你要跳得高，必須用力往下踩。你要成功，先得有接受失敗的勇氣。你希望別人尊敬你，你先得尊敬別人，這是從好的方面看。如果從壞的方面看，你希望別人提拔你，你得多獻殷勤。你要打敗對方，還是先讓他勝利，使他因驕傲而自取滅亡。你要追求異性嗎？你得先表示為愛而犧牲，然後對方就為你而犧牲了。你不先放下餌，又怎能希望魚兒上鉤。老子告訴我們：這種相反相成的道理，在好的方面，固然勸我們努力向上，不可自滿；但壞的方面，絕非叫我們學習陰謀的手段，欺詐的方法，而是使我們認清事實，「害人之心不可有，防人之心不可無」。

認清了這個事實以後，我們應該採取什麼態度呢？

當然我們不能站在強的方面，按照「正復為奇，善復為妖」的互變道理，強可能變為弱，因為強中有弱的因子。所謂「堅則毀矣，銳則挫矣」。最堅硬的東西，最容易折斷；而最柔弱的東西，卻最有韌性。在自然界，堅木易折，柔條難斷；在人世間，剛強的人多敗，軟弱的人反能得保天年。所以老子提出他的弱道哲學，勸我們自處虛弱。所謂自處虛弱，並非真正的虛弱，而是強在骨子裡。像水一樣，表面上看去，它是天地間最柔弱的東西，你要它圓就圓，要它方就方；你要它高就高，要它下就下。可是當你把這種外力去掉以後，它又回復到原有的狀態。它能適合於任何環境，這就是它強的地方。這是指消極方面的作用。至於積極方面，它有耐性，一滴滴的水珠，可以滴穿堅硬的石頭；同時它又有極度的堅性，大水來時，可以沖垮任何的銅牆鐵壁。

老子勸我們向水學習，水性趨下不爭，我們處世也應該不爭。所謂「不爭」並非自我墮落，毫無鬥志。事實上，爭只是逞氣、逞力，完全是吃力不討好的事。爭名逐利，結果必定是名利雙失。因為萬事的發展都有它的順序，「爭」只是憑著個人的力量去打斷自然的順序，這無異螳臂擋車了。相反的，不爭卻能得到更大的勝利。一個偉大的作家無須斤斤於那些虛名小利，他埋頭於自己的理想，結果成就了偉大的作品，這豈是那些整天追逐的人所能爭得到的嗎？所以老子反覆告訴我們：「夫唯不爭，故天下莫能與之爭。」

不爭是弱道的一面。而另一面是為公。老子反覆的說：「不敢為天下先，故能成器長」、「非以其無私邪，故能成其私」、「聖人不積，既以為人已愈有，既以與人已愈多」。他說了那麼多的「成器長」、「成其私」、「已愈有」、「已愈多」，而他真正的目的不在這兒。儘管事實上，為人就等於為己，而且老子也極力闡明這個道理，但這只是一種勸人的法門。正如宗教家用「惡有惡報」去勸人行善，老子的苦心就在這兒。不了解老子為公的積極一面，也就不了解老子不爭的消極一面。

在〈楊朱篇〉中，我們曾說過楊朱是把隱者的思想，加以積極的意義；自楊朱以後，便產生了道家的人物。道家是從隱者思想衍生出來的。然而道家與隱者的不同，就在於他們旨趣的不同。隱者無言，是為了自我；而道家說了半天的自我，卻是為了別人。他們不像孔墨一樣，口口聲聲為人；他們只是說了許多消極的話，他們的消極，並非真正消極，而是含有積極的精神。我們只要照他們的話做去，不積極而自然積極，這就是他們的真正旨趣。

道家思想，自楊朱確立了觀念，到了老子已發展到高潮。接著到莊子手中，卻是一個奇峰突起。楊朱好像是丘陵，老子是一片大高原，至於莊子只是高原上的一個奇峰。整個道家思想，是以老子為臺座。楊朱的思想不夠成熟，至於莊子的思想，卻是由老子思想中發揮出來的。老莊間的關係，正如孔孟間的關係。孟子和莊子所以令我們傾慕和欣賞，乃是因為他們都是曠世的天才。他們的思想中，個人天才的成分很濃；不像孔老，都是客觀的論述。都是一個道理的反覆申述，不用個人的才氣來陪襯，所以孔老的思想，是儒道的主角。

四

老子是道家的牛耳，道家思想對中國文化所產生的影響，也以老子為最大。

老子在哲學方面的影響，是促成了玄學的發展。因為老子不像孔子一樣以身行教，而是退在一旁思考人生。他所要追究的是事物變遷的因素，因此涉及許多超現象的原理。到了魏晉的清談家們，便談「空」、論「有」的說起玄來。這時正好佛學開始移植進來，佛學的真「空」，妙「有」，正合清談家們的胃口，於是道佛便逐漸融合。而給佛教佛學的輸入，鋪了一條康莊大路。

老子不僅在文化宗教方面，有重要的影響；而在政治方面尤其結了不解之緣。從漢朝到清末兩千多年，表面上雖是表彰六經，尊崇儒術；但在骨子裡則人體上是推行的「黃老政治」。「黃」是指黃帝，「老」是指老子。所謂黃老政治就是把《道德經》中的智慧，活用到實際政治上的一種辦法。原來《道德經》中的話，不僅都是些抽象的原則，並且還都披著一套奇怪的外衣。假如生吞活剝的去實行，不但扞格不通，還要產生無數的流弊。反之若能善體其意，用其智慧，就必然會收到「指約而易操，事少而功多」的效果。「黃老政治」就是這樣一種聰明的辦法。這一辦法首先運用到實際政治的是漢初的曹參。曹參本是一個粗人，隨高祖革命，勇猛善戰，所向有功。漢朝天下底定後，因功封為齊相。他自知不懂政治，乃延請一位飽學的高士蓋公指導。蓋公便教他清淨無為的黃老政術。結果齊國大治，後來蕭何死了，他繼任中央政府的宰相，便把在齊國施行有效的這一套辦法帶到中央。當時他終日飲酒，不親理政務。遇有建議興革，有所主張的人，便把他灌醉了送回去，使之無從開口。漢惠帝看了非常焦急，他就問惠帝兩個問題：先問惠帝與他的父親高祖，誰好？惠帝當然不敢比附。又問惠帝：「你看我與前任宰相蕭何，誰好？」質樸的惠帝便說：「好像不如蕭何好。」曹參說：「你的兩個答案全對了，我的看法與你一樣。因此高祖與蕭何定的辦法，我們老老實實照辦就對了，為什麼要妄作聰明把它攪亂？這便是我的政策。」有名的「蕭規曹隨」美談，就是指的這段故事。這種「黃老政治」推行的結果，乃使漢朝從貧困的狀態中在極短期間變成空前的富強，而形成武帝雄飛寰宇的基礎。

老子的智慧思想不僅影響了文化、政治，並且影響了生活習俗。那也就是說它的影響不僅及於少數的知識分子，並且及於全體人民。儘管他們沒唸過《道德經》，甚至不識字；而他們的人生態度卻在無形中受到若干老子思想的影響。例如淡泊自守、忍讓無爭的美德；通權達變、輕鬆簡易的智慧，在在都來自老子的影響。至於生活所蛻化出來的藝術，不論是詩歌文藝、音樂繪畫，以及器用建築等等，都表現著道家的意趣。這些事若要逐一論列，恐不勝枚舉，無法談到止處。

《道德經》，這樣一本薄薄的小書，何以竟會發生如此鉅大的影響呢？須知書籍的價值，不在篇幅而在其內容。一般書籍的內容類多是知識的介紹與事實的報導，而《道德經》則是思想的啟迪和原則的指導。因此它不僅使我們有思想、有頭腦；並可把這原則活用到各個角落裡，因而發生各種不同的影響。然則《道德經》又何以能啟迪思想，指導原則？那就由於它是累代經驗的無上心傳，人類智慧的高度流露！

第六章 超塵不羈的才士——莊子

一

道家的第二部偉大傑作，要推莊子的《南華經》了。

讀過《南華經》的人，沒有一個不拍案叫絕，讚嘆莊子的才思過人；也沒有一個不飄飄然，與莊子同遊於超人的境界。金聖歎批才子書七部，把《南華經》列為第一。奇文是有目共賞的，豈是金聖歎一人如此！

讀《道德經》像讀數學一樣，必須用腦窮思苦索，使人感到嚴肅吃力。讀《南華經》則好像聽音樂，那快慢的節奏，高低的旋律，節節引人入勝，使人不得不跟著莊子，進入一種飄然的忘我境界。甚至忘掉去想文句的意思。

《道德經》是純哲學的作品，而《南華經》卻是兼有哲學文學特色的作品。古來沒有一位思想家，不研究《南華經》；也沒有一位文學家，不朗誦《南華經》的。莊子非但是歷史上偉大的思想家，也是偉大的文學家。他那絕頂的天才，超人的想像，都從神出鬼沒的筆鋒間流露出來。

文字到了他的手裡，好像活動的玩具，顛來倒去，曲折離奇，他愛怎樣說就怎樣說，愛怎樣寫就怎樣寫，愛用什麼字就用什麼字。二千年來多少人模倣他的文章，可是沒有一個模倣得像樣，他可以稱為空前的散文大家了。

莊子的文章，都是歸納性的。他東說一句，西說一句，毫無組織，全無結構，使你有點恍惚，使你感覺離奇；於是你一句一句的讀下去，最後你才發覺他每一句話都像一根鞭子，擊在你內心的癢處，使你感覺到的是一陣快感。他的整部書，可說都是由寓言湊成的。這些寓言雖然都是虛設的，然而每個寓言，都有它無窮的意味。他東拉一個寓言，西扯一個寓言，無非要來襯托出他心中奧妙的想法。這些想法，有的是憤世嫉俗，有的是玩世不恭，有的是冷諷，有的是熱嘲；可是披上了寓言的糖衣後，非但我們感覺不出其中的尖刻，而且覺得非常親切；即使自己也被嘲諷，卻覺得別有一番滋味在心頭呢！

二千年來，他嘲笑了上下古今所有的人物，他的嘲笑之聲永遠的留在人間，世界上再沒有他那樣嘲笑的天才，因為他嘲笑出來的都是真理。孟子好辯，莊子善嘲，這該是中國歷史上的雙璧。

孟子辯得別人無話可說，莊子卻嘲諷得別人心有戚戚。可惜這樣一位曠世的天才，我們對於他的生平，卻一無所知。歷史留給我們的，只是他千古如一日的嘲笑之聲。至於事蹟不明，這原是道家人物的特色，今天我們還能知道莊子的一鱗半爪，乃是來自他的嘲笑聲中。

他在開宗明義第一篇裡，便借一隻大鵬的寓言，嘲笑人世的愚蠢無知。

他這樣的描寫：

從前，在北海中，有一隻碩大無比的鯤魚，大得不可想像。後來牠化成了一隻大鵬，牠不飛則已，一飛沖天；直上九萬里的高空，擊起三千里長的水波；然後再向南飛，直飛向天池。這時，地面上有兩隻小鳥譏笑的說：「我想飛就飛，即使飛不上樹，最多也不過跌回到平地，何必要衝到九萬里的高空，再向南飛啊？」寫到這裡，莊子感慨的說：「這兩隻小鳥，那裡知道鴻鵠的大志呢？下愚不了解上智的行為，短命不知長壽的經歷；先天的限制，使他們那能知道這個原因呢？正如朝生暮死的菌芝，不知道清晨與午夜的景色；又如春生夏死的寒蟬，不了解早春和暮秋的風光啊！」

這是一篇非常突出的寓言，完全是莊子的自描，那隻一飛沖天的大鵬，就是莊子。

莊子超人的智慧，超人的眼界，超人的氣魄，也就只有在超人的境界中，才能逍遙而遊。人世間多的是無知的小鳥，短視的小鳥，他們能了解莊子嗎？他們能賞識莊子嗎？

由這隻大鵬身上反映出的莊子，是個逍遙的超人，他的生活天地，與儒墨不同，他是逍遙在九霄雲外的。他不高興時，就怒而飛，飛到人們看不見的天池中，去過著自己的生活；他高興時，也看看人間世，從他口中，嘲笑幾聲。

二

司馬遷對於莊子生平的了解也很有限。他只知道莊子名周，是宋國蒙人，曾經做過蒙縣的漆園吏。至於其他方面，我們只有靠《南華經》中的寓言故事了。當然這只能當故事看，不能視作真有其事的歷史。

蒙縣是一個小地方，偏於中國的東南部。那裡有莊子釣魚的孟渚澤，有通往中原要道的汶水，有綿亙數十里的園苑。我們的偉大才子莊周，便在這樣一個山青水秀、風景優美的自然懷抱中長大的。

江南多才子，由地理因素上，可以證明這話一點也不假。中國北方，都是一片平野，人民也以農為本，所以產生的人才都比較「木訥近仁」，如孔墨。可是南方，則都是溪流縱橫，景物曲折，所以產生的人才往往比較風流拔萃，如莊子。試看孔子少時只是在倉庫內算帳，在牧場上看牛，那是非常枯燥呆板的工作；而莊子卻在幾千畝大的漆園內做事，整天接觸的都是青綠的樹林，和活潑的飛禽，因此吸吮著自然的生氣，富於想像。試看他的寓言中都是用鵬雀樹木作對象，而他幻想中的至人，真人，又都是些怪誕不經的人，不是缺耳朵，便是凸胸脯。可見自然對於這位絕世天才的影響了。

他做一個小小的漆園吏，經濟生活不太理想，有一次因為窮得沒有辦法起火，只得向管河的一位官吏借米。那位官吏滿口答應說：「沒有問題，等我收到田租時，借給你三百兩金好啦！」其實莊子借米是為了救急，所以他大為不高興的說：「我昨天來這兒的時候，途中聽到有人喊我的名字，我環顧四周，沒有人影。原來是車子壓過的溝中有條鮒魚在叫我，我問牠有什麼事，牠說：『我是東海裡的波臣，你能否給我斗升的水，活活我的命？』我回答說：『沒有問題，等我向南遊說吳越的君主，請他們運長江的水來迎救你好啦！』這時那條魚大發牢騷說：『我一時失策，處於這種困境，如果你能給我斗升的水，還能活下去，而現在你竟用那話搪塞我，不如早點到賣乾魚的店舖中來找我吧！』」莊子貧困的情形，由這段牢騷中可以略知一二了。但他雖然貧困，對於金錢卻看得很輕，絕不為金錢所奴役。

有一次，宋國有一個曹商，奉宋王的命令出使秦國。去的時候，帶車幾乘；回來的時候，由於得到秦王的歡心，帶回一百多乘車子，便向莊子吹牛說：「叫我住在窮巷矮簷下，黃臉瘦頸，織著草鞋過活，我是沒有這種刻苦的本領。而我的本領，只要一句話把萬乘之主說開心了，便可擁有百輛的車乘。」莊子帶著譏諷的口氣說：「我聽說秦王有一次生病，下詔求醫。凡能替他開破膿瘡的，賞一乘車；替他舐痔的，賞五乘車；做得愈卑鄙無恥的，得車愈多；你大概也替秦王醫過痔吧！不然怎能得了那麼多的車呢？好了，你快去吧！」這段諷刺是多麼的潑辣、尖刻，更可看出莊子對於那些以「無恥」所換來的榮譽富貴的深惡痛絕！

他非但對於金錢不十分重視，對於功名也看得很開。有一次他到梁國去看惠施，有人向惠施挑撥說：「莊周的口才比你好，他來了，你的相位便難保了。」惠施著了慌，便通令在城中搜尋他三天三夜。結果他登門去見惠施，說：「你知道南方有一種名叫鵷鶵的鳥嗎？牠從南海飛向北海，在遼闊的途程中，不見梧桐不宿，不遇竹實不吃，不逢醴泉不飲。正在牠飛時，下面有一隻鴟，口裡正啣著一隻腐鼠，那隻鴟生怕鵷鶵來搶牠口中之物，急得仰頭大叫一聲：『嚇！』現在你也想把梁國的相位，來向我嚇一聲嗎？」

事實上，莊子非但不會去爭取別人的相位，即使把相位恭恭敬敬的送給他，他也不會接受的。有一次楚王喜歡他的才氣，派了兩位大夫去禮聘他。那時他正在濮水邊釣魚，兩位大夫恭敬的說：「我們國王，有意把國事麻煩你先生。」莊子不動聲色，愛睬不睬的說：「我聽說楚國有一隻神龜，死了已三千年，你們楚王把牠用錦巾包著，繡笥盛著，藏在太廟裡，以卜吉凶。試問這隻神龜真正有靈的話，寧願死了留著一套龜甲受人尊重呢？還是寧願活著，在泥路中拖著尾巴爬呢？」兩位大夫說：「以神龜來論，當然寧願活著，在泥路中拖著尾巴多爬一會呢！」

的確！莊子的一生，就是喜歡在泥地上拖著尾巴爬。是那麼的潦倒，那麼的玩世不恭。有一次梁王請他去聊聊天，他穿著一身大麻衣，已打滿了補丁。腳上套著一雙鞋，沒有青絲鞋帶，而是用麻帶捆著，就這樣不修邊幅的去見梁惠王。惠王覺得他有點不像樣，就問：「先生，你那樣的潦倒嗎？」莊子幽默中有刺的說：「人有了道德而不能實踐，才是真正的潦倒呢！衣破了，履穿了，並不是潦倒；而且這是我遭遇時代的不幸，碰不上聖君賢相，又有什麼辦法呢？」這種當面挖苦君主，也只有莊子這樣不羈的天才始能敢作敢為啊！

他的一生除了在漆園內過著與樹木鳥獸為群的生活外，便是在外面東奔西跑。他的周遊列國，可不是像孔子一樣尋找一個政治舞臺，也不像墨子一樣熱心於改革社會；而是到國外旅行一下，看看這人間世的可憐相；然後振筆直書，嘲笑盡這形形色色的一切。在表面上看來他極端的玩世不恭，好像是專以譏笑取樂似的；事實上他內心有著深憂，這種深憂與孔墨的憂國憂時並無不同。他有一次去見魯君，魯君問：「魯國有很多的儒生，可是卻很少有人向你先生學道。」莊子回答說：「魯國的儒生也很少。」魯君奇怪的問：「在魯國到處可以看到穿儒服的人，怎麼說儒生很少呢？」莊子說：「我曾聽說，真正的儒生，戴著圓冠的，能識天時；穿著方鞋的，能知地形；掛著玉佩的，斷事如神。有道的君子，並不一定要穿著儒服啊！衣服穿得漂亮的，未必真有學問哩！你一定不信我的話吧！那末你不妨下一道命令說：沒有儒家的學問，而穿著儒服的人，死罪。看看還有幾人？」魯君命令發下的第五天，魯國只有一個人敢穿著儒服立在公門前面。魯君就把他召進來，問以國事，果然隨機應變，對答如流。莊子笑笑說：「偌大一個魯國，真正的儒生只有一個人罷了，還能說多嗎？」莊子的嘲笑，就是要嘲盡那些假道學，假君子。「天下皆醉我獨醒」。他覺得「滔滔者，天下皆是也！」真正明眼的，只有他一人罷了。

他的內心雖然滿懷著深憂，但他絕不像孔子一樣歎道窮，也不像墨子一樣大聲疾呼，他卻相反的付之一笑。他從客觀的立場來看主觀的我，覺得一切都是可笑的，他的一切憂愁，快樂都是可笑。試看他的妻子死時，他的朋友惠施來弔喪，看見莊子正直著雙腳，坐在地上，敲著瓦盆在唱歌。惠施奇怪的問：「她和你相伴一輩子，生下的兒子也已成人。她死了，你不哭一聲，倒也罷了；反而敲盆唱歌，這未免太過分了！」莊子回答說：「不如你所說，她初死時，我那裡能無動於衷呢？但仔細一想，她本來是無生無形，毫無蹤影的；突然有了這個形，又有了生命，現在她又死去，這不正像春夏秋冬，隨時在變化嗎？她也許正在一間巨室內睡得很甜呢？我卻號啕的接連的哭著，自己想想未免可笑，所以也不哭了。」這是一種把悲觀和樂觀消融在一起的達觀主義。

莊子臨死的時候，也是那麼的達觀。他的幾個弟子商量，如何好好的安葬老師。莊子便說：「我把天地當棺槨，日月當連璧，星辰當珠璣，萬物當齎品，一切葬具都齊全了，還有什麼好商量的。」弟子們回答說：「沒有棺槨，我們深怕烏鴉老鷹吃了你。」莊子微笑的說：「棄在露天，送給烏鴉老鷹吃；埋在地下，送給螻蛄螞蟻吃，還不是一樣嗎？何必厚此薄彼，奪掉這邊的食糧，送給那一邊呢？」

這是何等的達觀，何等的境界！

三

莊子所以有如此的達觀，如此的境界，乃是他有一套超然的思想，使他超然物外。前面說過：他正像一隻碩大無比的大鵬，在九萬里的高空，以尖銳的視力，觀察著人間。但這隻大鵬的前身，本是北海中的一隻大鯤，這個北海象徵了人間世；在這個狹窄的人間世裡，充滿了愚蠢無知，充滿了煩惱和痛苦。所以他要化為大鵬，舉翼高飛，衝開了人性的枷鎖，衝出了世俗的樊籠，而奔向無憂無慮，自由自在的天池。

當牠直上九霄以後，再回顧這個碌碌的世間，看到那些芸芸眾生都好像是地面上形形色色的竅穴。當大風起兮，萬竅怒號，發出了各種不同的聲音；這些聲音，雖然「吹萬不同」，但都是一氣的作用，都是由於每個竅穴的「自取」罷了。人間世的一切正是如此。

我們的慾念，正像一個個的竅穴，為了無盡的滿足，而產生各種不同的追求。試看我們斤斤計較於大小、貴賤、成毀、生死、是非等等，又何嘗不是一種自取的妄見呢？我們有比較心，才有大小的不同；有虛榮心，才有貴賤的差別；有得失心，才有成毀的感覺；有貪戀心，才有生死的煩惱；有偏執心，才有是非的爭辯。事實上，從高一層的境界來看，卻並無這些差別之相。就以是非的觀念為例：

什麼叫做「是」？什麼叫做「非」？是非的標準又在那兒？莊子懷疑的說：「假定你和我辯論，你勝我輸，試問果真你說的對，我說的就不對嗎？反過來，你輸我勝，難道我說的就對，你說的就不對嗎？這裡只有幾個可能，不是你對就是我對，或者全對，或者全不對。我們兩人囿於成見，當然不能判斷，那麼請第三人來作裁判吧，可是究竟要請誰呢？與你意見相同的人，當然偏向你；與我意見相同的人，當然偏向我；與你我意見不同的人，他又有自己的意見；與你我意見相同的人，那就等於你和我，也無勞他來作裁判，所以我和你，以及第三人都不能知道誰是誰非啊！」可見一般是非的觀念，都只是個人的看法，都只是自取的偏見，所以才有儒墨之爭，各張旗鼓，都以自己為是，以別人為非，都「是其所非，而非其所是」。使得莊子不禁感慨的說：「以我來看，仁義之端，是非之途，雜然紛亂，我又怎能知道其中的分別呢！」

然而我們這些芸芸眾生，非但不了解這種妄見偏執，相反的，卻爭得非常起勁。我們都爭大而捨小，羨貴而輕賤，求成而避毀，貪生而怕死，是己而非人。我們為了小名小利，便勾心鬥角；我們得到了一點小名小利，就沾沾自喜。這正像秋天漲水時的那些江河，看到百川支流，湧進了自己的懷抱，便得意忘形，以為天下之美，盡在於己。可是等到它流入了大海，看見白茫茫的一片，無窮無際時，才望洋興歎，悔悟昔日的淺薄無知。人類行為的可笑可憐，也正是如此！

莊子這一連串的寓言，一連串的嘲笑，就是要我們捨小知而求大悟。他從天上放下了一根繩子，要把我們從這個褊狹的世間中超度出來。這根繩子的作用，就是要我們打破差別之相。對於這點，他和惠施曾作過一次有趣的辯論：

有一次，他和惠施在濠水的石梁上漫步，他心情很愉快，便說：「你看水裡的魚兒們，從容的游著，多麼的快樂啊！」惠施和他擡槓說：「你不是魚，怎麼知道魚兒們的快樂？」他反問說：「這樣說來，你不是我，又怎麼知道我不懂得魚兒們的快樂？」惠施也不服氣的說：「我不是你，固然不知道你；但你也不是魚，那麼你也無法知道魚兒們的快樂，這不是很明顯的嗎？」他卻回答：「讓我們回到起先的問題，你問我：『你怎麼知道魚兒們的快樂』，顯然你已知道魚兒的快樂，才問我怎麼知道的，告訴你，我是在這石梁上體悟到的。」

在這段辯論中，可知惠施把彼此的界線分得很清，使物我相隔。但莊子卻能以自己的心去體現萬物，由自己的悠然，以推知魚兒們的快樂。因而拆除了樊籬，把彼此打成一片，把物我融為一體，以達到「天人合一」的境界，這境界，就是齊物思想的最高表現。

然而要達到這種境界，不僅要知得真切，而且更要有心性修養上的實際工夫。因為嗜慾深者天機淺，一切的偏見執著都是由於慾念的作祟，所以我們要破除差別之相，首先應捨棄選擇貪取之心；而要捨棄選擇貪取之心，工夫就在一個「忘」字。

所謂「忘」，就是要忘毀譽、忘利害、忘生死、忘是非。因為這些都是慾念，如果我們不能擺脫這些慾念，就像魚兒在陸地上以口沫相吸，只是苟延殘喘而已。魚兒必須「相忘於江湖」，才能優游自在；同樣，人類必須是非兩忘而化其道，才能逍遙自在，才能達到「墮肢體，黜聰明，離形去知，同於大通」的境界。這時，不僅所有的苦患得失捨棄一空，就是連自已的身心，也忘得一乾二淨，這種工夫，就叫做「坐忘」。

但坐忘並非形如槁木，心如死灰，而是「相忘於道術」，而是有它活潑潑的生機。因為這時已證入了心通萬物而無心的境界，這種境界，莊子曾有一段精彩的描寫：

有一次，莊子做了一個夢，夢見自己是一隻蝴蝶，在花叢中無憂無慮的飛舞，自以為得其所哉！得其所哉！不知道自己是莊周。可是等他醒了以後，卻驚訝於自己是莊周。這時他有點莫名其妙：究竟是莊周做夢，夢見他變為蝴蝶呢？還是蝴蝶做夢，夢見牠變為莊周呢？莊周和蝴蝶，本來是有差別的，現在他們融在一起，分不清孰是誰，誰是孰了。這種境界，就叫做物化。

物化後的莊子，已不是一飛沖天的大鵬，而是與天地融成一體，無所不在的精神了。這時，他不再逃避什麼，也不再追求什麼，在他的眼前，一切是平等的、和諧的。這時，他雖然超越世間，上與造物者遊，但又回返人間，與世俗相處。他已是一團變化莫測的浮雲，可以隨心所欲的飄到那兒就是那兒，化作什麼就算什麼。人世的一切盈虧得失對於他還有什麼意義呢？他正像一把火，薪木雖已燃盡，而精神的火焰卻一直上升，永遠地，永遠地！

四

莊子這套「大而化之」的思想，並非只求自我解脫，並非只求順天安命；而是別有一番經世的苦心。

他和孔墨老子等哲人，都處於一個混亂的衰世，他們所遭遇的問題相同，他們悲天憫人的情懷相同；只是所努力的方向不同，所解答的方式不同罷了。孔墨是直接從事於社會的改革，希望能大刀闊斧的解決問題；而他和老子卻是在人類智慧的園地中辛勤的耕耘，希望智慧愈多，問題愈少，能不用刀剪，便把整個世界自然地美化起來。在這方面，老子給我們的是事物演化的自然原理，要我們能智慧的運用這些原理來處世；而莊子卻教我們把這些原理活用到人生，使我們「由自然行」、與天地渾然而為一。唯其如此，才把道家的情調傾注到藝苑，而形成林泉高雅的藝術文學。

對於莊子，尤其值得我們大書特書的是：他把我們帶入了一個形而上的新境界。雖然老子的思想曾觸及這個境界，但老子所構搭的都是些靜的原則。至於莊子的境界，卻是動的，卻是一片貿然的生機。在這個境界中，他把形而下的世界作了一個返照，使我們很清楚的可以看出人間的悲劇，雖然是那麼的親切，但在超脫的心境上又是距離得那麼遠。在這個境界中，他塑造了許多理想的人物，和形而下的世界作了一個對比，雖然這理想是那麼的高不可及，但卻是人類日日嚮往的世界。我們遍翻中外古今的哲學，對於形而上境界的描寫，能有如此的生動，如此的親切，如此的引人入勝，恐怕以莊子為第一人了。

然而不幸後人往往曲解莊子，認為他的思想充滿了濃厚的懷疑色彩，帶有極度的虛無情調。殊不知這都是由於我們以世俗的觀點來看莊子，反而把他這番至理，誤為怪誕不經。其實莊子超脫的眼光看得非常真切，他要我們捨棄淺薄的是非觀念；但他沉痛的批評，卻顯然說明了他本身有著激烈的是非感。他構搭了這個形而上的新境界，就是要揚棄人類的罪惡，把人性向上提攜，向上推進。

今天，我們誦讀他的「瓌瑋」之文，那一字一句，都是智慧的鞭子，鞭在我們的靈魂上；我們都深深的感覺到他那股熱力，從字裡行間，直透我們的內心，使我們興起，使我們高揚，使我們超然物外，與他同遊於純真至美的境界。

第七章　宏辯衛道的聖雄——孟子

一

中國的思想，從春秋進入了戰國時代後，正如一夜春風吹遍了江南堤岸，到處是青枝，到處是綠葉，到處是柳暗與花明。

在春秋時代，活躍的只有儒家。其他各派，雖然都已播種，都在抽芽，但仍然是深埋在泥地裡。到了戰國初期，最先脫穎而出的是墨家。它與儒家對抗，左右相映，形成了當代的兩大顯學。接著另一派隱士的道家，也默默的在每個角落裡尋找他們的天地。這種趨勢，發展到戰國中期，愈益激烈。這時，以前各派的思想愈變愈分歧，陣容也愈來愈複雜；儒家增入了許多假儒者，墨家分為三派，道家也混入了許多縱慾主義。再加上當時新產生的商鞅等法家，孫臏、吳起等兵家，蘇秦、張儀等縱橫家，以及許多清談好辯的「稷下先生」。這時期思想的波動，已達到了高潮；而思想的怪誕和分歧，也是史無前例的。有的勸人像禽獸般恣情縱慾，如它囂、魏牟；有的勸人像石頭般麻木不仁，如田駢、慎到。這些荒謬大膽，光怪陸離的學說，應有盡有。把整個戰國時代，點綴得彷彿一個思想界的大觀園。

這時，堂堂正正以仁政仁心為號召的儒家，反被冷落於一旁。在他們的眼中，儒家的學說，空疏迂闊，不合時務；而且所言過於平正，沒有吸引力。可是在儒家的眼中，這些異說紛紜的各派各家，都只是標新立異，借奇鳴高而已。非但無補於世道，而且有害於人心。使得綱紀蕩然，社會混亂。所以這時的儒家們，都深深的感覺到，要真正使國家走上治平之道，固然必須發揚儒家的學說；但要發揚儒家的學說，卻首先必須「正人心，息邪說」。

在當時的儒家中，最先有這個覺醒，有這層認識；而且一手挽轉頹風，使儒家大放異彩的，即是我們的亞聖——孟子。

二

孟子名軻，生於周烈王四年(西元前三七二年)。他本是魯國人，後來遷居鄒地(今山東鄒縣)，便成為鄒國人。他的身世幾乎與孔子相同，也是在三歲的時候失去了父親，由母親的撫育而成長的。但他沒有孔子那般早熟，非但不學禮；卻調皮搗蛋，偏愛做些違禮的事情，孟母為他而傷透心思。據說他模仿性很強，每到一地，便模仿那些治喪屠狗之事，勸說不聽，制止不住。使得孟母因他而遷居三次，這便成為歷史上有名的「孟母三遷」的故事。

孟子這聰明的孩子，幸運的既有賢母的培育，後來又遇到良師的教誨，才使他的才華得到了充分的發展。他是被子思的門人所賞識，而加以培植的。子思是孔子的孫子，曾子的學生。因此孟子所學的是儒家的道術，而且是正統的儒學。

自孟子學成以後，便接過儒家的衣缽，教授生徒。他也和孔子一樣，帶著學生們，周遊列國，去打開政治的門路；然後再透過政治，以實現儒家的理想。

孟子比孔子遲熟，也比孔子晚了二十年才走上仕途。在他四十歲左右時，鄒穆公才舉他為士。然而當時鄒國的政治非常混亂，孟子感覺到在自己的國家內，不能施展抱負，使政治走上軌道，這是一件非常可恥的事情，於是便離開了鄒國。

離開鄒國後，就是孟子周遊列國的開始。他率領著一個龐大的佈道陣營，後車有幾十乘，學生有幾百人，浩浩蕩蕩的向列國進軍。

他們的第一個目標便是齊國。

孟子的氣派很大，他認為國君如果有心治國，就應該禮賢下士。因此他到齊國後，並沒有先去朝見齊王，只是和平陸大夫孔距心、齊相儲子等做朋友。後來齊王慕名，非常謙虛的向他請教，他才到齊都會見齊王。

孟子瞭解齊國地大人多，如果政治清明，一定可以成為泱泱大國。但他看出齊王的野心，卻在於增廣土地，消滅列強，這是窮兵黷武的侵略行為，而不是他所主張的王道政策。所以他和齊王見面後，便提出了他理想中仁政的藍圖：

他認為最重要的是解決民生問題，應該使人民上足以事父母，下足以養妻子。年歲好的時候，固然豐衣足食；年歲不好的時候，也足以餬口，不至於流離失所。而要達到這種程度，必須善為人民制產。如果能在五畝大的田宅中，種植桑樹，五十歲的人，就都有布帛可穿了。雞豬等家畜，不要錯過牠們交配繁育的時令，七十歲的老人，就都有肉類可吃了。每戶百畝的田地，不要妨擾他們的耕種，八口之家，也都不至於挨餓了。其次應減輕佃農的稅收，和改良商品的關稅；並且開放公家的園地，讓人民自由佃獵。除了增產減稅外，同時更要安定社會，使做官的人有世代的俸祿。以及鰥寡孤獨的人，都能安居樂業。能達到這種境地，才算是仁政。

齊宣王看了這個提議，不禁大聲的讚美：「好極了，好極了。」孟子便緊接著問：「大王既然認為很好，為什麼不立刻實行呢？」宣王卻俏皮的回答說：「寡人有貪財好色的缺點啊！」儘管孟子極力勸宣王以民生為前提，但宣王卻是別有居心，借辭推託。

雖然宣王對孟子非常恭敬，曾有意請他做公卿，並賜王祿萬鍾，以供養孟子師生。但孟子看透宣王已經怠於政事，把大權交給一位嬖幸的大夫王驩，孟子連進見的機會也逐漸減少了，於是便決心離開齊國。

在回國的途中孟子頗為失意，一路上抑鬱不歡。一位學生問他說：「以前老師曾教我們，不應該怨天尤人，現在你為什麼心裡很不痛快呢？」孟子便拉長嗓子回答說：「以前是以前，現在是現在。我聽說每隔五百年，必有一位聖人出來。但由周代到現在已有七百多年，時間已過頭了，照理應該有人才出現。老天不要天下太平，也就算了；如果要天下太平，試想，除了我，還有誰能挑這副擔子呢？現在看到自己的理想不能實現，又怎能不心煩呢？」這番話，正說出了孟子一生的抱負，正說出了他以天下為己任的胸襟。

雖然這時他已在政治舞臺上輾轉了十年，已是五十多歲的人了；然而他的壯志卻一直燃燒著，所以在回到鄒國不久，聽說宋王偃有意要行仁政，於是便星夜趕向宋國。可是到了宋國後，興奮的心情卻涼了一半，因為這時宋王正被一群小人包圍住，所以他感慨的對宋國一位忠臣戴不勝說：「如果宋王周圍都是君子，他要做壞事也做不成。如果宋王周圍都是小人，他即使要做好事，也不可能了。」

孟子似乎沒有得到宋王的賞識，只是向宋大夫戴盈之提出仁政的措施。也許宋和齊的國情不同，這次的要求卻比齊國的激烈。他主張稅收應減低到什一，並且廢除一切關稅。戴盈之認為太激烈一點，等待明年再實行。孟子便用譬喻諷刺說：有一個人，每天偷鄰居的雞，別人警告他這是犯法的。他卻回答說：那麼讓我慢慢的改過，每月偷一隻，等到明年再洗手不幹，試想這是否有點荒唐。孟子的意思，乃是借此說明要行仁政，就得立刻改弦更張，推延便是無誠意。

這時，孟子聽說梁惠王正在招賢納士，於是便準備回鄒一行，再去梁國。

以前滕文公做世子時，曾因事經過宋國，和孟子談得很投機。孟子認為滕國雖小，但截長補短，約有五十里，還可以行仁政。等到這次孟子返鄒後，滕文公已經即位了，立志要行仁政，便派人去禮請孟子。孟子到滕後，也提出了他的一套仁政方案。他知道滕國土地褊小，應著重在分田制祿。他把土地分為「國中」（城裡），和「野」（鄉下）二種。在「野」的土地，每方里（九百畝）為一單位，每一單位劃成九格，成井字形。旁邊的八格分給八家農人耕種，叫做「私田」；當中的一格，八家共耕，由政府保留，當作稅收，叫做「公田」。這公田的所得，就是給予貴族們的俸祿。至於「國中」的土地，不易劃成井字，因此全部分給人民耕種，抽什一之賦。這是孟子的一套平均地權，減輕賦役的方法。然而他覺得滕國實在太小了，而且又夾在齊楚兩國中間，虎視眈眈，朝不保夕；如果要完成商湯文武的事業，實在有點力不從心。因此他又想到了梁國。梁國就是戰國七雄中的魏國，因為國都在大梁，所以又稱梁國。

孟子離開滕國時，已經是六十多歲的斑白老人。到了梁國後，惠王看到孟子，第一句話便問：「老先生啊！你從千里以外趕來，一定對我國有什麼利益吧！」孟子一聽這話，就看透惠王的用心是在於富國強兵，只知利害，而不問道義。孟子認為這是禍亂的癥結，是他最痛心疾首的事。所以也就毫不客氣的借題發揮，把惠王訓了一頓，他說：「君王啊！你為什麼一開口就是利呢？你可知道還有仁義嗎？」接著向惠王解釋：如果大家都以利字為前提，大家都只顧個人的私利，再也沒有人肯為君主犧牲，肯為國家服務了。試問這樣的話，國還何以成國？利還何以為利？但惠王當時一心只在於淺功近利，是不會了解這根本所在的仁義正道。因此孟子和他談了好幾次，都談不攏。他喜歡玩樂，孟子卻勸他與民同樂；他喜歡戰爭，孟子卻勸他偃兵息戰。他向孟子請教如何才能富國強兵，雄霸一代，孟子卻把在齊國提的一套仁政的藍圖告訴他。惠王只覺得孟子迂闊，當然不會採用孟子的意見。後來惠王逝世，襄王登位。孟子一看他就不像個人君，毫無君主的風度，知道他不可能有作為，於是便只得帶著沉痛的心情回到了鄒國。

此後，孟子曾一度到過魯國，被小人臧倉所阻。這時孟子已是七十多歲的老翁，即使熱情如昔，但衰弱的身體也不准許他再到處奔波了。所以他便結束了三十餘年來的周遊，回到鄒國和學生們在一起談談學問，把他的理想留了下來，成為《孟子》七篇。直到他八十四歲時，終於帶著他滿腹的熱情，離開了人世。

三

孟子生平的奮鬥，有兩個目標：一是在思想上發揚儒學；一是從政治上推行仁政，也就是把儒家的理想實踐出來。綜觀他的生平，顯然政治方面的奮鬥是勞而無功，但在更為基本的思想方面，卻有驚人的成就。儒學的開創在於孔子，而發揚之功，則必須歸給孟子了。

在孟子眼中，當時的思想學派，雖然錯綜複雜；但歸納起來，最主要的大致可分為四派：一派是法家、一派是楊朱、一派是墨子，還有一派就是他自己所屬的儒家。因為孟子是以儒家的衛道者自居的，所以他大聲疾呼的要「正人心，息邪說」，要以儒家的力量去統一思想界。

他的周遊列國，提倡仁政，就是直接對法家的制裁。當時法家的偶像是管仲，孔子對管仲，有時批評，有時稱讚。但孟子由於衛道，就不得不以管仲為攻擊的目標。他認為那些替國君開闢疆土，充實府庫，聯合盟國，每戰必勝的，這是現在所謂的良臣，在古代卻是民賊。因為仁政是用的懷柔政策；而那些法家所用的是侵略方法。在以侵略為目標的軍國主義下，人民的自由和生命是完全的被犧牲了，所以他們是民賊，是仁政的死敵。管仲就是第一號民賊；那些好功的法家，好戰的兵家，以及陰謀的縱橫家，都是一大批的民賊。孟子所以在政治上處處碰壁，就是因為民賊猖狂；而他之所以急於從政，也無非是希望借政治力量以制裁民賊。

制裁民賊，這是孟子在政治上的努力。至於在社會方面，他的目標卻始終針對著楊朱、墨子。他曾激烈的說：「楊氏為我，是無君也。墨氏兼愛，是無父也。無父無君是禽獸也。」孟子為什麼這樣衝動的罵他們為禽獸呢？因為以孟子的看法，楊朱只注意個人，忽視社群，是無政府主義；墨子不論親疏，忽略了倫理，是無家庭制度。兩者都遺棄了社群生活和社會組織，而無從發揮人類社會的道德精神。這無異失去了人之所以為人的意義，縱然活著，也不過是一種動物而已。所以孟子才罵他們為禽獸。不過這種如響斯應的流弊，不是一般人都能看到的罷了。

但我們要知道孟子生在楊墨之後，他並未和楊墨本人正面的衝突，他所批評的是當時那些服膺楊墨思想的人物，我們在《孟子》一書中，可以找到許多和這些人物辯論的故事：

當時有一位很有名的隱士，叫做陳仲子，他潔身自好，顯然是楊派的人物。孟子卻罵他是一條蚯蚓，因為他無求於世，不以物累形，正同蚯蚓一樣；上吃泥土，下飲黃泉。孟子以為這種行為有點想不通，如果仲子認為人間的東西都是罪惡的話，試問仲子住的房屋是誰造的？隱士們都主張為我，當然沒有隱士造房屋給仲子住了。孟子批評仲子的這段話，就等於批評楊朱的為我思想。因為「人是社會的動物」，人不能離群索居。在生存競爭上，固然必須互助合作，才能征服自然；而在人性的發揚上，尤其要通過社會的關係，而把人們潛在的德性才華發揮出來。在魯賓遜的荒島上，是產生不出孔子、耶穌、杜甫、歌德的。現在，如果拋棄了人與人的關係，而一味追求自我，這與動物的自來自去，又有什麼差別？所以孟子要罵楊朱為禽獸，罵仲子為蚯蚓。

孟子和墨派的人物接觸較多。有一次在路上遇到墨派的宋牼，他正趕著去調停秦楚間的糾紛。孟子便問他用什麼方法去說服秦楚的君主。他回答說：「我將告訴他們這次戰爭對他們不利。」孟子卻毫不客氣的說：「先生的熱心使我欽佩，而所用的方法卻不敢領教。」為什麼呢？雖然孟子和宋牼同樣的反對戰爭，但孟子對宋牼的不滿，只是因為宋牼忽略了一個大前提，不知道義利的分別。孟子以為反對戰爭，是由於戰爭搶奪土地，屠殺生靈，是不合道義，所以要反對。而墨家以利來止戰，無異揚湯止沸，捨本而逐末。試問假如戰爭能對之有利，那麼就打仗嗎？由此可見孟子和墨派人物的立場不同，一個是樹著道義的旗幟；一個卻以功利為號召。

又有一次，孟子在滕國遇到一位儒生陳相。這位陳相聽了許行的一番宣傳，便要脫離儒家，去追隨許行。而這位許行，乃是一個小集團的領袖。他的信徒有數十人，都是穿著粗布的衣服，而且自己織衣穿、織蓆睡。他們認為每個人都應自耕而食，沒有勞心勞力之分，即使是君主，也應與人民同耕，不可依賴俸祿以自養。由這種說法，可知許行是一位兼有楊朱思想的墨者。因為他的自耕而食，像楊朱；而他的苦行精神，似墨者。如果套用現代的觀念，它似乎是一種原始的共產主義。

孟子認為許行的作法是極端的、荒唐的。因為天生萬物，尺有所短，寸有所長，每物有每物的特點，每物有每物的功用。同樣，每人有每人的能力，每人有每人的慾望。一個人不可能同時做農夫、工人又是商賈，因此他不可能完全依靠自己生活，而必須有社會的生活。社會的存在，就是為了分工合作，調整彼此的需要。有的人勞心，有的人勞力，這並非在基本人權上有所差別；而是在一個良好的社會組織中，應該有這樣的安排。所以許行提倡與民同耕的理論，無異否定了個別的差異、社會的組織。

孟子這番話，是從人性的根本上，從社會學的觀點上，批評楊墨的。其間並無意氣用事的地方，請看他的解釋：「楊墨的學說不滅，孔子的學說就不能發揮。於是邪說引誘人心，道義被遺棄，造成獸食人，人食人的危機。我擔心這種危機，所以要發揚先聖的學說。」這是孟子批評楊墨，發揮儒學的抱負，豈是為了好辯逞強？所以有一次他的學生公都子問他：「別人都說你好辯，這是什麼緣故呢？」孟子卻問答說：「我那裡是好辯，只是不得已罷了。」為什麼不得已？為的是要「正人心，息邪說」。以盡其對社會、對人類的責任。

然而批評各派思想，只是孟子宏揚儒學的消極一面。光靠這一面的努力並不夠用；更重要的是他能積極生動的發揮了孔子的精神，使得人人都能接受。同時他又在學理上給孔子思想建立了有力的哲學基礎。

四

孔子教人「作人」，其旨趣在使人作到「君君、臣臣、父父、子子」而已。他雖有「仁」的中心思想，但只是以仁者的境界和作法來勉人，對於「仁」的理論並無說明；雖則在他心中是有一個深厚圓融的「一以貫之」的思想系統。其實這本來也無須說明，作人的好壞，世道的興衰，與哲學知見毫無關係。誠如陸象山所說：「若某則不識一個字，亦須還我堂堂地做個人。」但孔子既沒之後，百家並起，以學爭鳴。這時一切主張教訓，便必須有其理論的說明才足以折服人心，以對抗他家的辯難。否則縱有金箴寶訓，也無法使人了解和接受，當然更談不到服膺奉行了。因此孟子便勢必要把孔子的主張說出個原委來，以與百家之學相對抗。

首先要說明的是孔子學說的「客觀性」。大家都知孔子的中心思想是「仁」。孔子千言萬語勉人為仁，並不是出於孔子的私衷所好；相反的，「仁」乃是人們的本性。它是亙古以來與人俱存的，不過孔子把它明確的指出來，一如牛頓指出地心之有吸力一樣。因此人們為仁，並不是勸人矯揉造作，塑造成孔子一己的藍圖；也不是孔子個人有什麼特殊的目的，想藉此來實現。那只是把人們潛在的本性完美的發揮出來而已。這就如花的開放，果的成熟一樣，完全是順盡自然之性。

但人性果真是本質良善，能產生「仁」的美德嗎？假如人性本質是醜惡的話，那豈不是愈發揮就愈醜惡，愈給人類帶來更多的問題嗎？孟子很堅定的告訴我們：人性是善的，他並且舉出一段精彩的例子來證明。他說：

「今人乍見孺子將入於井，皆有怵惕惻隱之心，非所以內交於孺子之父母也，非所以要譽於鄉黨朋友也，非惡其聲而然也。」

這段話的關鍵在於「乍見」和「將入」。「乍見」是說沒有任何心理的準備。「將入」是說事態正在進行的過程中。合起來也就是說：任何人在心理上空靈無住的時候，突然看見孺子落入井中，便必定會發生一股純潔的「怵惕惻隱之心」。只這一念的惻隱，就足以證明人的本性是善良的。從這裡面絕不會發展出醜惡的敗德；相反的，它正是仁的源泉，它就是一切美德的種籽。只要讓它合理的發展出來，就自然形成人們的道德仁義。否則人們的高風美德將成為無源之水，縱加以塑造，恐怕也難實現了吧！

或者說：既然人性本都善良，何以未見人人都善，而那醜惡之事卻層出不窮呢？原來人們惻隱好善之心雖也如飢食渴飲一樣，都是與生俱來的本性；但它卻並不如後者那樣具體顯明。飢食渴飲可憑生理的反應來告知人們，並迫使人們去追求；惻隱好善之心卻奧妙精微，只能憑心官的反應才能體現。心官用思，自然反應清楚；心官不思，便勢必意識模糊，而為強烈的軀體慾念所淹沒。一旦慾念越出常軌，便隨之而為惡了。其實推本溯源，他的本性仍是善良的。這就如牛山之木一樣，牛山本是佳木蔥蘢的，但因地在齊國近郊，樹木便為人砍光了。我們既不能因此便說牛山不生樹木；同樣的也不能因為有人為惡，便說人性不善。

從上面看來，人既有善良的本性，也有善性泯滅，縱慾為惡的可能，他實具有可好可壞的雙重性。而在這可好可壞之間，便產生了人們努力的課題。人們如果心官失明無主，專從軀體發展，縱不為惡，也是禽獸世界。因為他只表現了和禽獸共有的性能，而未顯露出「人之所以異於禽獸」的地方。反之我們心官若能靈明有主，把這善良本性保持而加以發揮，那才真是表現了人與禽獸不同的特徵，而真正作到了「人」的要求。

這善良之性雖微弱不顯，但一經存養發揮，便將如「火之始然，泉之始達」，而有輝煌燦爛的表現。這時我們惻隱好善的本性不僅靈明顯著的存在於胸中；而且充沛誠摯的形諸於外境。它勢必一方面由己身而擴展到他人和群體；一方面由主觀的意念而見諸於實際的效益。那也就是說我們的仁心善性不僅程度增深，範圍擴大；並且要具體的加被於社會人群，使社會人群真能受到我們的澤惠。唯有如此，我們這仁心善意才算真正的美滿完成。我們所以要設官分職，作君作師；所以要分田制產，為民謀福，就是要把我們的仁德善意客觀化，以便其有組織，有力量的實現和完成。而一個仁人志士所以獻身政治，推行仁政，也就是出於這股仁心的推動。因為他們強烈的仁心善意使他們對於國家的安危、人民的禍福，感到是自己分內的責任。所謂「思天下之民，匹夫匹婦有不被堯舜之澤者，若己推而內之溝中」，因此便勢必要挺身而起，為人群服務了。

但是要把這仁心善意完美的實現出來，也並不是一件簡單的事。因為世間的事並非照著我們的意志而安排，許多事與我們的意念不能配合，因而構成推行的阻力；同時又有許多事，深合軀體的慾念，誘使我們樂此不疲，以至忘掉，或違反了我們為仁好善的本意，這時必須有堅定的道德勇氣，才能克服一切，貫徹初衷。以上還是就個人而論；至於施政為邦，事態複雜，必定要碰到許多便利可欲卻傷仁害善的事情，以及許多誘惑多端，似是而非的事情。這時就更需要能通觀體要，明辨權利，而選擇我們應走的途徑。一個真有修養的人絕不會被任何物慾誘惑而動搖道義的信念，絕不會在任何威脅困難下，放棄為仁行善的原則。所謂：

「富貴不能淫；貧賤不能移；威武不能屈。」

只有達到這種程度，才真能「鐵肩擔道義」，才真能堂堂的作個大丈夫。

五

孟子一生的抱負就是要繼承孔子弘揚儒道，這一使命孟子是有聲有色的完成了。孔門弟子雖號稱三千，賢者數達七十；然而大抵都只是些頌經樂道的君子。他們對謹守師說，努力作人，尚能各有所長；至於發揚孔子之學，光大孔子之業，卻無此才氣。縱使顏淵不死，也不過對孔子的學術思想能有極高的領悟而已；若想有魄力有辦法的弘學救世，使人接受孔子之道，那也絕非他之所長。

因此假如沒有孟子出來，則孔子的精神勢必為其平淡的外貌所掩埋；孔子的大道勢必為那些淺見的眾人所摒棄，還那裡會其道大行，尊為至聖？孟子所以能達成這一輝煌使命，一方面在其能闡揚孔學的精義，使學者能認識孔學的偉大價值；一方面在其能有辦法懾服那些擁有威權的君王政要，使他們尊崇孔子的地位。唯有這些代表社會權威的人物能崇敬，然後才能得到整個社會的信奉。

博取學者的服膺很簡單，只要你拿出真東西來，他自會識別而信從；但是要說服君王權貴則不簡單了。他們不學無術卻居高位而擁大權，那裡聽得進你那書呆子的理論？但是孟子卻有掀天撼地的氣魄，摧懾其聲威；卻有操縱自如的本事，導使其就範。君主們的崇高地位，孟子根本沒放在眼裡，他說：

「說大人則藐之，勿視其巍巍然。堂高數仞，榱題數尺，我得志弗為也……。」

他們的驕矜自滿，孟子只消兩句話便給封回，使其馴服的聽他教訓。例如齊宣王初見面時，第一句話便得意的問孟子：「齊桓晉文之事可得聞乎？」希望能從孟子的回答中，表現表現自己的神氣。那知睿智練達的孟子卻一百個不屑一道的樣子，硬說不曉得，要談就談王道罷！談王道當然便是孟子的一套了。(按：孟子如據實而對，下面的話便只有恭維齊國和齊王了，那還談什麼？難道孟子是來聽訓的麼？) 有時君王們對某些行為感覺慚愧不安，孟子不但不加責難，反而指示徹底的辦法。怎樣才能徹底呢？那就又是王道的一套了。尤其他對齊宣王講「好樂」那一段，簡直就像師長父母哄著小孩用功上進一樣。我們說孔子循循善誘，但孔子所誘的只是學生，孟子卻是對君王權貴循循善誘了。

他不僅循循善誘，並且能提供簡單易行的途徑，使那些昧義逐利，腦滿腸肥的君王們感覺到「從之也輕」。孟子告訴他們王道仁政並不是高不可及的事情，只要把自己的心情反省一下，想想自己如此，別人也如此；而能推己及人，見諸行事，那就是王道的精神了。古來的聖王所以能行仁政而王天下，並沒有什麼巧妙訣竅，其關鍵就在善推所為以及於百姓而已。所謂：

「老吾老以及人之老，幼吾幼以及人之幼，天下可運於掌……故推恩足以保四海，不推恩無以保妻子。古之人所以大過人者無他焉，善推其所為而已矣。」

在這「善推」原則的活用下，不僅敬老懷幼是德政，就是許多小疵又何害於王道的推行？例如齊宣王坦白的承認他好貨好色，孟子卻告訴他沒關係，只要能同時想到別人也一樣的好貨好色，而能替別人解決問題，那就是王道了。

王道仁政本是崇高偉業，難以著手，但在孟子手中竟是「條條大路通羅馬」，無往而不能行了。試看他是多麼的聰明而有辦法？豈是那些徒誦章句，食古不化的俗儒所能比？正因如此，他才能博得君王的崇敬、社會的景仰，而有效的宏揚孔道。他當時是：

「後車數十乘，從者數百人，傳食於諸侯。」

孟子聲勢之大，中外古今還沒有第二人。這並不是什麼排場和氣派，而是說明孟子在朝野間具有何等的影響力。以這樣一位有影響力的人物來宏揚孔道，那就無怪乎孔道大行了。

第八章　博學崇禮的儒宗——荀子

一

在孟子張著儒學的旗幟，到處宣揚性善學說後的百年左右，另有一位學者，也大張儒家的旗子；即與孟子唱反調，到處強調他的性惡學說，他就是荀子。

荀子，名況，字卿。在古代的典籍中，由於荀和孫兩字可以同音通用的緣故，所以有的書中就稱他為孫卿。他是戰國時代的趙國人。他的生卒年月，我們已無從知道。因為歷史對於他的交代很疏略。《史記》說他五十歲才到齊國遊學，《風俗通》（東漢・應劭撰著）說他十五歲就去齊國遊學；這五十與十五之間相差了三十五年，三十五年已是一個人的大半生了，而歷史所記的卻是一片空白。

無論他是五十或十五遊齊，他在五十歲以前的那一大段歲月裡，究竟作了些什麼？歷史卻沒有記載。這有兩種意義：一種是歷史遺忘了他，一種是他沒有值得記載的事。對於荀子，我們寧願相信後者。因為他的身世和孔孟不同。孔子的一生像一篇高潮迭起的小說；孟子的一生像一首熱情奔放的詩歌；而他的一生，卻是一篇樸實無華的散文。他的生活不像孔孟那樣波動。他所到的地方不多，多半是出於被迫，或受聘。他的前半生都是在書中度過的，直到在齊國「最為老師」，纔受人注意，寫進了歷史，那時至少已是五十開外的老者了。也自這時開始，我們才知道他一點簡單的生平。

他在齊國做了三次「祭酒」。所謂「祭酒」是古代禮制中的一種稱呼。就是在國家大宴時，先由席中德望較高的人，舉酒以祭。由此可知他在當時充任列大夫的爵位，而且是一位長者。然而列大夫在名義上雖是大夫，畢竟是一種「不治而議論」的職位，沒有實際的政治地位。所以荀子雖三次做了祭酒，也只是祭酒而已。不幸連這空有其名的職位，後來也遭人猜忌進讒，逼得他離開齊國。

他先到秦國。秦相范雎問他到秦國後有些什麼見識，他便說上一番大道理。認為秦國有強固的國防險塞，有豐富的物產資源，有純樸的民風古樂；然而可惜缺少一樣儒教，因此雖有大國的條件，卻做不到王者的事業。當時秦國正在推行法家的政治，急於整軍經武，對於荀子的儒教，自然認為迂闊無用了。於是他便跑到趙國。

他和臨武君，在趙孝成王面前論兵。臨武君認為用兵的秘訣，在於上得天時，下得地利；而且要深察敵方的情勢，先發制人。荀子的意見卻相反，他認為臨武君的用兵專重形勢，只是以兵談兵；而他所強調的是統一民心，民心所附，士氣必旺，這是仁者的用兵。然而如何統一民心？

問題又回到了仁政。雖然荀子這番話說得臨武君點頭稱善；但趙王畢竟是急功好利的人，因此沒有採納荀子的意見。

最後，荀子便跑到了楚國。這時春申君正擔任楚國的相國，非常賞識荀子，便委派他做蘭陵地方的縣令。蘭陵雖然只有百里大的地方，但他卻負擔著實際的政治責任。這幾年，在他簡單的政治生涯中，總算是高峰了！不幸這小小的高峰，還要經過幾番磨折。有人曾在春申君的面前挑撥說：「湯以七十里為王，文王以百里為王，荀卿也是個賢者，你給他一百里的地方，楚國恐怕要受到他的威脅了。」荀子知道自己受讒，一氣之下，便跑回趙國。後來又有人同情荀子，向春申君進言說：「商朝的賢相伊尹離開夏朝去就湯，於是湯強而夏亡；管仲離開魯國到齊國，於是魯弱而齊盛。由此看來，只有那個國家能任用賢人，那個國家便將昇平。現在荀卿是天下的大賢，他到了趙國，趙國一定會強盛了。」春申君覺得這番話頗有道理，便趕緊差人去禮聘荀子。這時荀子的怒氣未消，便回了一封信給春申君，諷刺楚國朝政的腐敗；並寫了一首賦送給春申君，譏笑他目光短視，不識忠奸。這首賦的大意是：

「有珠寶美玉啊！不知相佩；是綾羅綢緞啊！偏與粗布相混；放著天香國色，不去追求啊！反而要拜倒在醜女妖婦的石榴裙下。把盲當作明，把聾當作聰，把危當作安，把吉當作凶，唉！老天啊，為什麼你連這點都分不清？」

春申君看到荀子的信和賦後，心中當然非常氣憤。但他是當時極有名望的四大公子之一，最能禮賢下士，因此仍然一再的向荀子謝罪。荀子在盛情難卻下，終於又回到蘭陵做縣令。不久楚王死了，楚國發生政變，春申君死於伏兵。由春申君支持的荀子，自然被迫辭職。這時，荀子已是斑白的老翁了；也不想再跑來跑去，在政治舞臺上周旋。於是便決心安居在蘭陵。

他滿腹經綸，而不見用於世，自然有點懷才不遇的傷感。尤其看到當時朝政腐敗，國君昏亂，大家都迷信巫祝，滑稽亂俗，更加深了他的悲憤。他覺得要使政治走上軌道，非從思想上著手不可。但當時的思想又是如何呢？是一片的混亂。烏煙瘴氣，什麼荒唐古怪的學說都有：有它嚣、魏牟的縱慾主義；有陳仲子、史鰌的遁世盜名；有墨翟、宋鈃的苦行主義；有慎到、田駢的滅絕情感，形同木石；有惠施、鄧析的玩弄名物、設兩可之詞；還有子思、孟子的「曲解」儒學。這些在荀子的眼中，都是左道旁門。他深信要使思想產生力量，支配人心，改善政治；必先澄清思想，消滅邪說，因此他便埋頭發憤著書。

他一方面著書，一方面也把自己的學說傳授給弟子。他自信心很強，認為唯有他所傳授的弟子才是真正的儒家正統。他對當時其他的儒者頗多不滿。除了批評子思、孟子外，他也罵子夏、子張、子游之徒為賤儒。究竟他所指責的儒者是如何的賤法？請看他的描寫；衣冠穿得倒端正，臉上不露形色，終日不言不語，裝起一個禹舜般的聖人架子；其實他們內心深怕做事，反說君子應該勞心。這真是十足的偽君子，這就是賤儒。

究竟荀子的弟子是否文質彬彬，儼然君子，我們不得而知。但他有兩位弟子確是歷史人物。

一個是替秦國統一天下的李斯；一個是集法家大成的韓非。這兩位弟子雖然走出了儒學系統，但卻是時代尖上的人物。無論荀子對他這兩位高足是否感覺滿意，但從他們的思想上，可以反映出荀子思想的精神；從他們的身上，可以看出荀子在戰國末期思想轉變上的地位。

荀子的弟子不多，不如孔孟周遊列國時，那樣後車幾十乘，聲勢非常浩大；然而荀子的弟子卻把他當作孔子來崇拜。當時曾有許多人批評荀子不如孔子，他的弟子便起來為老師辯護說：並非荀子不如孔子，而是他們兩人所處的時代不同啊！荀子所處的時代是一個極端混亂的時代，內無賢主，外有暴秦，大家都不講信義，以奇異為高。仁者深怕生事，遁世隱居，唯有荀子不滿現實，與惡勢力鬥爭，結果反遭受別人的忌妒；又因為徒弟不多，所以他的光芒無從顯露。況且他一生沒有真正負擔政治上的責任，自然無法建立功業。如果大家都能遵照他的教訓去實踐，社會一定安寧，天下一定太平。

這段話對孔荀的比較是有偏差的；因為孔子所處的時代何嘗不和荀子一樣？孔子之所以偉大，不在環境比荀子好，而在思想比荀子活潑，氣魄比荀子磅礴。但這段話對荀子一生的描畫卻是非常中肯的。我們這位滿懷憤慨的哲學家，的確是單槍匹馬，向整個混亂的思想界挑戰。當他寫下了幾萬言充滿批評性的著作後，便默默無聞的老死於蘭陵。

二

荀子簡單的一生，卻留給我們一部非常廣博的著作。「文如其人」，荀子的書正代表了他的精神氣質，是那麼的樸實無華！又是那麼的組織細密！他的思想在先秦哲學中是一個轉捩點；而他的書在古代哲學著作中也是一個轉變。孔子的《論語》，是一部對話錄；孟子的七篇，也只是一部言行錄；老子的《道德經》，是許多道家們的心得雜感；莊子的《南華經》，只是他憤世嫉俗，寄託心情的寓言；楊朱只留下幾句話；至於墨子雖有一部稍具體制的著作，但那只是他傳道時的演講錄。墨子分為三派，所以《墨子》書中每篇都有三種大同小異的記載。這些哲學家都是無意的，或另有目的而著作；但荀子卻不同，他是為了建立自己的哲學而著作，為了批評別人的哲學而著作，他是以極端嚴肅的態度，客觀的精神來著作的。自他開始，韓非及以後的思想家都以專著來研究哲學了。

荀子的書是一部非常有條理的著作。它所包括的範圍很廣。有勸學修身的，有論政議兵的，有探索人性的，有批評哲學的，還有幾篇寓道的賦。這幾篇賦在中國文學史上非常有地位。因為它們在賦體的發展上，要算最早的幾篇傑作了。

把這些論文歸納起來，最能表現他哲學特色的有三方面：就是科學方面的研究，人性方面的探索，和哲學方面的批評。

三

荀子是個喜歡觀察，精於分析的哲學家。他具有濃厚的科學精神。他覺得當時社會上最大的毛病就是迷信。這種迷信，一方面是由於不健全思想所產生的，如墨子的明鬼，及歷來敬天畏命的思想；一方面是由於人類的惰性和愚昧。他看到這種傳統的病態，便大刀闊斧的提出了他的制天論。這在中國天人合一的思想上是一個驚人的革命。以前的思想家沒有一個敢公然承認天和人是毫無關係的。孔孟雖然不談鬼神，然而卻相信天命；老莊雖然不相信天命，然而他們卻強調天人合一；墨子雖然敵非命，但他非的是人類的命運，卻強調鬼神的威力。他們雖然對天的看法各不相同，但都對天具有很深的崇敬；並且都有意無意的認為天能夠支配人類的命運。然而荀子眼中的天，卻是自然的天。古人那種疑神疑鬼的說法，他全不放在眼裡。什麼天人感應啦！什麼天意天命啦！他都予以徹底的否定。他以為晝夜的交替，四季的變換，都是自然的運行；有它自己的軌道，跟人事有什麼關係？縱使有日月蝕，有暴風雨，有地震山崩，有旱荒水災，那也只是自然界的怪現象。怪只怪在自然的本身，與國家的政治又有什麼關係？天不因為人的怕寒而取消了冬天；它既「不為堯存」，也「不為桀亡」。天只是機械的運動罷了！

荀子否認了天的意志、天的威權後，更進一步提出人定勝天的理論。他認為天行雖與人事無關，但自然的現象卻可以影響人類的生活；因此我們非但消極的不靠天命，而且應該積極的控制天行。水田種稻，旱田種麥，秋收而冬藏。河流泛濫嗎？泛濫的土地最肥沃；而且疏通河道，可以灌溉，可以儲藏水利。老天固然不會特地為我們的農作物而降甘露，但我們卻有辦法使農作物有充足的水分。這就是制天；也就是荀子特別強調的「人為」。

荀子這種破除迷信的制天論，是最富科學精神的；而這種「人為」的自力主義，正是他學說的源泉。他最精彩的性惡說，就是從這方面展開的。

一提到性惡說，幾乎歷來的儒者都對他表示不滿。其實性惡說雖然很精彩；但荀子的真正用意卻不在此，而是借性惡說來強調他的「人為」思想。可是歷來的儒者都忽略了這點，把所有的批評都集中在性惡上，使荀子負了一身的誤解和曲解。尤其宋以後的學者，把他的性惡說，看作洪水猛獸，這真不是他生前所能預料到的。

我們早就說過，他是一個喜歡冷靜觀察的思想家。他的眼睛像一把剪刀，對於每一個問題，都要剪開表皮，作深一層的分析。他與以前幾位思想家的氣質完全不同。因為他們有的偏於主觀，有的極端熱情，有的目光雖然銳利，只是善於諷刺。可是荀子卻是冷靜的、客觀的。他把整個問題有條有理的解剖開來，尋出它的癥結，然後再提出診治的方法。因此他不只是一個人性的解剖家、病理家；而是一個生理學家。

他首先以心理學家的姿態，把人類的心剪了開來，發現人類的心中有四種原素：就是「性」、「情」、「慮」、「偽」。它們的關係是：「生的自然本質就是性。性的好惡喜怒哀樂，就是情。情產生後，由心來抉擇，就是慮。心經過思慮後，再由意志付諸實踐，就是偽。」

這段關係寫出了一個心理過程：情是我們對外界刺激的一種反應。看到樹上的梅子自然會喉癢、會垂涎。可是我們並不因這種生理的反射，便貿然的去偷採梅子。而要想一想，梅子是否屬於我的？偷採是否合理？經過了思慮，知道這是非法的行為後，便用意志來克制自己，使伸出的手再縮了回來。這種意志力就是人類道德的基礎。

可是性為什麼生情呢？荀子便進一步的把「性」剪了開來，發現性中有一個因素，就是欲。他以顯微鏡般的銳利眼光，觀察這個人性中的欲，發現這個欲就是人類的一種生理要求。就如耳要聽最美妙的音樂，眼要看最誘人的美色，口要嚐最好吃的食物。這種要求比動物的本能更進一步，因為動物只求滿足所需，而人類在所需外，更要作無厭的追求。由這種追求，表現在人類情感上的便是精神上的貪名好利，和物質上的縱情享樂了。

他發現了這個人性中的欲後，就像在顯微鏡下發現病原菌似的，他知道整個社會的毛病就在這兒。因為由於這種欲的無厭追求，人類的利益將會互相衝突；於是你爭我奪，便損人利己了。

然而究竟要如何消滅這種病原菌？荀子依據他所發現的那個心理過程，特別強調「化性起偽」。也就是由思慮而制欲。在他的性惡說中，最主要的也是最被人誤解的一句話就是：「人之性惡，其善者偽也。」後代許多批評他的學者，都曲解了他的這個「偽」字，把這個「偽」字當作「假」字解。其實這個「偽」字包含了荀子整個思想，整個精神。這個「偽」就是「人為」，是意志的實踐，是後天的努力。

由於荀子強調「偽」的實踐，因此他也就必然的強調「禮」的重要。這個「禮」，就是「化性起偽」的工夫；是他分析了人性，解剖了社會以後，所開的一劑特效藥。

在荀子眼中的「禮」，不是一種徒具虛文的禮制；而是一種活的原理。它的功用，一方面是疏導人類的欲念，滿足人類的需要；一方面是制定彼此的界限，使貴賤有等、長幼有別。所以這個「禮」運用在荀子手裡，無異於一粒萬靈丹。在《荀子》書中，我們隨處可以看到這個「禮」字。他運用「禮」，就同孔子運用「仁」，孟子運用「義」一樣。其實這「仁」、「義」、「禮」三個概念，在這三位儒家先哲的心中，都是一樣的功能、一樣的精神；然而從這三種概念的本身分析，明顯的，它們是逐漸由抽象而具體，由主觀而客觀，由活潑而凝固。打個譬喻來說：孔子的「仁」，好比是「水」，它是無定形的；可能是天上的雲雨，可能是地下的泉水，我們可以感觸到它的存在，承受它的實惠，卻不易把握它的精神。孟子的「義」，好比是「海」；雖然茫茫無邊，然而潮汐有時，我們可以在它上面載浮載沉。至於荀子的「禮」，好比是「河」；它有河床，有堤岸，而且由上而下，有它一定的河道。孔子的「仁」是一顆無所不在，至善至美的心；孟子的「義」是一種由內而外，向上發展的德；而荀子的「禮」卻是一種由外而內，向心壓縮的法。「仁」是孔子用來替人性樹立一個最高的理想；「義」是孟子用來追求這種最高理想的路；而「禮」卻是荀子插在這條路旁的圍欄。孔子發現的人性是相近的，所以他的思想是圓融的；孟子發現的人性是善的，所以他要為人性立德；而荀子發現的人性是惡的，所以他要為社會立法。荀子所立的這種禮法，到了韓非、李斯手中，便更客觀化、固定化，變為硬性的嚴刑酷法，而失去了「禮」本身所含有的柔性和彈性了。

荀子先打破了天命的觀念，再揭出了人性的秘密，然後又強調「禮」的精神。這在當時的確是獨放異彩的思想；但也使他介於傳統和異說之間。新的創見，使他不得不從另一個角度發揚儒學，而與傳統思想發生衝突。同時為了保持儒家本色，又不得不大刀闊斧，向所有的異端邪說挑戰。

與他的思想衝突得最厲害的當然是孟子的性善說。他雖然和孟子同樣崇拜孔子，但對孟子的攻擊卻是不遺餘力的。其實他們的理想都是相同的：同樣以人性的至善為目標，同樣認為人人都可以為堯舜。只是他們的方法不同，一個注重德的啟示；一個強調禮的節制。可是荀子卻大大的非難孟子，認為孟子只會寫文章，唱高調，好高騖遠，太理想化了，而對現實缺少理解。因此儒家的沒落，這該是「孟子之罪也」。

他再分析各家的學說，覺得他們雖然言之成理，卻各有所偏。他認為慎子只看到消極的一面，而忘了積極的一面；老子只看到柔弱的好處，而忘了剛健的意義；墨子只看到萬物的相同，而忽略了互異；宋鈃只看到情慾寡的一面，而忽略了多的一面。由於他們觀察時便各有所偏，他們的看法自然是偏見。荀子的這些批評，都是根據他自己的思想立場而發的。因為他主張人性中有欲，所以認為宋子的看法幼稚，墨子的想法天真；因為他主張改造人性必須用「偽」，所以認為老子和愼子的思想過於消極，不足以振奮人心。

當時思想界最流行的要算名家了。荀子認為這些名家連「言之成理」的起碼條件都不夠。因為他們根本上不是提出見解；而是玩弄名辭，強詞奪理，完全是一種詭辯。譬如有人說：「殺盜非殺人」，盜和人雖然名詞不同，其實盜是人的一種，殺盜也就是殺人。這種錯誤乃是混淆了盜和人這兩個名詞的界限。又有人說：「山淵平」，雖然高地的淵和低地的山海拔相等；但在造名的時候，山一定是指比淵高的地方。這種錯誤乃是用事實來曲解名詞本身的意義。還有人說：「牛馬非馬」，當然牛馬是包括了牛和馬，不能用來單單指馬；可是事實上，牛馬中是有馬的，這種錯誤乃是拘泥於名詞而忘了實質。

荀子舉出了當時名家們的三大錯誤後，便努力於正名，提出他的一套名學理論。

他認為每一個名詞，在我們心中都是各有所指的。我們製造名詞，原為了分別外界的一切，使我們的心中有所適從，有所取捨。在未定名稱前，我們喚鹿為馬未嘗不可；但一旦我們稱那有角的為鹿，無角的為馬，大家也都公認這樣稱呼後，那麼鹿有鹿的特點，馬有馬的性能，我們便不能再指鹿為馬了。同理，如父子夫婦，是非善惡，也都有他們各自的界限和內容；如果任意顛倒，一切價值便無標準了。

荀子這種名學的理論，是科學的、邏輯的；但他正名的最終目的，又回到倫理上，而是他重視「禮法」的產物了。

四

最後，我們還得再附帶寫上一筆，就是中西哲學史上六位聖哲的對照：蘇格拉底和孔子，柏拉圖和孟子，亞里斯多德和荀子。一個在遙遠的中國古代，一個在遙遠的古代希臘。雖然他們之間相去有幾萬里，然而他們卻是在同一個時間，同一個歷史背景上，扮演同一個角色；不同的只是舞臺罷了。一個在東方，一個在西方。

蘇格拉底是西方智慧的代表，而孔子是中國思想的代表。他們都是生在一個極端混亂的時代，都是希望從倫理上扭轉整個社會的危機。他們在政治上都失望了，而從教育方面著手。他們都是廣招學生，到處說教。一個用「產婆法」，一個用「叩兩端而竭焉」的方法，都是啟發式的教學。尤其他們都是以「身」為教的：蘇格拉底的勇敢是希臘聞名的，他的飲鴆自殺，已成為歷史的楷模；而孔子的「知其不可而為之」的無畏精神，更是為歷史家所傳誦。他們都沒有親筆的著作留給我們。他們對人類的貢獻，就是提供給我們一個人性追求的理想。蘇氏的「真理」和孔子的「仁」，都只是兩個概念，然而卻是歷代哲學家所尋求的目標。

這兩位中西哲學的開山大師，都有兩位最有名的弟子，來替他們宏揚聖學。蘇氏的弟子就是柏拉圖和亞里斯多德；孔子的再傳弟子，就是孟子和荀子。妙就妙在這四位弟子又是互相對照，極端類似的。美國近代哲學家詹姆士曾依照精神氣質，把哲學家分為軟心的及硬心的兩派：柏拉圖是軟心派的代表，亞里斯多德是硬心派的代表。而我們的孟子是軟心派的哲學家，荀子也就是硬心派的哲學家。由於這種精神氣質的不同，使他們從老師那兒傳承的思想，也有了顯著不同的色彩。

柏拉圖和孟子都是偏重於理想的。他們的哲學像一首詩，想像的成分往往多於觀察。柏拉圖的理想國和孟子的王政，都是非常美化的社會；而有點離情失真，變為烏托邦。柏拉圖的共產公妻制度，固然是他的閉門造車的產物；而孟子的井田世祿制度，也未嘗沒有他個人想像的成分。

到了亞里斯多德和荀子手中，卻完全不同了。他們注重觀察，反對想像，因此他們對柏拉圖和孟子的思想是批評的。亞里斯多德對於柏拉圖的理想國不感興趣，他自己要建設一個博物館，來觀察和解剖自然界的一切，所以他被稱為科學研究的創始人。我們的荀子也同樣不滿於孟子的性善說，而從心理方面解剖人性，作為他禮治主義的根據。蘇格拉底和孔子的思想，到了亞里斯多德和荀子手中已經是偏於客觀，偏於科學的了；也在他們手中，開始了一個轉變。西方思想自亞氏開始，注重邏輯，影響了自然科學的研究。中國思想也自荀子開始，注重禮治，影響了法家的精神。更有趣的，他們兩人非但在思想上同一路線；而且在著作，以及成就方面也是相同的。柏拉圖和孟子的著作都是對話體；但到了亞里斯多德和荀子，卻一變而為論文體。亞里斯多德的學問，是集古代希臘學術的大成，對於當時的諸般學問，可說是無所不通、無所不精。同樣荀子也可說是先秦中最博學的大師了。他不僅對傳統的學術有極深的研究；並且對各家的學說也無不瞭若指掌。他們兩人在中西哲學史上，像一座閘門，總匯了以前的思想之流，而開出了新的流派。

這古代六位聖哲的類似，當然只是一個歷史的偶然，我們無須去研究是否有造物主的安排。然而這兩條中西思想之流的平衡發展，及起伏的波瀾，卻成為思想史上的一個奇蹟、一個壯觀。這雖是一個有趣的偶然；然而這個偶然的結果，卻是一個絕不偶然的相會。我們行將看到這兩股思想伏流的交融，那將是更大的壯觀了。

第九章 尚法明治的權威——韓非（附：管仲、商鞅、申不害）

一

在中國思想的流變上，除了儒、道、墨三大學派外，另有一派異軍突起的法家；這一派淵源雖很久遠，但以鮮明的旗幟，與其他各派思想分庭抗禮，卻是戰國末期的事。

法家與其他各派思想有個顯著的不同，就是它專談政治思想；而且完全是以君主的觀點來立論的。本來嘛，法家的職業是替君主做參謀，他們的任務就是富國強兵。為了完成任務，他們往往不惜採取任何極端的手段，這是他們的本色。孟子竭力攻擊的霸道，也正是他們的理想。所以法家的鼻祖管仲，在孟子的筆下，就是罪不容誅的政治犯了。

法家的思想到韓非手中才真正的完成，所以在他以前的法家，當時都被稱為「法術之士」。自他以後，漢人才特別尊稱他們為法家。可見韓非在法家思想中的地位了。

固然，要了解法家，必須了解韓非的思想；但要了解韓非的思想，卻又不能忽略在他以前許多法家的鋪路工作。其中第一位值得注意的當然就是管仲。

管仲字夷吾，潁上（今安徽省潁上縣南）地方人。從前孟子曾說：「天將降大任於是人也，必先苦其心志，勞其筋骨，餓其體膚，空乏其身，行拂亂其所為，所以動心忍性，增益其所不能。」管仲就正是這樣遭遇的一個人。他少時貧苦無以為生，並且一切圖謀都不順利。整個前半生可說都是在艱難困苦、抑鬱頓挫中渡過，甚至在不光榮中兜圈子。要不是得力於一位知己的好友鮑叔，不要談發達建功，就是連生活恐怕都無法維持下去。

管仲自幼與鮑叔為友，鮑叔對他非常了解和敬佩。他曾與鮑叔合夥到南陽做生意，賺了錢自己多分，鮑叔知道他家貧負擔重而同情他。他曾屢次為鮑叔計畫事情，沒有一次不是失敗。鮑叔知道是他時運不濟，並非才能不佳。他曾三次作官，三次被革職；三次參加戰爭，三次臨陣敗逃，這都是非常羞辱為人見棄的事；而鮑叔則知他胸懷大志，另有更重要的抱負。這種無限的同情，乃使管仲不得不感歎：「生我的是父母，而知我的則是鮑叔了。」

管仲在小事方面雖然處處失敗，但對大事卻極有眼光，深具韜略。那時他眼見齊襄公無道，預知齊國將會大亂，便和鮑叔計畫分別事奉公子糾和公子小白避亂國外，等待機會。後來果然襄公被弒，國內大亂，議立新君；於是兩位公子分別自莒、魯，趕回齊國爭為齊王。管仲為了替公子糾爭王位，自己帶兵截擊公子小白；不幸箭只射中小白的帶鉤，結果反而是小白先期趕到國都取得了王位，成為歷史上所稱的齊桓公。於是桓公殺公子糾而囚管仲。這時論功行賞，本應以鮑叔為相；但鮑叔深知管仲是不世出的大才，非己能及；為了國家前途，乃勸諫桓公不記一箭之仇，擢用管仲為相，以作一個大有為的君主。

管仲的就任齊相，是很不合乎當時的道德標準。他自己的解釋也不過是：「不羞小節，而恥功名不顯於天下」而已。所以一百多年後，孔子的弟子還要問孔子：「桓公殺了公子糾，管仲非但不能盡忠死節，反而作桓公的宰相，這是否不道德呢？」管仲雖以「不羞小節」，形同小人的方式取得了相位，但既作宰相之後，卻發揮了大政治家的才能與風度。他不僅能興漁鹽之利作到了富國強兵的要求；不僅善為匡輔桓公，立威立信，以成千秋之業。而最值得稱述的乃是他能高瞻遠矚，認清時代的要求，喊出「尊王攘夷」的口號。

當時周朝的整個制度，是以王室為樞紐的。自平王東遷後，王室衰落，不能領導全局；於是諸侯間彼此兼併混戰，紊亂異常。由於華夏民族間的自相火併，乃使周圍的野蠻民族勢力日漸強大。許多國家被侵擾滅亡還是小事；而文化毀滅所帶來的黑暗最是嚴重。這種情形到了桓公時代愈發厲害，所以《公羊傳》描寫那個時代是：「南夷與北狄交，中國不絕若線。」那就是說中華民族的命運已是千鈞一髮了。就在這個情形下，管仲提出尊王攘夷的主張。他以齊國的聲勢與實力，領導諸侯尊重王室。王室是統一和秩序的象徵。在這一象徵下，不僅恢復了失去的秩序，維持了國際間的小康局面；並且進而團結了華夏的力量，共同抵抗野蠻人的侵略；因而得以挽回「中國不絕若線」的危機，維護了中華兩千多年的文化。在管仲任相期間，齊桓公曾與諸侯會盟十五次之多，都是從事於這種奮鬥。若不是有此一舉，則西羅馬滅亡後一千多年的黑暗時期，就早在中國出現了。孔子所以對他一再稱讚，甚且說：「假如沒有管仲，我們恐怕會是披著頭髮，穿左大襟的野蠻人了吧！」其原因就在於此。

管仲雖然功業方面極為隆盛，並且也確有一套治國的主張理論，例如我們熟知的：「倉廩實而知禮節，衣食足而知榮辱」；以及「禮義廉恥，國之四維，四維不張，國乃滅亡。」等都是他的名言讜論。不過他並未把這些思想筆之於書（事實上，在孔子以前並無私人著書之事）。至於世間所通行的《管子》一書，實際乃是後人把管子的善政嘉言加以發揮，甚至是把許多與他並無關連的富國強兵辦法附會到他身上，而假託是管子的著述罷了。這是古人常用的辦法，正是所謂「重言」的意思（「重言」就是把思想言論附會到有關的權威人物身上，以加重其言論的分量，語見《莊子》。如「孟子道堯舜」，「有為神農之言者許行」等是），不足為奇。

今天我們對管子的瞭解，可從兩方面來觀察：一方面是管子其人；一方面是《管子》其書。其人代表歷史上一個法家的奮鬥；而其書代表哲學史上一種法家思想的醞釀。雖然其人與其書是兩回事，我們不必把它們湊合在一起；但這兩者使我們對法家的瞭解同屬必要。因為管子其人告訴我們一個法家在當時社會中是如何活動的；而《管子》其書卻告訴我們在當時社會中，一般法家是如何思想的。所以今天即使管子書是偽託的，但該書卻是我們研究法家思想的重要著作。

二

由管子其人的奮鬥，和《管子》其書中思想的醞釀，法的觀念便逐漸的成熟而為實踐的法制。而推行法制最有成效的代表人物，當然要推秦孝公時的商鞅。商鞅思想中最突出的就是守法的精神。當他把法律向人民公佈後，為了使人民絕對相信起見，便故意在國都的南門樹立了一根三丈多長的木竿。下令如有人能把這根木竿移到北門，便賞他十錠黃金。起初人們都不敢移，因為這樣一舉手之勞，而獲得這麼大的酬金，實在難以置信。直到第二天仍然沒有人敢移，於是商鞅又下令增加酬金為五十錠；終於有一個人抵不住好奇心，把木竿移到北門。果然一絲不扣的得到了規定的酬金，從此大家便不再懷疑政府的命令了。

除了使人民知道法律的賞罰分明外；商鞅更進一步使貴族們了解法律的威嚴。他認為法律所以不易推行，多半是由於在上位的人破壞了法律。因此有一次太子犯了罪（當然太子是未來的君主，不宜治罪），便把太子的老師公子虔和公孫賈治了黥刑（刺面的肉刑）。這也就間接的處罰了太子；對於太子尚且如此，其他的人更不必談了。

商鞅這種嚴刑酷法，在秦國施行了十年，使得秦國大治；但卻結怨了許多貴族。所以等到秦孝公逝世，太子登位（就是秦惠王），便下令捕殺商鞅。商鞅聞風而逃，到了關下，向當地民家投宿。當地的人不知他就是商鞅，慌忙拒絕說：「恕我不能接待，因為商子的法律規定不准留宿身分不明的人，違者坐罪。」至此，商鞅不禁歎著說：「可悲啊！我真不知法律的流弊到了這種地步呢？」結果他被秦惠王五馬分屍而死。他的死，大家都認為是死於他自己所定的法律；事實上他是死於貴族之手。

與商鞅前後的法家，還有一位「鄭國的賤臣」申不害，和稷下的辯者慎到。申不害的重「術」，慎到的重「勢」，與商鞅的重「法」，合稱為法家的三派。申不害做韓昭侯的國相，雖然能使介於齊楚兩強之間的韓國保持均勢；但在法治上並沒有多大的建樹。他所主張的「術」，認為人主操縱臣下必須要有陰謀，要有計慮，要不動聲色。其實這只是替人君做參謀罷了，談不上法家的思想。至於慎到是一個服膺黃老之術的學者。他主張的「勢」，認為人君要有威權，使他成為恐怖的對象，以鎮壓人民。其實他這種見解也遠不如「棄知去己」的道家思想可愛。所以這三派中，真正值得一提的還是商鞅的法治精神。

把這三派思想融合起來，不僅注意於君主的統御之術，而且強調法治精神；不僅向貴族的把持權柄作鬥爭，而且向所有其他的學術思想挑戰者，就要推集法家大成的韓非了。

三

韓非是韓國的一位公子，少年時與李斯一同受學於大儒荀卿。在名師的教誨下，他養成了極高深的學問。由於喜好刑名法術之學，便脫離了儒家的範圍；而以深厚的學力，綜合了前面三派的思想，建立了法家的權威學說。

當時他看到韓國的國勢非常削弱，心裡很急，便上了一封信給韓王，大談治國的方法。可是韓王卻無動於衷。這真把性情孤僻的韓非氣壞了。一氣之下，牢騷滿腹，文思也源源而來；提起筆，寫下了〈孤憤〉、〈五蠹〉等十餘萬字。這本書後來被人帶到秦國，秦始皇看了〈孤憤〉等篇後，不禁大叫說：「如果能和這位作者共遊，真是死也情願。」這時李斯在始皇旁邊，誇示自己是韓非的同學，並說：要找這人不難，但必須向韓國索取。始皇為了得到韓非，便不惜以兵力加諸韓國。韓王本來沒有重用韓非，現在看到始皇重兵壓境，便派韓非入秦，以緩和這次戰禍。

始皇召見韓非後，非常欣賞韓非的見解，但尚沒有重用韓非。李斯在學生時代便自知不如韓非，現在又看到韓非受始皇寵愛，心中非常妒忌；便串同了姚賈乘機陷害韓非，向始皇進讒說：「韓非是韓國的公子，君王要統一天下，韓非當然幫助自己的祖國，不肯為秦賣力的。現在君王久留他在這兒，將來如果送他回去，他知道我們的國情，一定對我們不利的。我想還不如造一個罪名，殺了他算數。」糊塗的始皇，居然聽信了花言巧語的李斯；而不想想李斯究竟是那國人（他是楚人），李斯在〈諫逐客書〉中又是多麼的搖尾乞憐！但始皇雖然把韓非關入獄中，卻無意殺死韓非。李斯知道始皇可能會變卦，便先下手為強，暗地差人送毒藥給韓非，命他自殺。韓非知道被人陷害，屢次要上訴，但都沒有機會，結果就這樣不明不白的死在同學李斯的手中。他料想不到以前寫的〈難言〉和〈說難〉，居然應驗在自己身上。別人因出言不慎而遭殺身之禍，而他連上訴的機會都沒有，卻身陷囹圄。後來始皇果然悔悟，還以為韓非活著，差人去赦除韓非的罪名，奈何這時的韓非早已成為腐骨了。

四

以前法家的鋪路工作，正像畫一條龍，整個身軀都畫好了，但仍然不能活現。到了韓非，才特別畫龍點睛；靠他這一點，整條龍便栩栩如生了。

因此所謂韓非的集法家大成，並非綜合性的「集」而已。他不是無條件的接受申、商、慎三派的見解，而是批評性的接受；他也不是完全採納前期法家的思想，而是修正後的採納。尤其重要的，他不是完全局限在法家範圍內，以法家來論法；而是承接了儒道的思想，這種「借他山之石」的功夫，正是他所以能畫龍點睛，特別見精神的地方。

他是荀子的學生，他整個思想的根源來自荀子的學說。荀子認為人性是惡的，必須用禮來化性；韓非也認為人性是惡的，但必須用法去圍杜。荀子在人性中發現了欲，所以用禮去節欲制欲；韓非在人性中發現了自私，所以用法去賞善罰惡。禮治和法治雖然相差了一步，但運用在韓非手中的法，和荀子手中的「禮」卻是同一個作用。

韓非的整套理論，便是立基於人性的自私上，他舉了一個例說：父母對於親生的子女，如果是生男的，便互相道賀；生女的，非但不悅，而且把她溺斃。試想同出於父母的懷抱，而有這麼不同的待遇，究竟為了什麼呢？無非為了日後許多便利，為了長久的打算。父母對於子女尚且存有這種計算心，何況不是親子的關係呢？

因此古代鄭夫人為了她的兒子繼承王位，毒死了她的丈夫。驪姬要立她的兒子奚齊為太子，而毒死了太子申生。這些事實都足以證明人類為了自私，不惜手弒親人，真是無所不用其極。至於醫生希望天下皆病人，棺木商唯恐人不死，這都是極普通的現象罷了。

韓非揭出了這個人性的弱點後，便提出診治的藥方。但他的藥方不是從根本上著手，而是利用弱點來箝制弱點。人性是自私的，他就利用賞善罰惡來對付人們的自私。在他認為最安全可靠的特效藥就是法。

法對於國家來說，正像木匠手中的規矩。木匠沒有圓規和方矩，怎能去畫圓畫方呢？國家如果沒有不變的法，又怎能定賞罰的標準呢？像堯舜一樣的大賢，沒有法，也不能治一國；相反的，一個中材的君主，如果能守法，卻可以治天下。這是為什麼？一句話，有標準可循罷了。

雖然韓非特別重視法，但他更重視立法的精神，那就是平等和勸善（此善與儒墨的善不同，乃是奉公守法的意思）。

荀子的「禮」和韓非的「法」所差的一步就是平等。「禮」在於「別」，在於別貴賤、明親疏；「法」則在於「齊」，在於打破貴賤，不分親疏；在於「齊天下之動」，使全國的人民，在法律面前都能擡頭。這種平等的精神，在階級觀念猶存的春秋戰國時代，自然遭受強烈的反對，而造成許多法家的悲劇。但到了布衣可以卿相的戰國末期，便自然為人們所普遍的接受了。

法的二柄是賞和罰。賞當然是直接的勸善，但罰也並非是一種報復主義。殺人者斬首，這不是替被害者報仇；因為處罰殺人者，並不能使被害者復活，這是無法補償的。同時，殺人者被判死刑，這種處罰對殺人者本身毫無作用；因為他被處刑以後，便失去了知覺，刑罰對於他便失去了意義。那末為什麼殺人者要斬首呢？這是因為要殺一儆百的緣故。為了被害的一個死人而殺去一個活人，這並不上算；但殺去一個犯罪者，而可以使其他成千萬人不敢犯罪，使其他成千萬人免受殺害的災禍，這就是天下的大利了。所以韓非的罰惡，也是一種間接的勸善，立法的精神就在這兒。

賞罰，固然是國君的二柄；但要運用二柄，還必須基於一個條件，就是臣民的權利義務必須分清。否則職權不明，賞罰便無從施行了。韓非舉了一個故事：

「以前韓昭王喝醉酒，睡著了。一個替昭王管帽的臣子路過，深怕昭王著涼，便拿了件衣服披在昭王身上。後來昭王醒了，發現替他披衣的是管帽的臣子，不禁大怒，除了以失職的罪，處罰管衣的臣子外；而且以越職的罪，處罰那位替他披衣的管帽臣子。」

這段故事，固然有點不通人情；但這正說明了韓非眼中的法的嚴酷性。

韓非認為除了法以外，國君還必須有術。因為法是客觀的東西，它像規矩一樣，不能自為方圓；而必須依靠木匠的匠心獨運。公輸般和普通木匠所用的規矩是一樣的，可是他們的作品卻大不相同，這就是因為運用的技術有高低。因此要使法能產生最大效力，國君必須用術來運法。

談到用術，韓非便搬出老子的一套方法，認為國君應該要無為，要處靜。所謂無為，不是說什麼事都不做；而是要做一切事，不過所做的方法不同罷了。國君不必到處奔波，親自去做。他只要坐在王宮內，把任務交給別人去做，每人有每人的職權，而且層層管制。國君的任務，只是下命令，其他任何事都有專門人才去推行。整個國家都動員了起來，而國君卻在深宮內一動也不動，這就是無為。

國君用術到什麼程度，才算合乎標準呢？韓非認為必須控制臣子，使得臣子像奴僕。國君要做什麼，他就得做什麼，不敢說一個「不」字；國君要他赴湯蹈火，他就得赴湯蹈火。他必須像國君的一雙手，一任國君的喜歡，搔搔頭、抓抓腿。直截的說：國君必須使臣子變成最忠實的奴隸，但奴隸尚有私心，最好是一隻最聽話的哈巴狗，一呼即來，這樣國君才可以安心的無為而治，在帷幄內運法。

然而國君如何才能用術？那就必須要乘勢。所謂勢，依韓非的看法有兩種：一種是自然之勢，一種是人為之勢。自然之勢，乃是指國運興衰，及固定的權位（是慎子所謂的勢）；而人為之勢，乃是國君通過法術所產生的一種威勢，這種威勢是建基於法的威嚴，和術的精明。韓非所主張的乘勢，就是指的這種人為之勢。

為什麼要乘勢呢？韓非的想法很妙。他認為古來統治的人物，多半是中智，他們比上不足，比下有餘。就是說他們不可能有堯舜般的賢明，但也未必如桀紂般的兇殘。因此讓他們抱法處勢，照樣能夠治平，因為勢可以發揮他們的潛力。古往今來，像堯舜和桀紂般的人物，都是千年來只出現一二次罷了。如果我們不能乘勢，而等待堯舜般的賢人，那麼就要亂一千次，才有一次的治平。相反的我們抱法處勢，即使碰到桀紂般的暴君，也只是治一千次，才亂一次罷了。

韓非這段妙論，不是反對用賢，而是不待賢。因為法律修明，只要國君能用術乘勢，誰都可以致治。否則一定要待賢，顯然法律本身尚不夠健全，賢人固然可以修補法律的漏洞，而惡人也可以在法律邊緣逍遙。如果能做到惡人在位也無法為非作歹，這才是韓非所理想的乘勢。

韓非在完成了法家的理論後，便把他犀利的眼光掃向思想界。

他首先向當時的「顯學」儒墨開刀。儒家的理想人物是堯舜周公，墨家的偶像是大禹。韓非覺得他們滿口先王先聖，實在是白日的夢話。歷史不是靜止的，不是倒流的，而是發展的。雖然前人和後人的自私心是相同的，但前世生活簡單，後世生活複雜；因此所產生的問題不同了，而用以防患的法也必須改變。上古時代，禽獸為害，有巢氏構木為巢，便是大聖；中古時代，洪水氾濫，大禹治水，也是大聖；近古時代，桀紂暴亂，湯武征伐，更是大聖。他們都是大聖，然而功業不同。如果生在湯的時代，不起來革命，而崇拜構木的有巢，治水的大禹，豈非笑話。同樣，我們生在這個時代，有這個時代的任務，空談堯舜禹湯，又有什麼作用？

韓非的這種變古的歷史進化論，無異是一項政治思想的革命。他非但打倒了法先王的孔孟思想，也把荀子法後王的思想更推進一步。在他眼中的當時儒家，正是他老師所痛罵的賤儒。他把這些賤儒加上遊俠、政客、及工商之流，認為是國家的大蠹蟲，這就是當時社會病態的細菌。

他認為這些儒生政客們，衣服穿得漂漂亮亮，話說得頭頭是道，整天批評政治得失，以迷惑人心；君主反而尊敬他們，把農民血汗的成果來供養他們，試問還有誰願意辛勤的耕作？

這些墨者遊俠們，私自招集打手，到處惹是生非，美其名曰俠客，究其實無非是地痞流氓。他們這樣目無法紀，自成集團，君主反而以優厚的俸祿供養他們，試問還有誰願意奉公守法，為國效命？

這些工商之流，自己不耕作，而坐收漁利，剝削農民的血汗。農民整年的辛勤，結果卻吃不飽，穿不暖，試問還有那個傻子不想投機取巧的嗎？

韓非用他血淋淋的解剖刀，把整個社會解剖開來；把那些有害的癌，無用的盲腸都割掉。最後只剩下三種他認為有用的器官：就是像哈巴叭狗般效忠君主的臣吏；替君主賣命，死而無悔的兵士；以及供給君臣及兵士以糧食的農民。但憑這三種簡單的器官，是否能使整個社會保持住健康呢？韓非沒有注意到這點，他只知道有用之用，而不知道莊子所謂的無用之用；而且他的有用無用也只是表面的。他的眼光雖然尖銳，卻不夠深刻。他要割掉盲腸，可是卻糊塗的連大腸也給割掉了。

幸而他沒有登上政治舞臺，去實驗他這套不夠成熟的方法；然而不幸的，他被害後，這套方法卻被李斯偷去。李斯在學生時代已不如他，現在又大膽的運用這個方法；無異是一個還摸不清解剖刀的醫科學生，便替病人割癌，結果必定是庸醫殺人。事實證明了這點，秦始皇焚書坑儒的暴政，都是李斯的傑作。但結果怎樣呢？只有把秦朝的天下，迅速的送掉而已。

五

韓非對後代政治思想的影響是非常大的。但我們對他的批評，卻是缺點多於優點。

他最大的貢獻，當然是確立了法治的精神。以前的法家雖然也有粗淺的法治觀念；但多半是從事於實際的改革工作，或者替君主做參謀。不像韓非，能在理論上建立了法家思想的系統。

韓非雖然集申、商、慎三派法家的大成，但他們之間有點不同。前三派所談的「術」、「法」，和「勢」，都是幫助君主治理臣民的；但韓非所談的「術」、「法」和「勢」，表面上雖然替君主說法，但實際上卻有匡正君主的功效。他勸君主用「術」乘「勢」，不應以一己的愛好為原則，不應以自己的成見為法律；而必須一切衡之以「法」。因此國君表面上是用法，實際上卻是守法。以前的法家使貴族和平民在法律前面平等；而韓非卻進一步使君主也像臣民一樣的守法了。這一點說明了為什麼以前的法家都能為君主所任用（因為抑制貴族的把持，是君主所最樂意的）；而韓非卻見逐於韓王。雖為始皇所喜歡；但終不見用，而冤死於牢獄。這一點常為後人所忽略，卻是韓非思想最可愛、最精彩、最有價值的地方。

至於韓非思想的缺點，往往掩過他的優點。因為他在出發點上便有錯誤，他只看到人性的自私。而在診治上又犯了一個錯誤，他用的是瀉藥，而不是補藥。

他把人性和獸性混在一起。人畢竟不是「有奶便是娘」的動物。有的人不食嗟來之食，有的人寧願餓死在首陽山，因為在人性中還有一個道德的觀念。由於這個觀念，使君臣間的忠，是有條件的忠，也就是說必須合乎理義；使父子間的愛，是無條件的愛，也就是不談利害，而純出於情感。韓非只看到了父母重男輕女的一面（其實這是封建社會的病態，因當時以男性為血統）；而忘了父母為子女不惜犧牲生命的另一面。套用荀子的批評，他該是「蔽於私，而不知愛」。

由於他這個出發點上的錯誤，他整個學說自然走向刻薄寡恩的一面，而完全失去了人情味。他的「法」正像中藥的大黃，雖然對某種嚴重的毛病，有特別的功效。可是大黃畢竟是瀉藥，畢竟是毒物。吃多了非但無益而且有害。法對於當時的社會，雖然有穩定的功用；但拋棄了仁義，而專賴於法，尤其用嚴刑酷法來威脅人民，那無異於獸性的管制。人性的尊嚴完全喪失，人民縱使不敢犯法，也只是不敢而已，而不是不為。因此「法」即使達到最高的效果，也無非是「民免而無恥」罷了。

寫到這裡，我們必須順便提出兩個值得注意的問題：一個就是哲學家和哲學思想的問題，大凡一個哲學家如果他本身沒有道德觀念，他的理論多半是不健全的。我們對法家和法家思想的批評就是如此。我們很清楚的可以看出法家和其他各派思想家最大的不同，就是法家忽略了立德。

管仲不羞小節，欺騙朋友（《史記》說：「常欺鮑叔」，背主，不死公子糾之難），商鞅「天資刻薄」（司馬遷語），鑽營求進；李斯卑鄙無恥，陷害同學。他們的思想中沒有滲入純厚的情感，因此自然流於刻薄寡恩。

另一個問題就是從人性偏處立論，非但是思想的弱點，而且流毒無窮。韓非從自私的觀點來看人性，由刻薄寡恩，而間接造成焚書坑儒的歷史悲劇；馬克思從相爭互害的觀點來看社會，由倡導階級鬥爭，而造成赤禍漫天的世界悲劇。韓非和馬克思都是把人性看偏了，一個影響李斯，演成始皇的暴政；一個為列寧所竊用，造成共產的暴政。今天我們回憶起歷史的悲劇，面臨著世界的悲劇，唯一的自救之道，就是從思想上澄清偏見，重新恢復人性的尊嚴。

第十章 立異鳴高的辯者——公孫龍（附：鄧析、惠施）

一

正當這些熱心於救世的思想家們，為著人生問題，爭得面紅耳赤時，另有幾位獨出的辯者，卻以另一個姿態，躍上了思想的舞臺。他們就是後世所指稱的名家。

名家雖然被稱為「家」，事實上是不成「家」數的。因為他們沒有一貫的思想，沒有系統的組織。即使我們勉強給他們按上一個「家」字；這個「家」至少不是儒家或墨家的「家」，而是雄辯大家的「家」。因為他們是以雄辯而出名的。

他們和其他思想家主要的不同，在於傳統思想家們所辯論的都是有關於世道人心，都是人生實際的問題。

就拿遁世隱居的道家來說：他們思想的根本，也是以人生解脫為依歸。可是這些名家們所辯論的問題卻完全不同，都是些抽象的觀念，而不涉及現實的人生。他們辯論的目的不在於用世；

而在於誇示他們想法的奇妙，藉此而揚名天下。傳統的思想家像十字街頭的佈道家，滔滔不絕的發表意見，希望天下的人都相信他所宣佈的福音而得救。可是這些名家們卻像馬路邊上的魔術師，拿著扇子毯子，或兩個杯子，口中念念有詞，手中東旋西轉了一通，結果變出了另一個東西。觀者被他們的假動作所眩惑，雖然明知不是那麼一回事；但他們說得頭頭是道，又尋不出破綻來反駁。

這些名家們手中所玩弄的就是觀念和名辭。他們先舉出兩個極端矛盾不相容的名詞；然後利用觀念和名詞的相異性和相同性，把它們硬拉上關係，或者把它們的關係顛倒過來。所以初看起來非常荒唐古怪；可是經他們解釋之後，又覺得頗有道理。他們就利用人們好奇的心理，而贏得了雄辯的大名。

二

這些名家的代表人物要推鄧析、惠施和公孫龍。

關於鄧析，我們所知不多；只知道他是鄭國（今河南新鄭縣）人，是在孔子年輕的時代活動過的政治家。他和孔子雖然處在同一個時代，但卻不是像孔子一類型的政治家；而是好辯惑政的少正卯一流的人物。他喜歡刑名之學，他常常發表一些異論，和當時鄭國的子產為難。那時子產正雷厲風行改革鄭國的積習，許多習於因循的人民都不滿子產的作風，常常貼了許多匿名的標語誹謗他。子產下令禁止懸貼，鄧析便故意寫了許多匿名信給子產。子產氣極了，通知手下的人不准接受匿名信，那知鄧析卻把匿名信包紮起來，當作禮物送給子產。子產一再的改變命令；而鄧析一再的尋找命令的漏洞，跟子產為難，使子產無可奈何。

不僅他個人專門與子產為難，他還招收了許多門徒跟子產作對。他向人民宣傳他辯論的技巧。如果有任何訴訟事件，大的案子只要一件衣服為酬勞，小的案子只要一條短褲為酬勞，便可使訴訟必勝。他們的風聲放出後，便有大批的人們手中提著衣服和短褲，向他請教訴訟的技巧。究竟他傳授一些什麼技巧呢？那就是《列子》書中說他設「兩可之辭」了。什麼是「兩可之辭」？請先看他的一個例子吧！

有一次洧水發生水災，鄭國的一位富翁溺斃了，他的屍體被人撈到，那個撈屍的人乘機敲詐。富家便向鄧析請教對策，鄧析告訴富家不必著急，隨他去好了，難道還怕撈屍的人把屍體賣了不成？富家聽了鄧析的計策，便裝著無所謂，不去跟撈屍的人討價還價。這樣一來，那個撈屍的人有點急了。一具腐爛的屍體放在家中總不是辦法；便也去請教鄧析。鄧析以同樣的口吻告訴他：不必著急，反正又沒有第二個人要買這具屍體，爛了也沒關係；而且愈爛得快，富家才愈要得急呢！

這是鄧析的「兩可之辭」。正反兩造都可以用同樣的方法來對付，他就利用這些似是而非，無可無不可的理論，在鄭國拍賣他的辯論術。大家都從他那兒學得一些皮毛的詭辯，以是為非，以非為是，弄得是非毫無標準，大家也搞不清孰是孰非了。於是民風大壞。子產對於他極感頭痛。傳說子產後來把他殺了。又傳說子產死後二十年，駟顓執政時，才把他殺了。無論誰殺了鄧析，總之鄧析是因為詭辯而被殺。他的罪名一定是和孔子誅少正卯的罪名一樣——聚眾結社，鼓吹邪說，以淆亂是非。

究竟鄧析的詭辯後面是否另有衷情，歷史沒有交代。但自鄧析死後，他所著的〈竹刑〉卻被鄭國採用。〈竹刑〉就是把刑法寫在竹簡上，當時子產已把刑書鑄在鼎上；而他卻私自刻寫「竹刑」，可見他是有政治野心的。他之所以處處要與子產過不去，多半是由於政治見解的不同吧！

可惜鄧析的辯論術已經失傳了，現有的兩篇〈無厚〉和〈轉辭〉又都是後人附託的，極不可靠。據說他除了「兩可之辭」外，尚有「無窮之辭」。所謂「無窮之辭」大概就是荀子所指的：他和惠施一樣精於：「山淵平」、「天地比」、「齊秦襲」、「鉤有鬚」、「卵有毛」等辯論了。這些辯題有的是惠施的說法，有的是公孫龍一派辯者的主張。究竟那幾條是屬於鄧析的，我們已無法知道。

然而在這裡，我們可以確定他和惠施、公孫龍及以後的辯者是同一陣線的人物，他們的研究對象和思維方法都是同一個範疇的。

三

惠施，我們對他已不陌生，因為在莊子的生平中我們曾看到他的影子。他是莊子最好的朋友，他們永遠的辯著；因為彼此觀念不同，所以始終談不攏。但他死後，莊子經過他的墓地時，卻感覺孤寂的歎著：「自這位先生死後，我便失去了辯論的對手啊！」

由他和莊子的關係中，可見他是莊子同時代的人，而且比莊子死得早。

傳說他是宋國（河南商丘縣以東）人，曾做過梁惠王和襄王的宰相。有一次齊威王破壞了齊梁之間的和約，惠王準備興兵伐齊。惠施聽到這消息，便去見梁國的一位賢人名叫戴晉人（惠施曾推薦他給惠王），向他獻計一番。於是戴晉人便去見惠王說：「君主可知道一種名叫蝸牛的小動物嗎？」惠王說：「知道。」戴晉人便接著說：「在蝸牛的左角有一個國家叫觸氏，在蝸牛的右角有一個國家叫蠻氏，這兩個小國時常爭地而戰，死傷數萬人。每次追逐了二十餘天，才收兵。」惠王笑著說：「嘻！這個恐怕是無稽的故事吧！」戴晉人正色的說：「臣可以證明這個寓言是有事實根據的，君主認為四方上下是有窮的嗎？」惠王回答說：「無窮。」戴晉人便接著說：「那麼君主既然知道宇宙是無窮的，再回看現在的這些國家，比起宇宙的無窮來，簡直算不得什麼了。」惠王點頭稱是。戴晉人又接著說：「在這些簡直算不得什麼的國家中，有一個國家名叫魏；後來這個魏國被秦所迫，遷都到梁，又稱為梁國。在梁國中有一位君主，這位君主現在正和蝸牛右角的蠻氏因意見不投而要興兵呢？」惠王被戴晉人這番妙喻，說得啞口無言。梁齊兩國正像蝸牛的兩角，與宇宙的無窮大比起來，實在太小了；還要意氣用事，真是自不量力。惠王非常感動，便不再興兵攻齊了。戴晉人這番妙喻，就是惠施傳授給他的。虧得惠施的聰明絕頂，想出這種充滿了諷刺，而又令人恍然大悟的人間至喻！

由這段故事，可知惠施的立場是聯合齊楚，與秦保持均勢。這與當時魏國的縱橫家張儀的主張，恰恰相反。張儀主張連橫，要聯合秦韓兩國以攻齊楚。因此惠施便是張儀的政敵。後來張儀終於製造了四個罪名，把他逐出魏，他逃亡到楚國，楚懷王又把他送回到宋國。

他在政治上雖然失敗，但在學術上的地位卻相當高。他以博學善辯名聞一時。在魏國時，他便極有號召力。有一次孟子的弟子匡章，在惠王面前排斥他說：「農夫為什麼要撲滅蝗蟲？那是因為蝗蟲有害於農作物。現在惠施的門下，有幾百人乘車，有幾百人步隨，這些人物都是不耕而食的寄生物，與蝗蟲又有什麼差別？」惠王非常欣賞惠施的口才，因此便把惠施叫來，聽他的自辯。惠施便用喻言來反駁匡章的非難，他說：「以築城為例，有的人在城上建造，有的人在城下搬土，有的人卻拿著設計表觀察。我惠施，就是那個拿著設計表的人啊！如果工女變成絲，她就不能織絲；大匠變成木頭，他就不能製木器；同樣聖人要是都跟農夫並耕，他就沒有空暇治理農夫，我所以不作農夫，就是因為我要治理農夫啊！你怎麼居然把我比作蝗蟲呢？」惠施這段話，就是採用孟子批評許行的話，當然匡章是無言以對了。至於惠王，卻適意極了，否則惠王豈不是也變成蝗蟲了嗎？

由這段強辯，我們非但看出惠施在當時聲勢之盛，同時也欣賞到他辯論的巧妙。他除了用對方的例子來替自己辯護，使得對方沒有反駁的餘地，而且最喜歡用譬喻。他隨時隨地都利用譬喻把整個問題烘托出來。莊子的寓言，和他的譬喻，堪稱為思想史上的雙絕。因此有人故意在惠王面前為難他說：「惠施說話最喜歡用譬喻，君王如果限定他不准用譬喻，他一定連開口說話的本領都沒有了。」惠王覺得這個方法倒很有趣，第二天便對惠施說：「假如不用譬喻，你能夠直說嗎？」惠施聽了惠王的建議，便笑著說：「假定有一個人從來沒有見過彈弓。他如果問你彈弓究竟像什麼？你回答他彈弓就像彈弓，請問他能瞭解嗎？」惠王回答說：「不會瞭解。」惠施接著說：「那麼我們如果向他說明，彈弓的形狀是用竹張弦，彎彎的，現在他能瞭解嗎？」惠王笑著說：「可以瞭解啦！」於是惠施便反駁說：「說話的意義，就在於用已知的來表達未知的，使別人能從已知的去了解未知的。現在君王不准我用譬喻，就等於不談已知的，那麼話就無從說起了。」惠王聽了這番話，不禁頻頻點頭說：「說得對極了！對極了！」

其實惠施這番話早已用了譬喻。如果不以彈弓為譬喻，惠施真的無法開口。可是他卻能把這個譬喻用得了無痕跡，真令人心折不已。

他自楚國回到宋國以後，便致力於研究。他非常博學。每到一個地方去遊歷，所帶參考書就有五車之多。他非但與莊子常常辯論，他也跟儒墨楊朱一流人物有過舌戰。據說當時南方有一個名叫黃繚的異人，曾追根究底的問惠施：「為什麼天不掉下來，地不陷下去？為什麼自然界有風雨雷霆？」這些問題在當日的確是一個不可思議的問題。連超人的莊子尚且認為自然界的一切變化，聖人只依照著去做，而不敢探研。我們的惠施，卻應對如流，上窮碧落下黃泉，把整個大自然的秘密，和運行的消息，說得頭頭是道。雖然以我們今日科學的眼光看來，他的說法也許離事實很遠；但在當時，他的無所不知卻使得那位不服氣的異人，不得不佩服他的博學了。

可惜他的著作都已失傳，今天我們還能窺見他學說的一鱗半爪，乃是由於《莊子・天下篇》中記載的「歷物十事」。所謂歷物，就是觀察事物的意思。從他對這十物的分析中，我們尚能看出他思想的輪廓。

為了把握這十事的思想線索，我們首先列一個簡表如下：

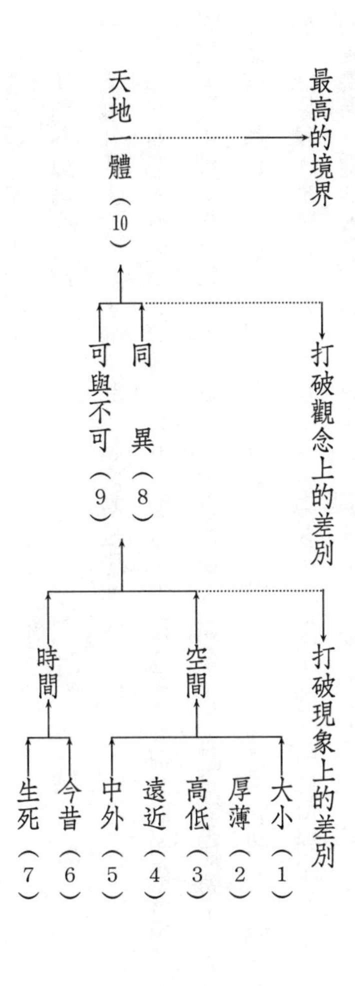

我們先看看他如何打破空間上的差別現象：

1至大無外，謂之大一；至小無內，謂之小一。

2無厚不可積也，其大千里。

3天與地卑，山與澤平。

4南方無窮而有窮。

5我知天下之中央，燕之北，越之南是也。

在空間上，有大小、厚薄、高低、遠近、中外等差別。但我們如果透過這種表面的差別，去看看本質，卻是相同的。「至大無外」就是無窮大。「至小無內」就是無窮小。雖然有大小的不同，可是它們都是一個無窮。因此在「無窮」這一點上，它們卻是相同的。又如「無厚」是至薄。薄到不能累積，那就是一個面。然而面的廣度卻是無限大的。所以薄雖是小，小到「至小」，卻又能轉變為另一種最大了。如果我們再進一步站在一個無窮大的境界上，來看看現象的差別，發現那些差別都是不成其為差別的。天地和山澤，雖然有高低的不同；但在幾千里的高空看起來，它們都是同一個平面。燕北和越南在地理上的距離雖然很遠，但在宇宙的空間上看起來，它們都合成了一點。在我們的生活上，到南方的旅程是走不完的，但比起日月星辰的軌道來，我們的南方，卻是一段極有限的距離罷了。惠施就是用這種方法來打破空間上的差別。現在我們再看他如何打破時間上的差別：

6今日適越而昔來。

7日方中方睨，物方生方死。

在時間上，我們感覺到過去和未來，因此有生和死的差別。我們的錯覺乃是把時間當作空間，把過去和未來硬性的劃分開來，而變成了前和後。事實上時間是一條長流，沒有前後的分別；生和死都只是時間之流上的兩個流動的質點罷了。今天我們動身到越國去，到了越國後，我們動身的那天已變成昔日的事了。太陽剛剛還是日正當中，當我們說完這句話，再擡頭時，已是向西微斜。「今日殘花昨日開」，剛才盛開著的花朵，轉瞬間，便已凋謝。這種種的現象對於時間之流來說，都只是一閃一現罷了。

惠施打破了這種時間上差別的現象後，覺得這一切現象之所以有差別，乃是由於人們觀念本身上有差別，因此他進一步要打破觀念上的差別：

8大同而與小同異，此之謂小同異；萬物畢同畢異，此之謂大同異。

9連環可解也。

在我們的觀念上，往往執著同異的分別，把彼此分隔開來；事實上，同中有異，異中有同，只是要看你從那一個觀點來立論罷了。譬如你和我是相異的；但我們都是中國人，在這點上又相同了。雖然同是葉子，但天下卻沒有兩片絕對相同的葉子，因此在同中又有異了。要打破這個同異的觀念，正像解連環一樣。照常識說，連環銜接住，是不可解的。可是我們從另一個角度來看，每一個連環都貫串在空處，並沒有熔結在一起；既然不相連，當然是可解的了。一個常識上不可解的連環，我們能在觀念上，把它解開；同樣，在現象上一切的差別，我們都可以使它們相同，而達到天地一體的境界。

10 汜愛萬物，天地一體也。

這一種天地一體的境界，就是前面歷物九事的結論，正是惠施思想的重心。他在前九條中，都是努力於打破這種現象上和觀念上的差別相，所謂大小、厚薄、高低、遠近、中外、今昔、生死、同異、可與不可等，都是我們肉眼的觀察，和主觀的成見，都只是從一個表面的角度來看事物；如果我們用最客觀的態度來看萬事萬物，便覺得它們都是相同、相通的。人生的道理正是如此。如果我們都局限在自己的生活圈內，顧影自憐，孤芳獨賞，只斤斤計較於個人的得失，我們便永遠無法了解別人，同情別人。相反的我們如果拆掉了人我的樊籬，我愛人人，人人愛我，大家便能和洽的生活在一起，再也不會有你我的差別，這才達到了「四海之內皆兄弟也」的境界。

在名家中惠施的思想是比較深刻的。雖然這些意見都是從斷簡殘篇中得來的，但我們尚能把握得住他的論點。尤其他從觀念上的差別問題，歸結到「汜愛萬物」；這是從抽象回到人生實際，而發揮了他愛人愛世的精神。這總還算是有益於世道人心的。可是到了公孫龍一派人手中，卻漸漸由荒謬、蕪雜，而完全變成詭辯了。

四

公孫龍，姓公孫，名龍，趙國（今河北省南，山西省東之地）人。起初在趙國公子平原君的門下做食客。平原君很喜歡他的口才，非常禮重他。後來齊國派鄒衍經過趙國的時候，平原君向鄒衍提起公孫龍，試探鄒衍對他的看法。那知鄒衍毫不客氣的批評公孫龍說：「像公孫龍這類人實在不值得禮重。因為真正有價值的辯論，必須把握幾個原則：首先要分清名詞的意義，使它們不致被誤用；其次要區別萬物的異同，使它們不致互相混淆；最後要宣明真理，使別人聽了不再迷惑。辯勝的人，固然已把握真理；而辯輸的人，也達到追求真理的目的。否則單憑口舌的鋒利，故弄玄虛，歪曲事實；這樣反而有害於闡明真理了。」平原君聽了鄒衍的批評，覺得公孫龍雖然口才好，卻真有點詭辯，因此便不再禮重公孫龍了。

後來公孫龍又與魏國公子牟結交，非常親密。當時有一位樂正子輿譏笑的說：「公孫龍這個人啊！既沒有老師，又沒有朋友，到處流浪，而且喜歡用標新立異的謬論來引誘別人。」可是公子牟也是公孫龍一類型的人物。同氣相求，所以仍然非常重視公孫龍，於是他的名聲便甚囂塵上了。

他最出名的辯論就是「白馬非馬論」和「堅白論」。曾經有一位孔子的後代名叫孔穿的，在平原君家碰到公孫龍，便對他說：「我在魯國時，早已聽到公孫先生的大名。對於先生的才智過人，非常欽佩，願意拜在先生的門下。只是我對先生的白馬非馬論，不甚贊同。如果先生不再發表白馬非馬的理論，我就立刻拜先生為師。」公孫龍聽了這半含諷刺的話，不大高興的說：「你的話錯了。我公孫龍的成名，就在於白馬非馬。現在你叫我不談白馬非馬，試問我還有什麼精彩的東西傳授給別人？而且你要向我學習，卻先教訓起我來了，未免有點反常吧！」

由這段故事，可見「白馬非馬論」是公孫龍最得意的傑作；然而這只是他學說的一端。相傳他曾著有《公孫龍子》一書，其中有十四篇論文。但現在只剩下了五篇。〈白馬論〉和〈堅白論〉便是其中的兩篇。

1. **白馬非馬：**

白馬為什麼不是馬呢？他認為「馬」是指的一種形體，「白」是指的一種顏色；「白馬」是在形體上加了顏色的類別，已和原來的形體不同。如果你要一匹馬，別人可以牽給你黃馬、黑馬，以及任何顏色的馬。可是你指定要白馬，別人便不能把黃馬、黑馬牽給你了，所以白馬非馬。

公孫龍這種論調就是邏輯上所說的：部分不等於全部。馬是指所有的馬，而白馬只是馬中的一部分，所以白馬不等於馬。但這是就兩個概念的範圍來說的。我們普通說：「白馬是馬」，乃是用馬來形容「白馬」，表明白馬是一種馬。而我們說「白馬非馬」，是用「非馬」來指明白馬可能是其他種類的動物，但絕不是「馬」，顯然這句話是矛盾的。公孫龍就利用這個矛盾的標題，使人感覺驚奇，引起別人探討的興趣。而他所解釋的，卻跟標題完全無關，不是「白馬不是馬」，而是

「白馬不等於馬」。因此大家聽他的解釋覺得頗有道理，而看看標題又是不倫不類，令人無法接受，這就是他善於詭辯的地方。揭穿了，就是那麼一回事。

2. 離堅白：

這兒有一塊「堅白石」，是由三個概念構成。就是觸覺的「堅」，視覺的「白」，和實體的「石」。而印在我們的意識上卻是一個東西——一塊堅硬的白色石頭。但公孫龍卻認為是兩個東西，就是堅石和白石。因為我們張眼看的時候只看到白石，而感受不到堅；我們用手摸的時候才發現是堅石，可是卻失去了白的感覺。因為視覺和觸覺不能同時呈現在我們的腦海中，堅和白是分離的；所以我們只能得到堅石和白石的概念，而得不到「堅白石」的概念。

公孫龍這套說法就是把堅和白分割開來，事實上他忘了堅和白同時潛存在石頭當中，並不因為我們不看、不摸，它便不存在。而且我們的意識是連接的，雖然前一秒看到白石，後一秒摸到堅石；但在我們的意識流中，卻是統一的。

在當時的論壇上有所謂「合同異」和「離堅白」兩派。惠施是前派的代表；公孫龍就是後派的代表。他們兩人的思維方法剛好相反，惠施在異中求同，他舉出了許多常識上極差異的概念，儘量使它們相同。所謂「自其同者視之，萬物皆一也。」而公孫龍卻在同中求異，他舉出了許多感覺上極相同的概念，儘量使它們歧異。所謂「自其異者視之，肝膽楚越也」。

五

這時另有許多辯者，混雜了惠施和公孫龍的學說，呈現了極濃的詭辯色彩。他們都不見經傳，但他們辯論的資料卻被零星的記載下來。據《莊子．天下篇》的記載，共有二十一條。這二十一條都是些奇奇怪怪、聳人聽聞的。我們姑且舉兩條為例：

1. **飛鳥之影未嘗動也。**

飛鳥的影子在我們的視覺上雖然是動的；但它本身在單位時間內卻是靜的。

2. **一尺之棰，日取其半，萬世不竭。**

一尺的木棒，每次折一半，繼續下去，永遠折不完。因為無論折得如何細小，最後總剩下未折完的一半。

這兩條，前一條只就空間來說，而把時間拋棄不顧。其實談到任何運動，必須涉及時間的變動，否則根本不成其為運動。第二條是專就觀念上來假設，事實上，一尺的木棒，這是一個有限的距離，豈能由無限的線段組成。同時這也僅是一個假設，因為我們永遠無法作這樣的證明。

前兩條雖為犯了錯誤，但還能說得出部分的道理，可是其他的十九條，完全是詭辯了。例如：「卵有毛」、「雞三足」、「火不熱」、「輪不輾地」、「龜長於蛇」等等，真是匪夷所思，無奇不有。他們所以如此，為的是聳人聽聞，引起人們的注意。這固然可以很快的出名，風靡一世；但在另一方面所帶來的損失，卻也不可計量。平心而論，他們這些論題並非全屬欺人之談，其中實包含許多深刻的邏輯研究和許多精微的概念分析；假如他們不故作驚人之談，而肯平平實實作有系統有步驟的研究，那不僅會奠立了邏輯學的基礎；並且會吸引很多好學深思之士繼續發展，而使中國哲學的領域內開出燦爛的邏輯花朵。不幸他們無此高見，專走小路，拿些奇言異語眩人耳目。雖然收了一些急功近利；但卻使人只注意到詭奇怪異的一面，而忽略了裡面的學術價值。因此大家對他們這些論辯的觀感不過是覺得好玩而已，甚至覺得只是些惑亂是非的詭辯。在這種觀感下，沒有人對於他們和他們研究的那套東西，予以應有的重視。因此影響所及，這一套學問便成了絕學；而使得中國哲學始終缺乏邏輯的研究，這不僅是辯者們的不幸，也是中國哲學上的一大損失。

第十一章 尊經崇儒的功臣——董仲舒

一

春秋戰國時期是中國思想上最輝煌的一頁，雖然只有短短幾百年的歷史，卻左右了中國二千多年的文化。這時期的思想家，無論在深度、廣度，以及對後世的影響方面，都是首屈一指的；他們不僅是思想的前驅，而且是思潮的主流。他們思想的活潑、奔放、充滿了生氣；這在整個人類歷史上，也只有古代的希臘哲人差可相比。

然而不幸這一頁的結尾卻是一個悲劇，這個悲劇的導演就是鼎鼎有名的李斯。

因為那時秦國剛剛併吞了六國，成為歷史上空前的大帝國，所有各國的人才都集中在始皇的手下。當時朝廷裡有七十多位著名的學者，叫做博士。他們時常為了某些問題，互相的爭辯著。有一次某博士奉承始皇，做了一篇歌功頌德的文章，始皇讀了非常高興；可是另一位博士卻責備這位博士的阿諛，並提出對郡縣制的批評。始皇把他的意見拿去請教李斯，李斯便寫了一篇奏章，其中這樣的說：

「古代的時候，天下大亂，不能統一。所以諸侯角逐，大家都引用古代的學說，來批評朝政。現在君王統治世界，應該辨清黑白，而定於一尊。尤其那些私學，專門與政令作對，到處造謗，到處巷議，如不予以禁止，讓他成群結黨，便足以威脅君權了。因此我主張把那些文學詩書、諸子百家的學說一律廢除；令下三十天以後，如果還沒有實行的話，便以黥刑治罪，或作四年的苦工。至於醫藥、卜筮、種樹等書，可以保存。但要學的人，必須以吏為師，不得私自傳授。」

始皇看了這篇奏章後，便輕輕的在奏章上批了一個「可」字。在始皇和李斯的心中，未嘗不以為作得非常乾淨俐落。因為自此以後，再也沒有「處士橫議」，而暴君和苛吏便可以任作任為了。

那料這個「可」字，已決定了秦朝的命運；同時也給中國文化帶來了千古的浩劫。

因為這支思想的長流，發展到這兒，突然的靜止了下來。再也沒有周遊列國的傳道者，再也沒有議論縱橫的稷下先生，再也沒有標新立異的詭辯大家，再也沒有不遠千里而來的政治家。縱使有幾位愛書如命的學者，冒險的藏了幾部書；也不敢偷偷的閱讀，只是放在石壁內，給蠹蟲做巢。這真可謂思想上的休眠時期。

政治沒有學術思想為背景是貧乏的。尤其像秦朝這樣一個新興的大帝國，失去了思想的維繫，失去了讀書人的支持，只是一個外強中乾的虛架罷了；所以它的壽命也只有十五年。

接著便是楚漢之爭，烽火漫天，武夫角逐，更使得讀書人無以安身立命。民間偷藏的書籍也都流離失所，加以楚霸王的一炬，使秦朝國立圖書館中的藏書，完全成為灰燼；古代文化的遺產慘遭兵禍，蕩然無存。

後來劉邦統治大局，政治才稍微安定。無奈劉邦是一個標準的流氓兼武夫，根本不懂什麼叫做學術思想；而且故意和儒生過不去，拿著儒冠來撒尿。他的大臣陸賈好幾次在他面前引證詩書，他便破口大罵說：「老子在馬上打來的天下，還談什麼詩書？」當時豈止劉邦是個流氓，他的功臣們幾乎都是草包。每次朝廷上醉酒後，便原形畢露，拿著刀劍亂砍亂劈，高喊劉邦的小名。這時劉邦才覺得厭煩，便請教叔孫通商量對策。叔孫通勸他採用儒家的禮制，他便一再的皺眉說：「禮制麻煩嗎？如果採用的話，你該選些簡單的，尤其要考慮我是否能做到。」

在這樣的環境下，複雜的思想自然無法產生。尤其大戰之後，久亂思靜，百廢待興。所以丞相蕭何只是承襲秦代的律法，並無多大更改；甚至連「挾書令」也沒有廢除。直到惠帝四年（西元前一九一年），才正式廢除挾書令，下詔徵求天下遺書，儒家的博士也逐漸增加。但這時國家的元氣尚未恢復，只宜於保守的黃老政治。繼任的丞相曹參，完全步蕭何的遺規，整天飲酒，不談改革。到了文帝時，君臣上下更是醉心黃老。文帝是個保守的君主，他的皇后竇氏對黃老特別偏愛。有一次她向一位儒生問起《老子》一書，那位不知好歹的儒生批評了一句；竟惹得她大發雷霆，處罰那位儒生到獸圈內打野豬。她非常尊敬黃老的學者，曾供養一位深通黃老的處士王生，在某次的公卿大會上，這位王生居然把襪帶解了，命令當時的最高執法官張釋之替他結襪，那料張釋之居然畢恭畢敬的替他結襪。事後這位王生卻說：「我已經年老，自知幫不了張釋之的忙；

現在他是當代的名臣，我所以要他結襪，只是藉此器重他罷了。」這個故事發生在景帝時期，這時竇氏已做了太后，而黃老思想仍然非常風行；一般人醉心的程度，簡直是近乎瘋狂。

由於這段文景之治的休養生息，被戰爭癱瘓的漢初終於恢復了元氣。破壞的城市逐漸繁榮了，凋敝的商業逐漸興隆了，荒廢的田疇逐漸被開發，而人畜也逐漸的增加。這時已是泱泱的大國，不再是保守的文景所能應付，不再是消極的黃老政治所能適應。這時需要一位雄才大略的君主，更需要一種積極的政治原理。

這位雄才大略的君主就是漢武帝，他面臨著歷史上空前的大帝國，希望創造一番空前的大事業。因此在他即位的次年，便詔令全國的丞相、御史大夫、諸侯王相等推舉「賢良方正，直言極諫之士」來朝廷應試。武帝此舉，一方面為了搜羅一些經國的人才；一方面希望獲得一種擴展帝國的政策。在這次的徵舉中，果然出了一位當時的大儒，獻上了一篇有名的〈天人三策〉。在結論中，他特別強調說：

「春秋大一統，這是天經地義的事。但現在大家都標新立異，都學習旁門左道。使得一切學術沒有共同的旨趣、共同的目標，因此國家便不能統一學術。法制也一變再變，使得遵守的人不知所從。所以我提議凡是一切不在儒家六藝之內，不是孔子的學說，都必須予以禁止，使它們不能一齊發展。如果這些邪說銷聲匿跡，學術政治自然可以統一，法制於是彰明，人民便有所遵從了。」

武帝看了這篇對策後，也輕輕的在對策上批了一個「可」字。

始皇和武帝都是野心勃勃的君主，在他們眼中，這兩篇奏章都有相同的作用。他們批下了這個「可」字，都有相同的目的。事實上，這兩篇奏章在字面上雖然大同小異，可是它們的方法、作用和意義卻完全不同。因此這前後兩個「可」字對中國文化卻產生完全不同的影響。一個是毀滅的；一個卻是創造的。

然而所以有此不同，乃是因為前者出自一個陰險苛吏的手筆；後者卻是一代大儒的思想。

這位大儒就是尊經崇儒的功臣——董仲舒。

二

董仲舒是廣川縣（今河北省棗強縣）人，大約生於漢高祖的晚年，在漢景帝時，已做了博士。他從小便研究《春秋》，而且是以《春秋》聞名，贏得博士的頭銜。他的苦學，早已傳為士林的佳話，據說他在書房內研究，三年不進花園。他雖然招授學生，但自己卻坐在書房內，讓學生們在簾幕外面聽講。他的學生們，學歷久的教授學歷淺的，依次相授；所以有的學生，雖然出自他的門下，卻未曾見過老師的廬山真面目。

他不僅是位勤勉的學者，而且非常注重身體力行。他的一舉一動，一言一笑，都是合乎儒家的禮節。所以和他同一輩分的學者，都像對待老師一樣的尊敬他。

他在武帝還未策問賢良以前，已是德高望重；而那次的〈天人三策〉又正合武帝的心意，因此武帝便立刻封他為江都王的輔相。

不幸江都王劉非是武帝的異母兄，為人驕佚無禮，好鬥逞強。但董仲舒卻以德感人，不厭其煩的規諫，也頗得江都王的敬重。不過江都王常有稱霸的野心，有一次故意問董仲舒說：「越王句踐與大夫泄庸、文種、范蠡三人共謀伐吳，結果滅掉了吳國。以前孔子曾稱讚殷朝有三位仁人（指微子、箕子、比干三人），現在我也認為越國有三位仁人。以前齊桓公求教於管仲，現在我也向你請教。」言下之意，就是希望董仲舒像管仲及越國的三位大夫一樣，傳授富國強兵的方法。董仲舒卻回答說：「我很愚昧無知，不能答覆這樣重要的問題。我聽說以前魯君曾問大夫柳下惠是否可以攻打齊國，柳下惠當面回答不可，回家後便鬱鬱不樂的歎著說：『古代有一句話：攻城奪地的事不該請教仁人。現在我卻不幸被魯君問起這些事來，唉，我真不配做仁人了。』柳下惠只是被問，猶且感覺羞辱；何況像越國三位大夫攻打吳國呢？因此我認為越國沒有一個仁人。」董仲舒這番話非常含蓄，也非常鋒利，江都王希望他變作管仲，他卻自比於柳下惠；他用柳下惠羞談攻國的故事，告訴江都王他不是替君主作戰略顧問一流的人物。接著他又大論王霸問題，他說：「孔子的門下，五尺的小孩，尚且不願談起五伯的事（指齊桓、晉文、秦穆、宋襄、楚莊等五霸），這是因為五伯先講霸道，然後講仁義。他們都是講詐術的，實為君子所不齒。不過五伯比起三王來（指夏禹、商湯、周文王）雖然微不足道，但比起現今一般放縱的諸侯來，可就賢明得多了。」董仲舒這番話就是引證孟子的見解，直說得江都王面紅耳赤，點頭稱是。

董仲舒一方面在政治上宣揚王道；另一方面卻從事於新思潮研究。因為自鄒衍談天說地以來，陰陽家的學說已風靡了整個漢代，董仲舒也被捲進了這股熱潮。他研究《春秋》，最喜歡把《春秋》中許多災異事件，加上陰陽五行的道理。據說他曾運用這套學說來求雨止雨，都能從心所願。這當然有點誇張，但他喜歡用因緣迷信的方法來解釋歷史人事，卻是事實。

後來他轉任中大夫，在家中寫了一本《災異記》，其中解釋在賢良對策前一年，遼東高廟及長陵園殿失火的意義。他本預備把這本書奏上去的，但還只寫了個草稿，而且有許多不妥的地方尚須修正，所以一直沒有呈上。這時正巧他的一位同事主父偃來他家拜訪，偷看了這本書；主父偃素來妒忌董仲舒的才能，便把這本書偷去奏給武帝，並挑撥了一番。武帝於是召集一班儒生，徵求他們對該書的意見。當時董仲舒的一個學生名叫呂步舒的，不知道這書的作者就是他的老師；把這書批評得毫無價值，認為只有下愚才會寫出這樣荒唐的東西。因此武帝便把董仲舒交給法庭審判，那料法庭居然判董仲舒死罪；武帝終於顧念董仲舒的聲望和成就，特赦了他。從此以後，董仲舒便絕口不談災異的事情了。

在當時，公孫弘也是研究《春秋》的，他的學問雖然不如董仲舒；可是善於巧言令色，懂得投機取巧，反而做到了公卿。董仲舒看不慣這種作為，曾批評他迎合人意，沒有儒者的風度。所以公孫弘非常痛恨董仲舒。在此妒意加上了恨意，便蓄意待機陷害董仲舒。那時漢武帝另外有一個異母兄膠西王，此人生性兇殘，屢次殺害朝廷派到膠西的輔相。凡是這些輔相只依照朝廷的指示，而不遷就他的話；他便吹毛求疵、向朝廷挑撥，或者乾脆用詐，毒死他們。因此誰都不願到他手下做事。公孫弘便利用這個機會，在武帝面前挑撥，認為董仲舒非常有才幹，足以制止膠西王的暴行。於是武帝便派董仲舒擔任這個危險的差事。可是出乎公孫弘的意料，這位縱恣不法的膠西王，對於賢明正直的董仲舒，卻是非常的服貼，非常的信任。不過董仲舒瞭解膠西王這人性情反覆無常，不可久處，因此過了一段時間，也就稱病辭職。

自此以後，董仲舒已厭倦了政治上的鉤心鬥角，便家居不出，也不理家中的產業，整天躲在書房內，研究著述。但朝廷仍然忘不了他，凡是有國家大事要商討的時候，便派一位使者，通常都是廷尉張湯，到他家中去請教。他所回答的，也都是依據經義，從不標新立異。

董仲舒這樣好學不倦，在家中潛心研究，渡過了餘年，在他逝世時，已是武帝的晚年了。

三

董仲舒的思想可分為兩方面：一方面是他承接了儒家的傳統精神；一方面是他用陰陽的學說來解釋人事。

他的那本險些使他送命的《災異記》，為什麼寫成以後不敢公開？為什麼主父偃看了以後要把它奏給武帝？為什麼法庭要判他那麼嚴重的刑罰？顯然這不是一本普通談災論異的書，而是對朝政有著強烈的批評。不幸這本書已經失傳，我們也沒法看到它的內幕。現在只留下那部著名的《春秋繁露》，這是他研究幾十年《春秋》的心血結晶。從這部書中，我們可以看出他不是純粹的談災論異；而是另有一番仁者的苦心。

以前許多學者研究《春秋》，都只注意到名物訓詁，都把它當作史料來考證；雖然有時也會讚美幾句「一字之褒，一字之貶」，但也僅是知其然，不知其所以然。而董仲舒卻從另一個角度來看《春秋》，在他眼中的《春秋》，不是「斷爛朝報」，也不只是孔子的筆誅；而是一部和《易經》有同樣性質的作品，書中充滿了天人的奧秘關係，充滿了人事的因果關係，是一部指導政治人生的哲學著作。

他也深知孔子寫《春秋》的作用在於「寓褒貶」，使得亂臣賊子有所戒懼。然而自孔子寫了《春秋》以後，亂臣賊子仍然是我行我素；而且《春秋》只是記載春秋的事，即使能制裁當時的亂臣賊子，但對於今日的亂臣賊子，未必能產生褒貶的效果。因為單靠《春秋》的幾條史料，是沒有制裁的力量。必須把這些史料加以活用，才能發揮《春秋》的精神。因此他立志研究《春秋》，用因果災異的方法解釋其中的奧妙，使《春秋》的精神復活，仍然能夠支配今日的政治。他在奏上〈天人三策〉時，便開宗明義的說出了他的抱負，他說：

「我研究《春秋》中的許多行事，覺得天人之間，非常可畏。國家如果將要滅亡，上天必定先以災害來提醒他們。如果他們不知自悟，上天便產生許多怪異來驚懼他們。如果他們仍然不肯改過，那末只有自取滅亡了。由這一點，可見上天的愛心，是為了拯救人類，使他們不致趨於亂亡啊！」

上天為什麼有愛心？為什麼要管人間的閒事呢？這點便是天人之際的奧妙關係。他認為天人本是一體的，是一個模子裡塑造出來的。人就是一個小型的天，人身上有三百六十六根小骨節，等於一年的日數，有十二根大骨節，等於十二個月份；有五臟，它們的作用像五行；有四肢，它們的任務配合四時；眼睛的一開一閉，正像晝夜的替換；而人的感情有喜怒哀樂，正象徵了春天的愉快，秋天的蕭瑟，冬天的悲哀，夏天的歡樂。可見我們身體的組織和心靈的活動，都配合了天的運行。也許是上天以他的作用造人，這樣一來，人的活動自然與天戚戚相關了。

天人既然相關，天高高在上，便可以支配人的活動。人群當中，德行可以配天地，上天便派他為君主。究竟如何派法？他在對策中引證《書經》的故事，據說周武王曾受過天的命符，武王在船上，有魚跳進了他的船內。武王坐在屋內，有火覆在他的屋上。這些便是武王接受天命的符兆。既然君主是由上天委命的，那麼君主的施政便得模倣天行。天的數目有三（如天地人為三才，日月星為三光），有四（如春夏秋冬），有十（天地陰陽金木水火土人合成十數），有十二（如十二月）。所以政府應設三公，每一公下設三卿，每一卿下設三大夫，每一大夫下設三士。而這些公卿大夫士分為四級。董仲舒不憚其煩的這樣分配下去，顯然他這種附會是毫無價值的，這完全是他受當時陰陽學說的影響。

但他在另一面仍然把握住儒家的精神。他認為天雖然可以降災賜福，而天的作用卻是透過人事的。他在〈天人三策〉中說明了這個關係。他說：

「孔子曾說：德不孤，必有鄰。這是由於積善修德的功效啊！後世的君主驕佚淫樂，不能治理國家；於是諸侯背叛，殘害人民，大家都爭土地，廢德教，而亂刑罰。刑罰一亂，便生邪氣，邪氣積於下，怨惡形於上，上下不和，陰陽失錯；於是妖孽便產生了，這就是災異的原因啊！」

由他這番推論，可見災異不是上天憑空而降的，完全是人們自己造成的。他雖然一連串的用了邪氣、陰陽不和、妖孽災異等名詞，而這些名詞都是象徵性的。說得具體一點，邪氣便是犯罪的動機；陰陽失錯便是秩序倫常的顛倒；妖孽災異就是一切社會的病態。他認為君臣父子夫婦都是陰陽的道理。君是陽，臣是陰；父是陽，子是陰；夫是陽，婦是陰。這兩方面如果都能盡他們的本分，互相合作，便是陰陽和諧。相反的，君不像君，臣不像臣；父不慈，子不孝；夫不盡夫責，婦不守婦道。便是陰陽失錯，一切的禍亂也就隨著而產生了。

董仲舒能從談天中又回到人事，發揮儒家的精神；因此他雖然感染了陰陽學說，但始終沒有落入陰陽的漩渦，而成為一代儒宗。所以漢人都公推他「為群儒首」。事實上，他的確可稱為漢儒的代表，因為漢儒和先秦的儒家有個極大的不同，先秦儒家都只談人事，對於天，卻是「敬鬼神而遠之」。因此無論是孔子、孟子和荀子，在他們的著作中，很少有神秘的色彩；但漢儒卻踏入了神秘的境界，喜歡作抽象的思索，這是儒家受陰陽學說影響後的反應，也是漢儒的特色。董仲舒的思想便表現了這種色彩。

四

董仲舒偉大的成就，值得我們大書特書的，倒不是那部充滿了異彩的《春秋繁露》；而是他的為儒家而奮鬥，完成了「罷黜百家，獨尊儒術」的使命。在思想的爭霸戰上打了一次決定性的勝仗。

依據戰國思想的發展趨勢看來，百家的爭鳴，是逐漸的趨於統一。孟子和荀子早已看到了這點，所以他們大聲呼籲，希望力爭儒家為主流。韓非也看清這點，因此也努力使法家統一學術。李斯是荀子的學生，是韓非的同學，而且又是大帝國的丞相；所以不惜採取任何手段，要達到這個目的。他的手段成功了，但他的事業卻失敗了。因此統一學術的神聖使命，還要延到百年後，在董仲舒的手中才大功告成。

為什麼李斯是失敗的，董仲舒卻是成功的？因為李斯畢竟是一個政客，而不是思想家。他雖然從荀子、韓非的思想中，知道學術的分歧，是國家統一的障礙，但他的方法卻錯誤了。他把消滅學術，當作統一學術。他忽略了荀子是希望以儒家統一學術，韓非是努力以法家（法家思想）統一學術。唯有以思想代思想，唯有以更高的思想才能統一低一層的思想。但李斯卻是用苛吏的手法來摧殘思想，所以造成了焚書坑儒的悲劇；斷送了秦代的命運，也斷送了自己的生命。

董仲舒畢竟是一個了不起的思想家，他雖然和李斯一樣感受到雜說紛紜的可怕，一樣感受到統一的帝國必須有統一的法令。但他更深一層的認識到僅注意於法令的統一，並不能使帝國真正的統一。唯有精神上的統一，才是統一帝國的基礎。

但要統一精神，就必須統一學術。所謂統一學術並非摧殘所有的學術，而是選擇一種思想為主流，以統御其他的思想。使得國家的學術有個重心，使得一切的學術，殊途而同歸。

因此這種作為主流的思想必須是健全的、正大的，而且是積極的。一方面能夠指導政治，一方面能夠改善人生，同時必須兼容其他學說的優點。這樣的思想如何選擇？墨家偏於功利，不夠寬大；道家過分消極，不足有為；法家刻薄寡恩，不能維繫人心。至於其他百家的學說，也都只是一偏之見，沒有力量統一學術。因此只有儒家才能擔當這個重任。儒家不僅在思想的深度和廣度方面，可以作為一切思想的主流。同時在政治上，儒家是經過了無數次的試驗，有無數次卓著的成果。從三王，直到周公孔子，這代代政治家的苦心經營，已為中國文化開闢出一條光明的大道。所以董仲舒選擇了儒家，這是必然的；而儒家自此以後，永遠支配了中國的政治人生，也不是偶然的。

李斯的定於一尊，是始皇一人的獨尊；董仲舒的定於一尊，是儒家學術的獨尊。在李斯的作風下，一切的思想連根拔除，達到了愚民政策的目的；在董仲舒的原則下，百家之學仍然有機會生存，只是朝廷採用儒家的學術為標準，使全國人民有個精神的歸趨。由知識的集中，達到國家的統一。這是李斯和董仲舒的不同，也是他們所以一敗一成的主要原因。

然而董仲舒究竟如何的截斷眾流，發憤興起呢？而他所獨尊的儒學，所開創的儒風，究竟在整個儒家的思潮上，產生了怎樣的轉變呢？要瞭解這點，必須先瞭解儒家自孔子以後，便分為兩支：一支是孟子的儒學，把握儒家的精神；一支是荀子的儒學，偏重儒家的禮制。但孟子死後，他的弟子公孫丑、萬章等人不如老師那麼的才氣縱橫，因此把握不住，而為荀子一派所凌駕。荀子的弟子韓非、李斯都是當代的名人，於是荀學也就大行於秦漢。但他們都是偏重於禮法，忽略了精神。以至於使漢代的六經家法流於板滯，毫無活潑的氣象。董仲舒看清這點，瞭解這點，他深感時代所需要的，是能統一大局的儒學；而當今所獨尊的，更應是儒家的正統。雖然他沒有明言排荀崇孟，但在中興儒學的旨趣上，卻是以孟子自任的。

孟子所把握的儒家精神，就在「存心」兩字，表現出來就是所謂「義利之辨」。因為孟子主張性善，他的著眼點在於人的動機，而不在於事的結局。董仲舒深契於這種思想，透過了這種精神，他特別強調的說：

> 正其誼不謀其利，明其道不計其功。

他認為：一個儒者，面對任何事情，第一個念頭，必須是為了正義，為了仁道；最後的目的，也必須是為了正義，為了仁道。他只求義正道明，而不問功利得失。所以孔門的五尺童子，也羞談霸道；這是孔子的遺風，這是孟子的精神，這是儒家的血脈。

自董仲舒獨尊儒學，發揚正義明道的精神後，直到宋明的理學家們，無不以道統自居，無不以這種精神為儒者的風範。這是董仲舒功業上最輝煌的一面。但另一面卻不幸襲上了一層陰影；因為依照思想流變的公例，「墨守成規」容易，這是普通學者都能做到的；但「把握精神」卻不簡單，這必須是偉大的思想家才能承當。因此後代的儒者，除一二人外，多半承當不起「正其誼」、「明其道」的真精神，而卻把重心移到「不謀其利」、「不計其功」上面。於是便由積極的精神一變而為消極的態度，成了士大夫袖手空談心性的陋習；這種流弊只是後儒的誤解和曲解，豈能歸過於這位尊經崇儒的功臣？我們面對往聖先哲，只有自覺汗顏罷了。

第十二章　清談論道的名士——王弼（附：何晏）

一

儒學在兩漢，總算經董仲舒的推崇、漢武帝的寵幸，做了幾十年得君行道的美夢；但結局卻是春夢一場，留下了許多破碎的回憶和無限的空虛。

在這些破碎的回憶中，我們所能尋覓到兩漢思想的一鱗半爪，除董仲舒而外；僅《淮南》一書，王充一人而已。

董仲舒在兩漢思潮上，的確是個「前不見古人，後不見來者」的思想家。在他以前，都是些清靜無為的政治家，都是些在斷壁殘碑中掏尋古書的學者。在他以後，雖然儒學戴上了思想的桂冠，但五經博士也僅是替祿利開放門戶罷了。朝廷上除了一些專門歌功頌德的賦家外，便是一些抱著一本經書，作幾十萬言註解的博士先生。有名如劉向、揚雄等，一個只是在圖書館內編編目錄；一個也只知埋首模擬古書，苦心所得也僅能給後世「覆瓿」而已。

至於《淮南》一書，只是劉安手下的許多食客集體創作的。其中有老子的無為，孟子的性善，以及當時流行的陰陽學說，固然把整個西漢的思想包括無遺；可惜它本身缺乏獨創的見解，也僅是學術思想上的一盤「大雜燴」。

王充，雖然被稱為東漢末季的奇才；但他的才華只是表現於批評方面。他對孔孟的批判，對陰陽學說的攻擊，對俗世迷信的挑戰，足證他目光的銳利、膽識的過人。但他反面的文章多，正面的見解少；因此也只能被稱為「奇才」，他的書也只是一部「奇書」。

偌大一個大漢帝國，四百年間，思想上的成就僅是如此，未免令人失望。我們研究其中的原因，主要的是由於這些獨尊的儒家們，在秦火之後，走入了章句訓詁的死路，而忘了思想的開展。因此雖然兩漢學術的間架很大；但間架愈大，內部的空虛也愈多。

到了魏晉時期，不僅這個空前的大帝國被摔得四分五裂，而這個學術的間架也被撞得支離破碎；於是學術的空虛進入了人們的心中，便成為心靈的苦悶。

因為這時，在政治上是英雄的逐鹿，軍閥的割據。一連串的戰爭，一連串的政變，使得百姓家破人亡，妻離子散；生命的價值已如狂風拋絮，學者們自然無法安心著述。加以這些軍閥們，猜忌成性，任意破壞士風，更使得讀書人無以安身立命。先是曹操的摧殘蹂躪，他不僅濫用人才，而且妒忌人才，如孔融、許攸、楊修、崔琰等，最初都為他所激賞、所提拔，結果都逃不了一死。這種作風，不僅曹操如此；繼位的曹丕更是如此。後來司馬懿篡了位，司馬一家的誅求更甚。在這種情況下，有操守、講氣節的讀書人，自然沒有立足的餘地了。

所以由於兩漢思想的空虛，加上魏晉社會的離亂，和政治的殘酷，形成了一個苦悶的時代。在這個環境之下，既沒有人生積極追求的目標；又沒有讀書人負荷道統的尊嚴。精神自然流於消沉頹廢，而變為一種思潮的逆流，就是所謂魏晉的清談。

二

為了逃避政治，逃避人生，那些明哲保身，自求多福的讀書人們，便借清談以發洩他們內心的苦悶。他們當中，雖然有的是失意的政治家，有的是浪漫的騷人墨客；但也有的是崇尚虛無的道家，有的是悲天憫人的儒家；然而他們統統戴上了名士的面具，躲存在清談的彩色濃霧中。

他們有的在酒宴上侃侃而談，有的在竹林內品茗長談，有的在斗室內促膝而談。他們從魏明帝太和初年，一直談到隋朝滅陳為止（西元二二七——五八九），真是一次漫長的清談。

我們探源於清談的初期，本是一種哲理的討論。當時有所謂名理派，以傅嘏與荀粲的會談為創始。這一派的人物有劉邵、鍾會等。他們所談論的內容，遠承戰國的名學，近接魏世的人物論。他們所討論的主要問題，乃是分析才性的同異。他們都有一個共同的歸趨，就是偏向於老莊的玄理。這是清談的雛型，已孕育著清談思想發展的種子。

接著是何晏、王弼兩人開創的玄論派。在初期，名理派的聲勢很盛，何晏幾次三番想接交傅嘏，但都被傅嘏認為他是「敗德之人」而拒絕了。後來由於王弼的天才卓越，為傅嘏所賞識，也為鍾會所拜倒，玄論派才逐漸擡頭；終於超過了名理派，支配了一代的清談，這時可說是清談在思想上發展的最高峰了。

但自此以後，清談卻逐漸的變質，離開了哲學的討論，成為一種放蕩的名士作風；愈變愈為狂妄，以至不可收拾。這乃是因為清談本身缺乏一個中心觀念，名理派的不用說只是品評人物才性，並無高深的見解。至於玄論派的大師像何晏、王弼兩人，雖然努力於調和儒道兩家的思想；但並沒有為後來的玄談樹立一個積極的目標。再加以當時政治的慘酷，任意摧殘讀書人，逼得他們不敢討論嚴肅的問題，自然流於頹廢消極。他們整日的唇槍舌戰，而所爭的，卻是無聊的末節。這種風氣一開，便有曠達派的風靡一代。

從「曠達派」三字中，充分說明了清談已遠離哲學的討論，成為一種人生的態度。這一派的人物，魏時以阮籍（字嗣宗），嵇康（字叔夜）為代表；他們兩人和山濤、王戎、向秀、劉伶、阮咸五人，就是聞名的「竹林七賢」。

阮籍和嵇康，都是當代的名人，但為了逃避政治，他們便整天的躲在竹林內借酒消愁。據說有一次司馬昭為兒子炎（晉武帝）向阮籍的女兒論婚，阮籍便一醉六十天，使得司馬昭無從開口，可見酒是他的保護色。但酒並不能麻木他內心的痛苦，他時常駕著馬，任情的奔馳，每次跑到絕路時，便放聲大哭，可見他感情的激烈，內心的淒苦了。但他平時出言很謹慎，從來不批評別人，由於這點修養，他才得以「苟全性命於亂世」。至於嵇康便沒有阮籍這種處世的工夫。他恨世嫉俗，滿懷憤慨，常以白眼看人。據說有一次鍾會想和他結交，邀了許多名人去拜望他，那時他正在大樹下鍛鐵消遣，看到鍾會，睬也不睬。鍾會等得不耐煩，便要回去，這時，嵇康才冷淡的問：「你聽見了些什麼，才來到這兒；看到了些什麼，才離開這兒？」鍾會憤憤的說：「我聽到了我所聽到的才來，我看到了我所看到的才去。」自此鍾會便含恨在心，後來嵇康的朋友呂安犯了罪，鍾會便向司馬昭進讒；因為嵇康在答山濤的信中有：「每非湯武而薄周孔」一句話，認為含有譏諷的意味，便被誅而死。

這兩位曠達派的大師，一個佯狂而免於一死；一個憤慨而慘遭誅死。讀書人的命運如此，所以其他的曠達派都裝得瘋瘋癲癲，不近人情。如劉伶（七賢之一），每次吃醉了酒，便脫得精光，有人譏笑他，他卻毫不在乎的說：「我以天地為房屋，以房屋為衣褲，請問你們為什麼要鑽進我的褲襠內？」

這種曠達派的怪癖怪行一到了東晉，越發不可收拾，當時繼「七賢」之後，又有所謂「八達」，他們放蕩的情形，簡直失去了理性。譬如光逸脫了衣服，鑽進狗窩內大叫；謝鯤調戲鄰女，而被鄰女用梭打斷了門牙；畢卓身為吏部郎，醉了卻跑進別人家中偷酒而被縛。這種行為，實在有傷德教；但他們非但不以為恥，反而互相標榜，以為是名士作風。難怪當代玄論派的大師樂廣，看不慣這種行為，不禁歎著說：「名教中也自有它的樂趣，何必一定要放蕩如此呢？」

樂廣雖然站在玄論派的立場，批評曠達派的放蕩行為；但在當時，曠達派的病態，早已使玄論派中毒，整個社會人心，也完全被曠達派所癱瘓、所腐蝕。

在當時，最有名的談宗，是官拜司徒的王衍（號夷甫）。他醉心於老莊思想，崇拜何晏、王弼，擅長玄談，是玄論派的大師。但他的手下卻有不少的曠達派名士，謝鯤、光逸等「八達」，都和他往來很密。他不僅整日清談，不理朝政；而且以清談為號召，以清談來取士。有一位曠達派的阮脩，曾因一場清談，便為王衍賞識，授以官職。由於王衍這一提倡，整個朝野便都以清談為務，再也沒有人注意政事了。所以不久，便有永嘉大亂，王衍也就死在石勒的手中，他到臨死時，才深深的覺悟說：「如果我們以前不崇尚虛無的話，也不會有如此的下場了。」

後來東晉的桓溫路過淮泗時，與他的僚屬們共登平乘樓，眺望中原，不禁感慨的說：「所以使神州陸沉，百年來成為一片丘墟者，王夷甫諸人，實在不能推卸責任」；然而這又豈能完全歸罪於王衍諸人？事實上，所以使整個魏晉人心萎靡，綱紀蕩然者，不僅曠達派，所有的清談家們，都應負起這個責任的啊！

不過話又要說回來，儘管這些曠達派的行為失了常態，儘管這些名士們的清談誤了國事；但清談的動機，是為了逃避政治的迫害，清談的本質，原是為了探索哲學的玄理。所以縱使清談有這麼多的流弊；但我們決不能因噎廢食，一筆抹煞。因為在沙土中，仍然可以掏出許多寶貴的金子來。在一片清談的喧譁聲中，仍然有許多思想家，靜靜的播下了千古相傳的種子。

在這些播種的思想家中，貢獻最多，最令人難忘的，就是那位傑出的天才王弼了。

三

王弼字輔嗣，三國魏山陽高平（河南省境）人，他的思想非常敏銳，十餘歲時就喜歡研究《老子》；不僅善於理解，而且多所發明。那時研究《老子》最有權威的是何晏（字平叔，三國南陽宛人，今河南省境），是當時的吏部尚書。他不僅是政治上的紅人，而且是學術界的泰斗。他最喜歡清談，屋內賓朋經常滿座。這時王弼雖然小小年紀，眼界卻很高，他一個人居然敢跑去參加何晏的清談；何晏看他長得非常秀慧，便故意拿出自己在清談時的傑作來考考他，想不到這一小小年紀的王弼，居然應對如流，滔滔不絕的把何晏的理論批評了一番。而且說得頭頭是道，使滿座的人都嘖嘖稱奇，深佩不已。自此何晏對王弼更是另眼看待。後來讀王弼的《老子注》，不禁歎著說：「孔子說後生可畏，這話一點也不錯，像王弼這樣的人才，真可以和他討論天人之間最高深的哲理了。」

何晏和王弼雖然年齡相差很大，但他們常在一起清談，情感很好。那時黃門侍郎（官名）有缺，何晏有意提拔王弼，便介紹他去任職。不幸丁謐與何晏爭勢，先介紹王黎給曹爽，填補了王弼所要的空缺，於是王弼只得任補臺郎。在最初任職的時候，王弼便立刻去拜見曹爽，曹爽還以為他有什麼大事奏告，便屏退左右；那料王弼所談的，都是「玄之又玄」的道理，當然像曹爽之流是不善於玄談的，反而覺得王弼幼稚可笑。事實上王弼也太年輕，毫無政治上的實際經驗，所以曹爽根本沒有把他放在眼裡。後來王黎死了，曹爽卻以王沈代替，始終沒有任用王弼。

王弼非但沒有政治經驗，同時也缺乏人生經驗。他本來和王黎、荀融都是要好的朋友，自那次王黎佔去了他的侍郎的空缺後，便和王黎反目。後來又與荀融不睦，這都是由於他的處世經驗不夠，少年氣盛，往往恃才傲物。所以他常常因為喜歡誇耀自己，嘲笑別人，而結了不少的仇敵。

然而他畢竟是個天才，不僅善於玄理；而且深通音律，尤其喜歡投壺（古代飲酒時的遊戲，用矢投壺，輸者飲酒），喜歡游宴。但這些僅是他天才的外溢，他的成就卻在於玄思方面。他在二十歲時所寫的《老子注》，不僅使何晏歎服，不僅是當代的傑作；而且流傳千古，至今天，還沒有第二部《老子》的注解能夠勝過他的呢！

在當時清談的大師中，他與何晏，彷彿是兩座燈塔，相互輝映的照耀了整個清談的水面。但後來不幸何晏被司馬懿所殺，他雖然未被株連，卻因而免職。眼看到許多朋友們的橫遭慘禍，內心非常淒苦。在失望，痛苦的煎熬下，加以身體非常孱弱，又不善於保攝；就在那年秋天，染上癘疾，一病而亡。那時他還只有二十四歲，正是人生的開始呢！

他與何晏兩人有著相同的悲慘命運，也有著相同的思想路線；他們掙扎在相同的政治漩渦中，也相同的生存於儒道兩家思想的夾縫裡。

他們雖然酷愛老莊哲學，但也留戀於儒家的思想。他們希望把儒道思想加以調和、加以融合。

所以何晏一面注《論語》，一面注《老子》；王弼也一面注《老子》，一面注《周易》。但他們並沒有達到目的，因為他們雖然捧著儒家的經典，說的卻盡是道家的話語。

他們雖然崇拜老子，但也公認孔子為聖人。何晏認為老子與孔子的思想並無多大出入，王弼更強調老子與孔子的思想本體都是一樣的，只是他們所採取的方法不同罷了。

在當時儒道兩家思想的分水界就在「有」、「無」兩字，因為孔子的學說是注重人生實際的，是有為的，所以是談「有」的。儒家所談論的政治、倫理，都是為我們開闢了一條康莊大道，勸我們循著這條大道前進，所以孟子直截了當的說：所謂「義」，就是一條路。但老子的學說卻是注重那個看不見，摸不著，說不出的「道」，是無名的，無為的，所以是談「無」的。試看道家滿口所談的都是些「靜」啦、「樸」啦等抽象名詞，非但沒有為我們建築一條現成的路；相反的，卻告訴我們天下沒有一條固定的路。不過語意中暗示我們路是人走出來的，所以何晏認為「有」是勉強的說法，開了一條路就只有「一」條路的方向；不如說個「無」，讓人們自己去摸索。王弼更進一步認為聖人雖然體驗到「無」的境界，但不能用「無」來勸勉眾人；因為只有上智的人才知道路是自己走出來的，至於芸芸眾生，他們根本不知道如何去走，因此必須為他們開一條路，指導他們去走。所以孔子和老子根本的思想是相同的，只是老子告訴大家路是人走出來的；孔子卻苦心的為大家開一條路罷了。

由這些見解，可知何、王兩人的思想路線是相同的；但他們的風格和境界卻有高低。

他們曾經作過無數次的清談，其中最有名的一次是關於聖人是否有喜怒哀樂的情感。何晏以為聖人是逍遙自在，不被外界一切所干擾，因此沒有喜怒哀樂的情感。王弼卻提出異議，認為聖人在理智方面固然勝過常人；但在情感方面卻和常人一樣。外界對他的刺激，他不能沒有生理的反應，否則便形同木石了。但聖人雖然有喜怒哀樂的反應，卻能用理智調和這種反應，使他們內心不致失去平衡，喪失了寧靜。王弼這一說法的確比何晏高明，這乃是由於他們彼此風格境界的不同。

以當時清談家的評定：何晏清談的功夫在於「約美」，這是王弼所不能及的；至於「自然出拔」，卻是王弼的獨長。用淺顯的話來說：何晏是濃粧的，王弼卻是淡抹的。淡抹的雖欠華麗，卻妙得天然之趣，韻味無窮，這不是濃粧的何晏所能望其項背。

四

何晏曾花了很大的功夫注解《老子》，後來讀到王弼的《老子注》，自覺不如，便把自己所注的改寫成《道德論》。不幸該書已失傳了，現在所剩下的只有《論語集解》一書，這是我們瞭解何晏思想的唯一文獻。但這本書是他與孫邕、鄭沖等人合注的，除了他自己的許多老莊思想外，都是採取先儒孔安國、馬融、鄭玄等人的注解。所以從《論語集解》一書看來，何晏的思想並沒有什麼特別出色的地方，他只是打開了以老莊解儒的先聲；只是為王弼的思想開路罷了。

何晏注《論語》，仍然不脫漢人的見解；但王弼注《周易》，境界卻完全不同。他不像許多漢儒一樣用象數來解《易》；而是用道家的思想來解《易》。雖然他筆下的《周易》，已不是儒家的《周易》；然而他從思想上斬斷了當時流行的陰陽學說，把《易經》從迷信的卜筮中拯救了出來，帶進了道家思想的範圍，而成為玄談的經典，這可說是他對魏晉思想的一大貢獻。

然而最值得大書特書的，還是他那本使何晏為之卻步的《老子注》。在他以前的注解，都是章句訓詁；而他，卻是以思想來注《老子》，那就是說：他的注解不是解釋字面的意思，而是說明每一句話的理由，指出每一句話的旨趣。這些注解雖是各別的附在不同的章句下面，卻不是支離孤立，隨意亂說的。你如稍一留意，就可發現他是把老子思想融會貫通了之後的闡述。每句的注文點穿了本句的意思；並使你觸類旁通，聯貫起全書各處的意旨，這實是注解中少有的傑作。但若僅僅如此，那終歸是一種「注」而已，有什麼了不起？而王弼注之所以能傳誦千古，乃是在他這注解中，表現了王弼自己的思想。在形式上它雖是《老子》一書的附庸，實際上這些注文都有它自己獨立的生命。

明眼人一看即知，王弼有他自己一套的形而上學。他認為宇宙萬事萬物都有其基本不易的道理，所謂：「道有大常，理有大致。」因此儘管萬事萬物各有其不同的形態與背景，但原始初起時，絕不會完全和今天的面目相同。否則這些東西又是那裡來的呢？反之，推到最後這萬有不同的東西，一定是來自一個共同的本源，而這一共同本源又必定是一種不可言說、不可形容的境狀

（所謂「無形無名者萬物之宗也」），這境狀就是「無」，而一切萬有便都來自這個「無」。所謂「無」並不是一切沒有，等於零；而是指一種狀態，你說有東西吧，卻什麼都看不見；你說沒有東西吧，一切萬物實在都由此而生，這一玄妙莫測，生化無形的境狀，我們就稱它作「無」。既然「凡有皆始於『無』」，這「無」便是宇宙的本源了。但它不僅是本源，而且還是「妙用」。萬物所以形成、所以演化，就全靠這「無」的作用，它實是宇宙的核心動力，因此王弼才說：「天地雖大，以『無』為心」了。

「無」既是道體，而為天地之心，自然是宇宙間至高無上的原則。人世間一切事物都應遵照著進行；而治國為政尤其要謹守此道，然後才能達其妙用。因此王弼緊接著說：「聖王雖大，以虛為主。」這就是說：一個聰明偉大的人君應該依照天地的旨趣，而以虛無作治國施政的指導原則。然則如何「虛」呢？那就是要人君能「滅其私而無其身」，一切聽任自然。這個原則雖極簡單，卻很少有人能作到。因為一般人每當大權在握時，總要為此施彼，找些事情來作。以為非如此政事不能推進，社會不能致福，這真是大錯特錯的想法。殊不知「萬物以自然為性」，一切有其自然的和諧軌道；只要聽其自己發展，便都各自完滿無缺，達到理想的狀態。又那用我們揠苗助長，畫蛇添足？因此為政者只要按照一切事物的性質，順勢而行便好了，所謂：「明物之性，因之而已」。「因」（動詞）就是隨風張帆，順勢而作的意思。只要能「因」，不僅省力，反而面面都到，真所謂是「無為而無不為」了。

令人遺憾的是，許多精明而膚淺的君主不僅不知因循無為，而偏要「為」；並且還要賣弄聰明，運用權力以謀統治。以他們的想法，「智」「力」並用，必可將人民嚇倒，使其俯首貼耳，絕對服從，而措天下於泰山之安。那知不用明不施威還好，施用的結果反使天下擾攘不安，人民離心離德，而導致騷動叛亂，使得政權崩潰。試看秦始皇的暴力統治是多麼的精明而威猛，他滿以為從此萬世一系，永保無虞；那知天下反因此不旋踵而亡，這豈是出於偶然？而在明理的人看來其中實有如響斯應的必然關係。王弼對於這種道理曾有極清楚而詳盡的說明。他說：

「政府若以『明』來稽察人民，人民也爭著以其『明』來對付；政府若以『不信』來對待人民，人民也會報之以『不信』。天下人的心本不相同，而在政府明察不信之下，卻不敢有不同的反應；因此便只有隱情藏真，相率而作偽了。為害之大無法估計；而推本溯源，此害實來自政府人君之用『明』。這時人君在『智』的方面，人將與己辯訟；在『力』的方面，人將與己抗爭。人君也不過是一個普通人，智不過人，卻陷於辯訟之渦，自然無法應付；政府的力量終也有限，而卻陷於抗爭之境，自然危險了。這都是由於未能使人民：不以智和力來對付自己（指君主）的結果，如此則己（指君主）以一敵人，而人以千萬敵己，那還怎麼能應付？於是又勢必要：多立法令，廣設刑罰，嚴加限制，勤予搜查。結果弄得萬物失其自然之序，人民無所措於手足。真是『鳥亂於上，魚亂於下』舉世騷動，鼎沸不安了。」這真是一幕求全反毀的大悲劇。

反之只要：「無所稽察，則人民也無所迴避；無所取求，則人民也無須應付。無避無應，自然真情流露，歸於淳樸。」因此「聖人之於天下，無不歙歙含斂，不存任何主觀成見，絕不向社會顯示趨向何處，避禁何方；以使人民無從趨避，無所逢迎，而存心渾噩，形成淳樸敦厚的世風」。須知一切問題都是人造成的，而問題的解決更繫於人們的心情和態度；現在既是人心渾噩，民風淳樸，試問還那有問題發生？縱或偶有糾紛，也將渾厚無爭，迎刃而解。社會既無問題糾紛，天下便自然歸於太平了。又何須我們困身勞體，盡瘁而「為」？這實是王弼從老子思想引申出來的卓越見地，而構成黃老政治的最高陳義。

談到這裡不禁聯想到漢朝的實際政治。政治史的經驗告訴我們：一種政治必有其相應的政治思想，不是先有一種新興的有力思想而為後世的實際政治所景從；便是後有一種思想而對前代政治加以說明和發揮。如以十七、八世紀的歐洲政治為例：盧梭的思想成了法國大革命的依據，而洛克的思想則不啻是對一六八八年革命的解說。而十八世紀的開明專制，也可找到霍布斯的思想作為其理論的靠山。政治何以能與思想如此配合？這是不難想像到的，因為在同一時代的人，往往會產生類似的政治想法，至少是「德不孤，必有鄰」的。有的人把這想法筆之於書，就成為思想；有的人把這想法見之於行，便形成了實際政治。這二者同出一源，自然彼此相應了。更何況其間還有互為因果，前後誘發的情形呢？漢初自蓋公教曹參清淨無為以來，歷經文景，以至東漢，大體上都是實行黃老政治；但是他們都只作不說，並無理論上的發揮。大家的感覺都和司馬談一樣，而是「其事易行，其辭難知」。但四百年的行事，其辭終會有人能知，於是到了王弼手裡，便假借注老而把它高度的發揮出來。我們可以說王弼給漢朝黃老政治建立了深刻的理論基礎，也可以說王弼思想正是漢朝四百年黃老政治的結晶。這真是政治史上一座有意義有價值的里程碑啊！

第十三章 弘揚仙道的高士——抱朴子（附：魏伯陽）

一

正當這些清談的辯士們以道家思想為中心，談入玄妙的時候；而在民間，也有許多方士們，打著道術的旗幟，到處收召門徒，散佈神秘的教義。這種組織發展到後來，就形成了中國人自己的宗教——道教。

事實上，他們的教義，既不是哲學，也談不上思想，只是一種民間流行的模糊信仰而已。可是當他們披上了「道」的外衣後，便撞進了道家的範圍，使得此後的道家無端的染上了一身宗教的色彩。而歷史上對道家與道教兩個觀念也始終混淆不清，這不僅在西文的翻譯中，把這兩個觀念同譯為"Taoism"混淆不分，把道家當作宗教來看；而且連許多中國的學人們，也都夾敘不清，把道教當作哲學來談。

研究此中原因，乃是由於道教在開創的初期，既無教主，又無經典。但一個宗教的成立，卻必須具備這些條件。尤其為了爭取社會的同情和信仰，更不得不有所依附、有所假託。而這時最好的對象乃是道家，因為道家的思想，充滿了神秘的色彩，可以附會；道家的人生，崇尚虛無恬靜，可作為神仙的境界。再加上傳說老子曾教訓過孔子，且西遊流沙，地位崇高，身世不明，最宜假託；而《道德經》五千言，辭義抽象，便於假借；文字押韻，易於朗誦。因此道教徒們便把老子擡出來作教主，以《道德經》為聖典，直接搭上了道家的關係。

不過道教雖然標榜道家以自重；但它的內容卻不像道家那樣的純粹，而是極端的混雜。它的組成分子：包括了道士、巫醫、燒香求神的、畫符捉鬼的、修鍊丹道的、打坐養性的、占卜星象的、觀測風水的、以及各種方技和高士等等，幾乎中下層社會的人物，應有盡有。它的教理內容：包括有陰陽讖緯的學說，神仙出世的理想，導氣鍊丹的工夫，祈禱符呪的醫療法，採補的房中術，以及混合了民間的各種迷信和傳說，甚至連佛教的三世因果論，也被移花接木了過來。可是它幾乎是一切奇談異說，神秘色彩的大集成。

由於道教的組織和教理是如此的複雜，因此它的經典也是包羅萬象，不一而足。《道藏》的編訂，每朝都有增補，到了明代才真正完成。其中收集經典達五千餘卷：不僅把《老子》、《莊子》、《列子》、《文子》等道家的書籍全部納入；而且其他陰陽雜家的著作，上至天文，下至地理，以及鬼怪傳奇等，都概括無遺。甚至連儒家的《孝經》，佛教的《法華》、《維摩》等經，也加以模擬。就以「道藏」二字來說，也是倣照佛教《大藏經》而定名的。由此可見道教的經典，其範圍的廣、內容的雜，都是首屈一指的。

在這樣一個複雜的組織、複雜的教理，和複雜的經典中，我們幾乎很難替道教下一個確切的定義。不過綜合起來說，道教徒們大致都相信有一種超人的力量存在，具有這種力量的就是神。他們對於這個神的看法，有兩類不同的態度：一類是相信神能控制我們的命運，因而必須祈禱、禮拜，以求降福。由此便產生種種的迷信和儀式。另一類卻相信人能通過某種訓練，而變為神，或具有神的力量和智慧，由此便產生各種學理與方術，如導引、丹鼎、養生等等。

這兩種不同的態度，前一種流行於庸夫愚婦間，偏於信仰，對中國民間社會的影響很廣；而後一種流行於士大夫間，偏於修養，對中國醫藥衛生以及百科眾技之學的貢獻很大。由這兩種不同的態度，產生不同的方法，和不同的意義，便錯綜的構成了道教複雜的內容。

二

由於道教的內容，是如此的複雜。因此它的起源，也可追溯到戰國時代的神仙之談，和陰陽之說，甚至遠及春秋以前的各種占卜和祭祀。但真正組成宗教形式，向民間積極傳佈的，卻開始於東漢的張道陵。

張道陵，本名張陵，漢順帝時沛國（安徽省宿縣西北）人，是太學生，相傳是張良的九世孫；曾學長生不老的法術，著書二十四篇，自稱出於太上老君（即老子）的口授，用以博取愚民的信仰。凡入教的，都必須繳納五斗米，所以又稱「五斗米道」。他死了以後，傳給兒子張衡，再傳給孫子張魯。他們祖孫三人，就是道教史上所謂的「三張」。

在「三張」的組織中，稱初學道的為「鬼卒」，已信道的為「姦令」和「祭酒」。姦令替人祈禱，祭酒則教人讀經；而三張卻自稱為「師君」，也就是後代世襲相傳的「張天師」。他們教人誠信不欺，有病自首其過。並在各地建立免費的旅舍，放置免費的米肉，實行消費共有制。不過這些只是組織的虛架；而維繫著這個組織的，卻是一套咒語、符水、房中術等等的治病方法。因為必須依靠這套方法，才能吸引民眾，廣召教徒。

這個組織，雖然已略具宗教的雛型；但只是以符咒等方術，欺騙愚民，所以有「米賊」之稱。當時另有一位張角，也模倣「三張」的方法，組織「太平道」，以黃巾為旗幟，到處竄動，這就是歷史上所謂的黃巾賊。可見「五斗米道」，和「太平道」，在當時都是一種社會的非法組織，都是一種教匪而已。

道教的早期，一直是披著這種外衣而在下層社會活動，直到南北朝的寇謙之，和陶弘景等手中，才抹去了教匪的色彩；規定儀式戒律，創設道院神像，組成宗教的體制，而贏得中上層社會的信仰。甚至曾一度壓倒佛教，變成國教。自此以後，一面宏教，一面編纂經典；道教才真正具有宗教的規模，走上宗教的道路。

但寇謙之等的宏教，也只是努力於宗教的組織和儀式；至於真正為道教在理論上奠下基礎的，卻是稍前一點的魏伯陽和葛洪兩人。因為道教自始便附會道家，以《老》、《莊》等書為聖典；後來雖然也有許多道教的經書，但都是散亂而無系統。直到魏伯陽的《參同契》，和葛洪的《抱朴子》兩書出來後，道教才有了理論的基礎，才有了教義上的根據。此後，道教雖然經寇謙之等的宏揚，聲勢大盛；《道藏》雖然經歷代的編纂，典籍浩瀚。但道教的主要理論，仍然越不出《參同契》和《抱朴子》兩書。所以魏伯陽和葛洪，在道教的演變上，實在可奉為教理上的祖師。

這兩位祖師，雖然在時間上，魏伯陽較為早出；但由於著作性質，及行文方便起見，本篇卻以葛洪為先，從葛洪的思想中，再引出魏伯陽的理論。

三

葛洪，字稚川，別號抱朴子，丹陽句容（今江蘇省江寧縣東南）人，生於魏齊王嘉平五年（西元二五三年），他家是丹陽地方的望族，世代為宦。他的父親能文善武，曾做過廷尉，太守等職，以孝友清廉聞名。不幸在他十三歲的時候，父親便離開人世，一生清廉，留給他的也只是饑寒而已。

因為父親早逝，他從小便自力謀生，過著農耕的生活。雖然他家是個書香門第，可是慘遭兵火，祖先所遺留的典籍都蕩然無存。以致使他在農耕的餘暇，反而無書可讀。但他不為環境所屈，不惜徒步到各處去借書，並以賣柴的所得購買紙筆。由這樣的刻苦治學，可以想見他求知的熱烈。

他幾乎六經諸史，百家之學，無所不讀。可惜家貧，無法到遠方去拜訪師友，僅憑個人的自修，也只是泛覽淺嘗而已。

雖然他在儒學方面沒有遇到名師，並無多大心得；可是後來在道教方面，卻另有發展。因為他的從祖葛玄，別號葛仙翁，是著名道士左慈的弟子，葛玄傳給鄭隱，鄭隱就是他的老師，他從這方面學得導引鍊丹的方法。同時又向他的岳父鮑玄請教內學及醫術的問題，由此可見他和道教一流的人物，相交不淺，這也就決定了他日後對於道教學理方面的造就。

在歷史上，無論是道家或道教一流的人物，他們的基本態度都是出世的；因此他們不是身世不明，便是深居簡出，沒有顯赫的事蹟可敘。葛洪也是如此，他只圖苟全性命，而不求聞達。所以閉門謝客，斷絕塵務，甚至連周圍的鄰居也很少有交往。別人都以為他是怪物，但他卻樂得如此；自謂門庭可以羅雀，几椅常積塵垢。不過在他這種平靜孤寂的身世中，卻有一次例外。

那就是在他五十歲左右時，石冰作亂，率領暴民蜂起於揚州。這些亂兵「絳頭毛面，挑刀走戟」，銳不可當。吳興太守等便起來加以征討，當時各地也紛紛組織義軍響應。因為他深通武藝，便被選為義軍都尉，雖然他無意於事功；但為了地方的安寧，不得已乃出來募合義勇數百人，向叛軍挺進。當時友軍們每克一地，便搶收叛軍留下的金銀財寶，紀綱蕩然，結果反而慘遭敗北。唯獨他的軍隊，紀律嚴整，所向披靡，終於挽回了整個戰局。所以勝利後，他便被封為伏波將軍，賜爵關內侯。這是他在事功上的輝煌成就。由這一端，已可看出他與張陵、張角等的作風完全相反，而是一位文武兼備的豪傑。

然而這次的事功，也只是他生命史上的曇花一現，因為他對政治始終不感興趣，曾一再辭職回家，去研究異學秘典。後來聽說交趾地方出產丹砂，便申請做句漏地方的縣令，帶著子姪同行。可是路經廣州時，為刺史鄧嶽苦苦所留，不得已乃隱居在羅浮山中，專心於鍊丹修道，寫下了《抱朴子》、《神仙傳》等書。

他在山上度過了生命中最後的七年，於八十一歲時，便長辭人間。據說死的時候，端坐若睡，顏色如生，身體柔軟，輕如空衣。按道教的說法，這是尸解成仙去了。

四

《抱朴子》的中心思想，在成仙一念。不過他與當時一般道士不同的是：他反對盲目祈禱，喝符水以治病的迷信；更痛惡聚徒結黨，招搖撞騙的假神道。而他自己，一面著書立說，從理論上去證實神仙的可能，以鼓舞人們求道的信心；一面鍊丹製藥，發明求道的秘訣，以期達到神仙的境界。

他認為一般人所以譏笑神仙之說的荒誕，乃是他們為自己孤陋的見聞所囿。其實，人智有限，宇宙微妙，人類所不知的事正多：譬如武帝禁閉左慈，令他絕食一月，可是他卻精神依舊，面不改色；又如甘始以藥餵魚，放入油中煎沸，而魚卻悠游自在，毫無損傷。這些例子，對深通法術的道士來說，只是小技；而在普通人來看，卻是奇談異說，無法理解。試想人們對於這些例子已是如此，何況超凡入化的神仙呢？

但神仙雖然莫測高深，不可思議；卻絕非出於幻想，也非由於杜撰，而是實有其事的。因為神仙之說，自古已有，非但見諸於史傳，甚至連漢代大儒劉向，也有《列仙傳》的著作呢！不僅如此，而且神仙與人同類，是可以力學而至的。他引證《史記・龜策列傳》中的故事說：以前有一人，在少年時，曾無意間拿了一隻龜來墊床腳；後來忘了此事，直到老死時，家人移床，才發現那隻墊床的龜，仍然活著。這隻龜不飲不食，歷幾十寒暑，卻依然自若，可見龜有長生不死的方法。人類為萬物之靈，如果能學到這種方法，也可以長生不死。所以成仙並非不可能，只在於是否已求得這個方法。

那麼，究竟人類是否已求得這個方法，而能長生不死，羽化成仙呢？《抱朴子》的回答是肯定的，他說：「如果要成仙，必須記住這個最重要的方法，就是：寶精、行炁、服一大藥三件事。」

所謂「寶精」，就是說人類的「精」，最為寶貴。順而流之，可以生男育女；逆而用之，可以返老還童。至於運用的方法，有十幾種，每一種都有秘密的口訣，統名為房中術；有的用於補救傷損，有的用於治療疾病，有的用於採陰補陽，延年益壽。而主要的原理，乃是還精補腦以養神。但這並不是提倡絕對的禁慾，而是加以適當的節制，使陰陽調和，以保元氣。

所謂「行炁」，就是運氣。但這個「炁」，不是指普通呼吸的氣；而是指先天渾含的真氣。「行炁」的方法，乃是先用鼻子呼吸，每次呼出的量少於吸入的量，這樣緩緩的運氣，達到純任自然的境界，幾乎沒有呼吸的感覺。那時，正像母體中的胎兒一樣，已可不用鼻子呼吸，所以又稱為「胎息」。「行炁」的功效，不僅可以治療疾病，延長壽命；而且工夫深的，還具有神通，能夠出入水火，刀劍不傷。

然而無論「寶精」或「行炁」，都是一種內在的修鍊工夫；雖然有助於成道，但最高的境界，也只能延長壽命而已。因此要成仙，唯一的關鍵，還是在於「服一大藥」。

藥有三種：下藥只能治病，中藥可以養性，唯有上藥才能長生不死。因為普通的藥物，都是草木做的，它本身便會腐朽，又如何能使人長生呢？因此最多也只能養性延年而已。至於上藥，都是由礦物質做的，它們的原料依次為丹砂、黃金、白銀、五芝、五玉、雲母等等，都是不腐不朽的。其中尤以丹砂和黃金最為寶貴，因為它們愈燒，變化愈妙。放在火中，百鍊不消。進入身中，可以堅固血脈。所以吃了金丹以後，便能不老不死，羽化成仙。

金丹有九種，稱為九轉還丹。一轉之丹，服了三年，才能成仙；而九轉之丹，只要三天，便可成仙。至於得道後的仙人有三種：最上的可以昇為天官；其次棲集崑崙，長生不老；再次永存人間，或可保千歲之壽。

《抱朴子》具體的介紹了各種仙藥的名稱，及採集和鍊製的方法；那麼依照這個方法，是否就能得到金丹呢？顯然在這裡，已是他整個學說最重要的關鍵了。因為鍊丹如不可能，則成仙就變為夢想；所以他不得不退一步的聲明：這些藥物都有特殊的功效，不是一般人所能鍊製的。如果沒有名師的傳授，得其秘訣；而貿然去鍊，不僅徒勞無功，反而有害心身。

這樣一來，他便把這套鍊丹法，由科學而帶入神秘的境界，令人莫測高深了。然而無論這個鍊丹的學說，是否有任何價值，但他在道教理論的組織上，卻是煞費苦心的。試看他除了鍊丹說以外，又詳論各種不食不寒，輕身隱身，刀劍不入的秘訣，及照妖之鏡，登山之符，免疫之方，和前知之法等等。這些都深深的影響了此後道教的發展，所以他的地位，又豈是丹鼎派的祖師而已！尤其站在思想流變的立場來看，《抱朴子》的重要性，還有另一層的意義。

因為他雖然崇尚道教，卻對當時一般道士的迷信深惡痛絕。他認為這些迷信對個人來說，使大家盲目的祈禱，喝符水以治病，把生命財產都交給了那些騙人的巫祝，而忘了自己本身的修鍊，這是捨本逐末的作法。至於這些迷信流行於社會，更形成了許多非法的組織：如張角等黃巾賊，以邪說斂財，欺弄愚民，破壞社會的安寧，和國家的法紀。

為了針砭這些迷信，他不僅提出導氣鍊丹之說；而且更強調為善積德。他認為一個得道的仙人，必須具備一定數目的善行，如果善行不夠，即使服了仙藥，也是徒然的。相反的，如果多行善事，即使不服藥，不成仙，也可消災免禍，不致卒死。

在這裡，可以看出他比一般道士們進步的地方，因為他不僅埋首於方術；而且吸取了儒家思想，重視倫常，勸人為善。以後流行民間的《功過格》、《陰隲文》，及《太上感應篇》等，都是本於這種思想。由此可見《抱朴子》的這番大聲疾呼，苦心經營，對道教學理的發展，確是功不可沒的。

下面我們再介紹道教的另一位大師——魏伯陽。

五

談到魏伯陽其人，我們除了知道他是《參同契》一書的作者外，幾乎對於他的生平一無所知。在葛洪的《神仙傳》及《抱朴子》兩書中，雖然曾提到魏伯陽，但都是語焉不詳。而且在《神仙傳》中也找不到他的生死年月，在《抱朴子》一書中，又好似暗指著老子，所以可靠的成分很少。

後來五代時的一位彭曉，推定他是東漢桓帝人。據彭曉的說法，魏伯陽以所著《周易參同契》授給青州的徐從事，徐從事以匿名注之，再傳給同郡的淳于叔通。可是以上諸人的事蹟，都不見於正史。而且傳說他是東漢會稽人，但從他書中的自敘看來，又好像是河南人。所以彭曉的說法，也未必可靠。

我們再從《參同契》一書來看，在《隋書・經籍志》中，沒有把它編錄；而《舊唐書・經籍志》，又把它列入五行家中。這些都值得懷疑，所以從該書的流傳看來，魏伯陽是否為東漢時代人，也有問題；甚至《參同契》是否為一位叫做魏伯陽的人所著，也都是問題。

然而我們不必為這些問題所困惑，因為這種撲朔迷離的狀態，正是道家和道教一流隱士們的標準特徵，不足為怪。因此我們仍然抱著對老子一樣的態度，拋開人的問題不談，而只是以書論書。

至於以書論書，《參同契》比起《抱朴子》一書來，無論在理論的組織及內容上都比較深刻充實。

《抱朴子》一書的重心，雖然在鍊丹；不過只是列舉了丹藥的名稱，和討論些丹藥的製造而已。其實鍊丹之說，本有二種：一是調和內體的陰陽，一是服食外製的丹藥。前者是內丹，後者是外丹。這內外兩丹的修鍊原理和程序，在《周易參同契》一書中，都得到了深刻的說明。

《周易參同契》簡稱為《參同契》，共有三十六章，分為上中下三卷。它把道教修養鍊丹的活動，歸納起來，而賦予理論的說明與指導。道教修鍊之士，當然對它崇拜傾倒，歎為天書；而我們從學術的眼光來看，也無疑的是一套極有系統的哲學理論。這在道教的經典中，可說是絕無僅有的了。

《參同契》的理論，大體上是揉合了《易經》與《老子》的思想，而用之於神仙的修鍊。正如清朝龍門派的道士朱元育，在所著《參同契闡幽》中所說的：

> 仙翁（指魏伯陽）悲憫後學，慨然著《參同契》一書，本大易乾坤坎離之象，假丹家龍虎鉛汞之名，而歸本於黃帝老子盡性至命之旨。

所謂「丹家」是指從事服食修鍊一切外丹內丹的人士；而龍、虎、鉛、汞，乃是鍊丹的術語。綜合起來說：就是本於《易經》卦象的原理，來鍊丹修道，以求達到成仙的目的，這就是《參同契》整個理論體系的間架。

談到成仙一事，雖然自古已有無數的人誠心修道；但對於求仙的正途，卻很少有人了解。因此常常妄事追求，而流入旁門左道。這些旁門左道，真是「諸術甚眾多，千條有萬緒」，不勝枚舉。總其大要，例如有的人觀想五臟，以意行功；有的人履罡步斗，藉助符呪；有的人採陰補陽，行房中之術；有的人吐故納新，以呼吸鍊氣；有的人晝夜不眠，專心靜坐；還有的人立壇設廟，拜神求驗。千奇百怪，不一而足。如果依照這些方法，便能得道成仙，真可謂緣木而求魚了。

至於真正的成仙大道，卻必須藉助我們秉賦於天而和宇宙相通的那點「先天金性」（大致相當於普通所說的真陽之氣）；只有把這點寶貴的真本錢加以存養培植，然後才能鍊得金丹而登入仙境。可是要如何存養修鍊，問題就不簡單了。因為那是一個既抽象又微妙的作用。不僅工夫並非一端，而且情況又因人而異，真是所謂只能意會而不可言傳。但為了要表達這個複雜而不可言說的狀態，《參同契》的作者便以若干原則性的符號來加以說明；這正如用代數符號來標明數字的關係一樣，可說是具有高度歸納頭腦的表現，極富有學術的價值。然而用什麼符號呢？在這一點上，作者便承襲了傳統的學術，而把一切陰陽八卦、五行干支的原理，揉合成一個新的系統。

「八卦」出現最早，相傳為伏羲所作。「五行」較晚，最初見於《書經》的〈洪範〉。兩者原始的意義為何，我們不太清楚。後來經過象數家的發揮，八卦就成為一套表示陰陽變化，象徵宇宙關係的符號；而五行也由金木水火土等形下的物質，進為代表宇宙間五種彼此相生相剋的力量。《參同契》的作者便把這兩種傳統的東西組織起來，以說明鍊丹修養的道理。他用八卦的原理，來比喻身體的機構和官能；再以五行的作用，來說明機能氣息的運行。就在這樣巧妙的配合下，把整個鍊丹的工夫，說得頭頭是道。至於實際效果究竟如何？這在從事修鍊的人，無不讚美，而奉為丹經之祖。可是以我們一般人的看法，非但不知所云，無從判斷；而且連究竟有無鍊丹成仙的事實，也不能斷定，只有多聞闕疑而已。但有一點我們卻可以肯定，那就是在他這種綜合比配的說法中，實在含有一套從宇宙到人生，從形上到形下，非常完整而高明的哲學體系。

他以乾坤兩卦象徵天地，作為宇宙之體。以坎離兩卦象徵水火月日（在天上，坎為月，離為日；在地下，坎為水，離為火），作為宇宙之用。然後再以其餘六十卦，按照陰陽消息之道，配合五行干支之數，來說明宇宙運行的過程。在他這套理論中，不僅是用八卦五行的道理來解釋宇宙；而根本上，乃是把宇宙看成一個「八卦系統」。一切都依照陰陽八卦的變化來活動。運行的幅度，儘管有大小久暫的不同；而運行的程序和關係，卻完全是如出一轍。一年四季的寒暑消長，固然是遵循卦象的程序和方位以變化；而一月的朔望盈虧，一日的晝夜更迭，又何嘗離得開這個軌跡？整個宇宙固然是一個八卦系統，小之一事一物，以及我們的身心，又何嘗超出了這個系統？不僅自然界的事物如此，就是我們的人事措施，也都是遵循這個軌道而演進的。因此我們立國為政，也必須本乎這個原則，然後才能功成福至。他說：

賞罰應春秋，昏明順寒暑，爻辭有仁義，隨時發喜怒，如是應四時，五行得其理。

這就是說一切賞罰施政，甚至人君的喜怒，都要配合節令卦象；然後才能符合天道，使政治臻於理想。雖然這種說法在作者的本意只是一個比喻，用來啟示人們修鍊的法門。但從形式上講，它成為一套系統井然的哲學理論，卻是不容否認的事實。而其系統的嚴緊周密，除了西方黑格爾的哲學外，幾乎很少有能和它相比的呢！

這一套學說的動機，雖然是由鍊丹成仙而引起，但它對宇宙萬象的解釋，卻一步緊接一步，完全是理性的推算。這正彷彿科學家們用數理的推算來說明自然一樣，不過只是所根據的「假設」(Data)不同而已。因此儘管它的結論非常神秘，很難為一般人所接受；但它「推論」的學術價值，及幫助我們對宇宙增加新的（實際是古老的，應該說是「另一角度的」才對）理解，卻是毫無疑問的。我們也許可以這樣的期望，它終有一天會給數理科學的研究帶來新的啟示，而把宇宙揭開了更多的奧秘。

道教的起源，本來很複雜。許多的方術與活動，可說都是來自於術士們各種不同經驗的累積，並無響亮的理論支持。直到《參同契》出來後，才把這不同的經驗方術加以歸納，建立起共同的指導原理。這實在是道教教理上的一大推進。尤其在建立的過程中，不僅理所當然的承受了老子虛無的思想；而且通過《易經》的關係，融合了儒家的智慧和教訓。在《參同契》中，我們看不出作者對老子、孔子的態度有何不同；甚至於其中還有一章，定名為〈祖述三聖〉，特別對伏羲、文王、孔子，推崇備至。因此從思想演變的觀點來看，這不僅是援儒入道；而且根本就是要融合儒道，直承一切傳統的智慧了。這一發展，的確給道教的教理奠定了非常深固的基礎。

六

然而儘管《抱朴子》大談鍊丹之說，儘管魏伯陽的理論高妙絕倫；但他們的目的，仍然只在成仙一事。如果成仙不可能，那末他們整套的學理，都是無中生有，都是觀念的遊戲而已。

至於是否有成仙這一事實，他們所提出的許多例證，都沒有科學的根據，固然值得懷疑；但我們沒有具體的反證，也不便貿然的下斷語，因此只有多聞闕疑，還它一個神秘的本來面目。

可是站在學術思想的立場，我們對於這一個宗教理論的意義與價值，卻不得不有所說明。人類不滿現實，希望進入一個理想的世界，這種心理，本是古今中外所同然的。因此不僅中國有蓬萊仙島之說；並且西方也有奧林庇斯之談。而道教的成仙思想，也就是這種類似的心理。試看仙家的神通，都是普通人所不能，而又是大家極想達到的境界：如輕身、隱身、不食、不老、水火不侵、刀劍不入等等。這在文學的觀點來看，未嘗不充滿了浪漫的情調。可是把它移到現實界，當作一個目標來追求，便產生了許多問題。

最主要的，是違反了自然。在這一點上，他們與道家的思想便完全背道而馳。因為道家主張淡泊寧靜，任命去留；而他們卻忙著服藥成仙，改造命運。就以導氣鍊丹的原理來說：人類的呼吸是用鼻的，他們卻要模倣胎息；人體的精液是用來生育的，他們卻要還精入腦。至於顛倒陰陽，五行相剋，及以殺機培養生氣等等，都是所謂「順則成人，逆則成丹」的說法。追究他們的動機，無非是因為自然限定了人類的壽命，有老有死；所以為了長生，便不得不逆而行之，以打破自然的鐵則。

這種反抗自然的意志，以科學史觀的看法，並非全無意義；因為人定勝天的信念，正是科學的精神。如果循此途徑，按部就班的發展下去，也一定能大宏人定勝天之道，而形成許多實證的知識與學問，一如西方科學上的成就。但道教卻並未能達到這個境界，它雖有合乎科學精神的動機，卻未能走上科學方法的道路。一切導引吐納，調鼎鍊丹，不僅失之於抽象恍惚；而且都披著一套神秘的外衣，以致信奉研習的人空費時間精神，往往一無所得。成道昇天，固然渺不可期；就是強身延壽，也都因工夫難得要領，而有事與願違的流弊；甚至還有人執迷蠻幹，誤送了性命，像唐太宗的一代天縱之雄，就是因為誤服金丹而喪生，其流弊真是可為殷鑑的了。

上面所說的，乃是道教的實用方面；再進而以思想本身來論，道教的內容可算是相當的貧乏。假如我們剔除了它那些襲取自各家的學說，所剩下的中心思想，便只有成仙一念，鍊丹一法而已。在這種成仙的企求中，我們很難看到深刻的人生認識，和高超的思想境界。因為道教所以要人們遺世遺情，羽化登仙；原是由於看破紅塵，以求超脫而得永生。但這紅塵究竟又有什麼不對呢？究竟為什麼要摒棄而遠離呢？道教似乎並沒有什麼深刻的分析；如僅僅以紅塵為煩擾、為骯髒，那是不夠的；即令人生可厭，「成仙」也不一定就是最佳的解脫法門。仙人是怎樣的情形，我們不能確知；但從道教經典中的一般描述來看，大抵是一種無憂無擾，具有超人力量，而能長生不老的人物。照這樣來看，那只是生命的延長與官能的加強而已，怎能解決人生的根本問題？人生如真可厭，久駐豈不更覺可厭？如求無憂無擾，逍遙自在，則人世的修養、忘情，已足夠自遣，又何必成仙？當然道教還有種種的說法以自辯衛，但從哲理來看，仙人終不是大徹大悟的境界；要想以成仙來解決人生問題，實不是「究竟」之道。這也就是道教所以難於抗拒蓬勃的佛教怒潮的緣故，因為佛教在這方面遠比道教徹底而究竟，我們只要一看此後佛教的開展，就可昭然而知了。

第十四章 佛法初傳的高僧——佛圖澄（附：道安、慧遠）

一

由於政治陰影的籠罩，使得整個魏晉南北朝彌漫了名士們的放縱生活。固然，我們為他們的遭遇而傷感，為他們的浪費人生而惋惜；但是我們如果吹開這層陰影，再仔細看看當時的社會背景，又是如何的一幅景象呢！

洛陽何寂寞，宮室盡燒焚，垣牆皆頓擗，荊棘上參天；不見舊耆老，但覩新少年，側足無行逕，荒疇不復田；遊子久不歸，不識陌與阡，中野何蕭條，千里無人煙。——曹植

出門無所見，白骨蔽平原，路有饑婦人，抱子棄草間，顧聞號泣聲，揮涙獨不還，未知身死處，何能兩相完，驅馬策之去，不忍聽此言。——王粲

這兩位建安時代的詩人，已為我們畫出了一幅當時離亂的圖片；到處是頹垣敗壁的城市，到

處是荒涼淒慘的田舍，到處有棄嬰的啼聲，到處有新寡的夜泣。然而這只是建安一代的景象，只是這段漫長的黑暗時代裡的一個鏡頭罷了。

這個鏡頭前後連接起來，構成一幅極悲慘的影片。自黃巾亂起，經董卓之變，三國分爭；接著就是八王殘殺，五胡亂華，形成了十六國的分崩離析兵連禍結的局面。這一連串的大屠殺，引起了一連串的饑荒和瘟疫；使得以英雄自命的曹操，也不得不發出斷腸的歎息，寫下了那首著名的〈短歌行〉：

對酒當歌，人生幾何，譬如朝露，去日苦多，慨當以慷，幽思難忘，何以解憂，惟有杜康……。

像曹操這樣一位「亂世之奸雄」，猶且感慨於人生幾何，去日苦多，而要以酒來麻醉自己；何況顛沛流離的百姓！何況多愁善感的文人！

這種人生的苦悶，豈是漢末那些懷抱經書死守章義的迂儒所能解救的嗎？豈是假酒精以麻醉的清談名士所能逃避得了的嗎？

身處在這樣一個大動亂的時代裡，人們究竟要何以自處呢？當學術失去了解釋人生、指導人生的功能的時候，如果還有信心，有勇氣活下去的話，只有求之於宗教了。

因此隨著黃巾匪徒的大亂，而有道教的興起。雖然道教的始祖張陵，把老子擡出來當教主，贏得廣大群眾的信仰；但儘管他們在支配無知民眾方面的力量非常大，儘管咒語和符水中也許有他們神秘的治療方法；而稍有智慧的人們，卻是不會賴咒語以救世，喝符水以解除內心苦悶的。

這時，正好從印度傳來了佛教，雖然最初國人是以對付道教的心情來迎接它；但它畢竟是一種有思想、有組織，而且在印度醞釀了幾百年的宗教。它的教義正是要替人生解脫一切的苦痛，正適合於這個動亂時代的需要。尤其它的教理，淺顯處可以適應一般無知民眾的要求，深奧處足夠思想家們窮思冥索。得了這種天時、地利與人和的條件，這顆外來的種子，便在中國的園地內慢慢的滋長，慢慢的壯大，日後竟成為與儒家思想共分天下的佛學。

二

雖然早在漢明帝時，佛教已逐漸輸入中土；但那時國強民富，大家並不感覺宗教的需要，又有誰去理會這玄遠艱深的出世思想，因此一直沒有什麼發展。直到魏晉時期，由於政治社會的大亂，方助長了佛教的傳播；再加上清談的洗禮，使人習於領悟玄言，就更促進了佛學思想的開展。這是繼魏晉大風暴後的適時雨露，這是中國思潮的一個新轉向。

自此以後，中國思想的舞臺上，便另有一番景象了。

這時，文化的中心已離開朝廷，思想的傳播者也不再是博士；而是一批深居在寺廟內，遁跡於山林間的佛學家。他們拋棄了傳統的經義，捨棄了個人的安樂，站在人性的山巔上，忍受寒風的襲擊。他們以生命為膏油，高舉著救世的火炬，為掙扎在痛苦的人們，照開了一條光明之路。

自魏晉一直到隋唐的幾百年間，都是這些佛學家們的天下。他們之中，首先大宏佛法，聲震朝野的，便是那位以神通聞名的番僧佛圖澄。

佛圖澄是龜茲國（今新疆庫車縣）人，生於西元二三二年。在他七十餘歲的高齡時，聽到中國為戰亂所困，民不聊生，便決定奮其餘年，帶領他的門徒，到中國來傳佈佛教的福音，以解救水深火熱中的生靈。

他在西晉懷帝永嘉四年（西元三一〇年），到了洛陽，定居在白馬寺內。那時正值劉曜（匈奴人，統兵南下，虜懷帝、愍帝，就是歷史上的永嘉之亂）命令手下的一員大將石勒，向南進攻。石勒本是羯種人，幼時被賣為奴，逃亡以後，曾過著強盜的生涯，所以他生性殘暴，殺人不眨眼。這次的南侵，所過之處，燒殺虜掠，無惡不作。動輒殺人盈萬，屍骨如山。當他佔據了葛陂後，便大造舟車，準備進攻江南，再大肆屠殺。

佛圖澄看到石勒這種瘋狂的屠殺，如不加以阻止，江南的人們便將遭受空前的浩劫，因此決心冒險到葛陂去規勸石勒。他的弟子們苦苦勸阻他，認為去向石勒傳道，無異身入虎穴，自投羅網。但佛圖澄卻笑笑說：「他能夠殺我嗎？就算我被他殺了，也是為救人而死。這樣的死，是死得太有價值了。」

由於佛圖澄有這樣視死如歸的精神，救世救人的抱負；終於使殘暴的石勒信服，拜他為國師。

自佛圖澄作了國師後，隨時隨地點化石勒，使他不再屠殺無辜。後來石勒造反，滅了劉趙（即前趙），自稱為皇帝。死後傳位給他的兒子，接著他的從子石虎篡位，對佛圖澄更是尊禮有加。命令全國以和尚為「國之大寶」，供給他以錦綾的衣服，雕輦的車乘。每當他進殿時，太子諸公都必須隨侍在旁；而且特派司空李農每天早晚去向他請安，太子諸公們每隔五天去朝見他一次。由於石虎對佛圖澄如此的尊崇，可以想見佛教在後趙的聲勢了。

然而佛圖澄究竟用什麼方法來說服石勒，用什麼方法以贏得石虎的推崇？要瞭解這些，請先看看兩個神話式的傳說：

當佛圖澄去規勸石勒時，他聽說石勒手下有一員大將郭黑略是信佛教的，他便來到郭黑略的營旁。那時許多兵士正在河中游水，於是他便蹲在河邊，脫了衣服，在他右乳下面約四寸的地方，有一個像肚臍般的小孔，他把那孔輕輕拉開，有碗口那般大，然後伸手進去，把心啦，肝啦，一件件的搬出來，放在河中洗滌。那些兵士們大為驚異，問他為什麼要如此？他卻笑著說：「我洗心肝，正像你們洗身體一樣，唯有使心肝潔淨，才能使我們的行為不流於骯髒啊！」

這事傳到了郭黑略的耳中，便把佛圖澄請進了軍營；由於郭黑略的推介，佛圖澄才有機會去拜見石勒。

但石勒不相信佛法，更不相信佛圖澄有那麼大的神通，要求他顯示一點奇蹟看看。佛圖澄知道石勒是個無知識的草包，跟他講解高深的義理，無異對牛彈琴。便順手拿了一個茶缸，在缸中盛滿了清水，然後焚香點燭，口中念念有詞。突然缸中長出了一朵青色的蓮花，石勒看到了這奇觀，驚訝不已，便慌忙跪下去，拜他為國師。

佛圖澄就是憑著這些神奇的法術，周旋於兇殘成性的石勒石虎之間，才使得他們信服。至於他所顯示的神通，是否屬實，我們不得而知，也無須加以考證。我們可以推想人身如經過特殊的鍛鍊，也許會發揮體質的潛能，而有常人所不能有的表現。今天印度地方還有所謂「瑜珈術」，可以誦咒催眠，幾日不食，入湯蹈火，不傷體膚。佛圖澄的所謂神通，以我們今日的想像，也無非是運用這些法術罷了。

這些法術，儘管如何的出神入化，畢竟涉及迷信，而不是佛法的宗旨。身為佛學家的佛圖澄，為什麼不正正當當的談論佛法，而偏要這樣的神乎其技、故弄玄虛呢？

要瞭解這點，我們必須先認清當時的環境。那是五胡十六國分崩離析的時代。那些胡人，有政權、有武力；卻沒有智慧，他們當然不懂人生的道理，佛學的旨趣。而當時的一般人們，苦於兵荒馬亂，他們所亟須的是解救，那裡有耐心去靜聽佛法，鑽研佛理。佛圖澄瞭解這點，所以他只有賣弄些當下兌現的神通，去降服這些惡魔，去引發大眾的信仰。也就在他神通的號召，法術的掩護下，建造了八百多所寺廟，收召了無數虔誠的信徒，奠定了佛教傳播的基礎。

雖然他一生的事蹟，都包圍在神話之中；但他所遺留給後代的卻不是神通，而是輝煌的功業。雖然他沒有翻譯過一部經書，沒有撰寫過一篇佛學論文；但他傳授給門徒的，卻是高深的哲理。

神通只是他的一面，這一面限於環境，是不得已的；而另一面卻有著仁者的用心，有著深邃的哲理。但並沒有表現於他自身，而是把種子傳給他的弟子，在弟子的思想中，表現了出來。所以要認識佛圖澄的另一面，我們還必須瞭解他的兩位後繼者——道安和慧遠。

三

道安是佛圖澄的學生，而慧遠又是道安的學生。由於佛圖澄的鋪路工作，使他們不再需要賴神奇的法術來傳道。他們都是兼通老莊思想的大師，佛學在他們手中起了一個轉變，由民間走向士林，由迷信進入哲理。

現在我們先看看作為第一個轉變的道安。

道安，俗姓衛，是常山扶柳（今河北省元氏縣西北）人，生於晉懷帝永嘉六年（西元三一二年），他家本是個望族，可是不幸遇上「永嘉之亂」，他的父親被劉曜的軍隊虜殺了，他的母親也因悲傷致病而死。四歲的道安便成了孤兒，為他的表兄所扶養。

道安賦性聰明，七歲時便善記能誦，為鄉里塾師所讚賞。十二歲那年，朝廷下令挑選一批天才兒童為僧徒，他被選中，自此便成為佛門中的小沙彌。由於他的相貌奇醜，最初不為師傅所重視，派他到田間工作。他一邊工作，一邊讀經。三年後，已讀過了不少經書。這時，師傅才發現他是一位了不起的人才。

二十歲左右時，他便慕名到鄴城去拜佛圖澄為老師。那時，佛圖澄正是石虎的大國師，非常賞識道安。直到佛圖澄入滅後（西元三四八年），這十幾年間，道安都是在佛圖澄的左右，從老師那兒接受高深佛學的薰陶。

後來道安為兵荒馬亂所迫，到處流徙，一共播遷了九次。最後與弟子慧遠等五百餘人，遷居到湖北的襄陽，在附近的檀溪地方建立了一所檀溪寺；於是便在這兒定居下來，開始講學譯經，一共有十五年之久。

他在這段漫長的時間中，最主要的工作就是註解佛經。這是他一生事業中最光輝的一頁，因為在他以前的經書，都是譯得非常草率，詞義隱晦難懂，不易為一般人所接受；而且很少有人替佛經作註解，使得佛經幾乎成為不可讀的天書。他看到了這種病態，便努力於註解佛經，要用淺顯的文句，表達高深的學理。但當時老莊的思想非常流行，而且儒學又與佛學隔了一層，於是他便選擇了老莊，用老莊的思想，來介紹佛學的哲理。他的這一努力，不僅是開創，而且做得非常成功。所以他不僅在注經上，是中國佛學史上的第一人；而且在中印思想的融合上，是一位先聲。

除了注經外，他並把所有東傳的佛經，作了一個綜合的目錄，以確定每部佛經翻譯的時間和譯者。同時更制定了僧尼的戒律，成為佛門的憲章。以後無論南北的僧團，都是以他的戒律為日常生活的準則。

在這十幾年的努力奮鬥中，道安已確立了一生的功業，他的名氣也傳遍了整個東晉。當時有許多名士以重禮來聘請他去講學，但他不屑於無聊的清談，因此都一一婉拒了。有一次，一位文章人品都很高的名士習鑿齒（著有《漢魏春秋》），專誠到檀溪寺拜訪道安；當習鑿齒一進寺門，道安問誰時，鑿齒便隨口回答說：「四海習鑿齒。」道安聽了，也不慌不忙的回應說：「彌天釋道安。」

他們兩人的一回一答，卻構成一副千古不朽的名聯；非但在字面上，名詞對名詞，動詞對動詞，身分對身分，非常工整，而且含意深刻，別具匠心。習鑿齒是個名士，但他非常不滿當時的清談，認為清談家們只是鬥嘴磨牙而已，所以感慨的說：「四海習鑿齒。」這話表面上雖然自我介紹為「遨遊四海的習鑿齒」，但實際上卻是諷刺當時四海之內的人們都習於鑿齒的清談。這諷刺是夠幽默的了，而道安的回答更妙，他雖然自我介紹為「佛法彌天的和尚道安」，但這話實際的含義，卻是宣傳佛教。認為當時烽火彌天，只有使佛法遍佈，人們才能安居樂業。

這兩句話，不僅是副妙對，而且是一代心聲的素描。因為當時學術上充滿了不務實際的清談，社會上更苦於兵荒連年。清談誤國，早已引起一般學者的憤慨；而五胡十六國互相殘殺，更使人們在兵荒馬亂中亟求解脫。習鑿齒和道安，雖然身分不同，立場不同，但他們的感慨，他們的用心卻是一致的。

此時，道安的名望，非但轟動東晉；而且傳到前秦苻堅的耳中，苻堅在當時十六國中聲勢最盛。為了對道安的傾慕，不惜派兵十萬，進攻襄陽。把道安和習鑿齒等俘虜而去，優禮相待。

道安跟隨苻堅到了長安後，除了對苻堅說法外，並展開大規模的譯經。他組織了一個譯場，由許多學者集體翻譯。在這生命最後的七八年間，他一共翻譯了二百多卷經書，這在一個兵荒馬亂的時代裡，的確不是一件簡單的工作。所以後來的鳩摩羅什曾尊稱他為「東方的聖人」。

四

我們常看見許多善男信女們，手中數著佛珠，口中唸著「南無阿彌陀佛」。也許我們覺得好笑，但他們卻自有一番道理。他們是佛教中的一派，也就是在民間流行最普遍的淨土宗。他們以為憑著這不斷的唸佛之誠可以使人心意集中，進入極樂的淨土境界。而這念佛的辦法，就是創自我們現在要談的慧遠——白蓮社唸佛會的創始人。

慧遠，俗姓賈，雁門樓煩（山西崞縣東境）人，生於東晉成帝咸和八年（西元三三三年）。因為當地兵禍連年，所以十三歲的時候，便和弟弟慧持跟隨舅舅到洛陽遊學。他從小便博通六經，尤其喜歡老莊。二十一歲那年，正好道安在太行山立寺，講解佛經，一時聲名遠播。慧遠這時，尚未接受佛學的洗禮，他心裡頗感奇怪，為什麼君主那麼器重道安？為什麼人們如此醉心於佛學？難道佛學比老莊還要有趣味嗎？為了解答心中的好奇，他便帶著弟弟，不遠千里，跑到太行山去向道安請教佛學。

這時慧遠所有的學識都是儒道方面的，但道安在這方面卻足夠折服慧遠。因此道安在見面時，向他兩兄弟講解佛學，都是引用儒道的思想；這第一次的長談，便說得慧遠心服口服，不禁歎著說：「安公法師真是我們敬佩的老師，聽了這次的佛學，再看儒道九流的學術，簡直是一些粃糠罷了。」於是便和弟弟立刻落髮為僧，拜道安為老師。

後來，太行山一帶發生動亂，慧遠兄弟便隨著道安到處流徙。這時他們經濟來源斷絕，過著非常刻苦的生活。在北方寒冷的冬天，他們兩兄弟的床上卻只有一條破舊的草蓆，一條薄薄的被單。雖然身處窮境，但他們仍然好學不倦，晚上沒有燈火看書，就利用夕陽的餘光，延長讀書的時間。大家勸他說：「生活既然這樣清苦，不應該再這樣的勤勞。」他卻回答說：「佛祖釋迦，在山洞裡靜坐，每天只吃一麥一麻，居然忍耐了六年；何況我這種生活比起佛陀來，要舒服得多了。今天我們所以生活清苦，是戰亂的原因，在戰亂中，不知有多少人連這種生活都享受不到呢？因此今天我們唯有加倍努力研究，以弘揚佛法，消除戰亂的原因，將來才有太平的日子好過。」

由於這樣的刻苦，這樣的好學，而且有這樣的信心，這樣的抱負，二十四歲的慧遠，對佛學終於有了驚人的成就。

在某一次大規模的法會上，本來是由道安主講的。不幸道安在臨講前，突然病倒了，便吩咐慧遠代講《涅槃經》中關於實相那段的解釋。涅槃中的實相是極奧妙的哲理，可是卻由一位二十四歲的青年，在這樣隆重的法會上講解，使得臺下的聽眾們都以詫異眼光注視著他。

當他剛開始唸完「無相之相，名為實相」八個字，臺下便有人發問說：「請問法師，既然是無相，為什麼無相的相，反而說是實相呢？」

慧遠便解釋說：「實相就是萬事萬物的本體，萬事萬物的生滅就是相。沒有了生滅就是無相，所以無相的相就是實相。」

可是慧遠的解釋仍然滿足不了好奇的聽眾，雖然資質深的和尚已點頭稱是，但資質淺的和尚卻一直的追問下去。慧遠知道這問題愈分析愈深奧，愈不易了解。這不是站在講臺上可以解決的問題，於是便靈機一動說：

「諸位可知道《莊子・齊物篇》中曾說：『其分也，成也；其成也，毀也。凡物無成與毀，復通為一。』這段話的意思就是說：分剖一塊木頭，製成一個器具。對木頭來說，被砍割，當然是『分』；對器具來說，被製造，當然是『成』。但以物質的整體來說，不多也不少，我們便分不清是成是毀了。同理，分就是滅，成就是生。生滅雖然是一種現象的相，但這種現象只是我們主觀上的看法；或認為木頭砍碎了，或認為器具造成了。如果以客觀來說，便沒有生滅的現象。所以說沒有生滅現象的相，才是萬事萬物的真實本體。」

慧遠這段以老莊解佛的話，是那麼的深入淺出，那麼的乾淨俐落，說得聽眾們啞口無言，深深佩服慧遠的智解過人。道安聽到了這事後，不禁讚歎著說：「將來能夠使佛法向東流傳的，只有慧遠一人了。」

不幸，接連的兵禍，一直追蹤著他們，使這五百餘位師徒到處流徙；有時窮得甚至以樹皮果實充饑，但他們都任勞任怨的堅忍下去。後來遷居到襄陽，情形才逐漸好轉，可以自耕而食。在這定居後的十五年裡，生活比較安定，使慧遠的佛學也進入上乘的階段，而奠定了日後成為佛學大師的基礎。

後來苻堅發兵十萬，搶去了道安。慧遠便帶著師兄師弟，逃開苻堅的籠絡，獨當一面。自這時起，慧遠便過著獨立的傳道生活。

他選中了風景秀麗的廬山，由江州刺史桓伊的資助，在東山上，建造了一座歷史上著名的東林寺。這和他同學慧永的廬山西林寺，正好相互輝映。就在這個寺中，度過了他最後的三十七年，這是他一生佛學發展的最高峰。

慧遠在廬山，除了研讀佛經外，並提倡禪法。他在寺中特別設置了一間禪室，供奉無量壽佛像，主張唸佛。他不僅指導佛門子弟唸佛，而且召集了名人學士一百二十三人，組織了一個白蓮社，專門從事於唸佛。這是中國唸佛運動的創始，也是禪學在江南的第一聲號角。當時白蓮社的唸佛不僅禪味很濃，而且境界也不俗。據說當代的名士謝靈運，雖然向慧遠學佛，但因為他放浪形跡，頗有俗味，而不能入社。

由於慧遠在廬山的弘法，轟動了整個江南，一般文人名士如陶淵明等，都不遠千里而來和他相交。後來桓玄造反，路過廬山時，也曾慕名來拜望慧遠；但桓玄只是對慧遠一人的傾慕，對佛教卻始終不甚尊敬，所以他篡位後，便下令「沙門應向王者跪拜」。慧遠接到通知，便立刻寫了三封信給桓玄，反覆辯明佛門子弟是方外之人，與政治無關，不應向王者跪拜。慧遠的敢作敢為，終於使桓玄打消了主意。後來桓玄又心血來潮，要削減全國和尚的人數。但對廬山卻不敢輕舉妄動，在他的命令裡，便公開的說：「唯廬山為道德所居，不在搜簡之列。」可見慧遠和廬山的佛學在當時人們心目中的地位了。

慧遠不僅冒著生命的危險保護佛教，同時也燃燒著整個生命去實踐佛法。他的信念是始終不渝的。在這三十七年中，為了斷絕俗務，他沒有離開廬山一步。即使送客，也僅送到虎溪的岸邊為止。所以廬山民間流傳著一個故事：

據說陶淵明在彭澤做縣長的時候，常去拜訪慧遠。有一次，他們談得非常投機，後因公務在身，不能久留，慧遠便送他出門。他們仍然邊走邊談，直走到虎溪的時候，慧遠便停下來了。

陶淵明說：「再送我一程吧！我是國家的官吏，沒有行動的自由。而你是方外之人，任意去留，不妨多送我一程，我們還可以一路上談談。」

慧遠回答說：「不行！不行！心不可縱，慾不可長。我的心本想多送你一程，我的慾望也想多聽你的高論；可是前面就是虎溪，我只能在那兒止步了。」

陶淵明奇怪的問：「難道連渡過虎溪都不行嗎？」

「不行！我三十年來，就沒有跨過虎溪一步。」

「難道這是戒律嗎？」

「是的，正是我個人的戒條。」

「這樣的戒條又有什麼意義呢？」

慧遠便引經據典的說：「這不是意義的問題，儒家不是主張：『勿以善小而不為，勿以惡小而為之』嗎？凡事都必須從小處著手。在這無意義的事上，我如果能始終不渝；那麼在有意義的事上，我更能貫徹始終了。」

慧遠這番話，說得陶淵明頻頻點頭。據說陶淵明回去後，感慨萬千，覺得為了這五斗米的俸祿，必須向小吏折腰，而不能與高僧暢談。一氣之下，便把縣長的紗帽拋掉。寫下了那首千古傳誦的〈歸去來辭〉。

這故事雖出於民間的傳說，但慧遠三十餘年不越虎溪一步，卻是事實。這種持戒的堅毅精神，真令人敬佩。直到他臨死時，也是如此的一絲不苟。

他在八十三歲那年（西元四一六年），也是最後的一個八月初一，突然病倒了。情形非常嚴重，他的門徒和許多知名人士都圍繞在他的身旁。當醫生以豉酒做的藥湯遞給他飲的時候，他聞了一聞，便說：

「有酒氣，是酒，我不能飲。」

他的門徒都跪下去說：「這是藥，不是酒，請老師服了這一杯吧！」

慧遠呻吟的說：「酒是五戒之一，我怎能破戒！」

醫生無可奈何，想了想說：「以米汁代豉酒好了！」

慧遠仍然搖搖頭。

「再不然，就用蜜汁加水好吧！」醫生又說。

當時周圍的人都一齊苦苦的勸他，最後他才呻吟了一會說：「好吧！你們查一查戒律，看看是否能飲。」

戒律還沒有翻到一半，慧遠就在這感人的氣氛下從容逝去。

古人說「蹈白刃易，從容就義難」，慧遠這種從容就義，寧取死亡，絕不放鬆戒律的信守；夷險一節，死生一貫，實給人們樹立了無上的典型。

五

由佛圖澄師徒的故事中，我們可以看出佛法在初傳時的三種型態，和兩個轉變。

最先是佛圖澄宗教式的傳道，儘管他的神通帶有濃厚的迷信色彩；但在佛教傳播的早期，仍然是必要的。不過在佛教得到普遍信仰之後，卻必須化迷信為正信，由佛理以啟悟人生。所以有道安的第一個轉變。

道安的轉變，由宗教轉向學術。他以老莊的玄旨，打開印度文化的寶藏，使中印文化的交流，不在信仰的表皮，而深入於思想的血脈。但文化的交流，不能僅限於經書的轉譯，知識的吸收；

卻必須在消化之後，產生新的血輪。而慧遠的第二個轉變，就代表了這種精神。

佛圖澄和道安的思想，發展到慧遠，才進入了高潮。他不僅是個佛學的思想家，而且是個實行家，在他手中，才真正發揮了佛學思想的活力。

他把宗教式的傳道和學術化的註經加以改造、加以精製，鑄成他的一個信念。

由於這個信念，使他到處流徙，不改其志；使他借夕陽的餘光，精研不懈；使他謝絕王祿的俸養，而身處偏僻的廬山。也由於這個信念，使他為了真理，不向權貴低頭；使他為了正義，慷慨陳詞；使他為了戒律，三十七年，不越虎溪；使他氣息奄奄時，仍然一絲不苟。

試想一條淺淺的虎溪，橫亙在他前面，居然就像銅牆鐵壁一樣，這是為了什麼？這是他的信念，這是他由信念所產生的力量。雖然這只是一個沒有意義的戒律，但由於他個人信念的所在，對於他卻具有非常的意義。如果他打破了這小小的戒律，就等於打破了一生的信念。

這個信念，是宗教的信仰，也是思想的活力。慧遠之所以值得我們大書特書，就是由於他透過宗教的信仰，發揮了思想的活力。他偉大的精神在此，他思想的高峰也在此。

第十五章　譯經弘法的大師——鳩摩羅什（附：僧肇、道生）

一

道安被苻堅硬請至長安傳道時，有一次他向苻堅提議說：

「西藏龜茲國有一位了不起的法師，名叫鳩摩羅什。如果把他請來，讓我們共同研究、討論，這對於教義的闡揚，將會有更大的裨益。」

苻堅接受了道安的提議，便派專使去迎接羅什；但是龜茲國王白純，拒絕了苻堅的要求，硬是把羅什留著不放。這可觸惱了苻堅，便下了一道命令，派驍騎將軍呂光、陵江將軍姜飛，統率大軍進攻龜茲，硬索羅什。因為其間政局發生了許多變故，過了十幾年，羅什才到達我國的長安，那時苻堅和道安都已不在人世了。

這是哲學史上的一段憾事，假定這兩位東西方的高僧能聚首一堂，共同譯經、相互論辯，這對中國佛學思想上的發展，將別有一番天地呢！

不過羅什到長安時，道安的弟子慧遠已在廬山開了一代的宗風。他們兩人沒見過面，但時有書信往返。當時他們被稱為南北兩派的領袖，北派佛教的中心在長安，南派佛教的中心在廬山。這南北兩派的情趣卻完全不同，在上篇慧遠的故事中，可知南派都集中在一山，斷絕紅塵，力避權勢，不敬王侯，持戒甚嚴。但北派卻完全相反，他們居住在大都會的長安，出入宮廷，享受俸祿，與權貴來往。這在當時，的確是一個有趣的對比。

現在我們要看看這些出入紅塵的北派佛學家的動態。

二

鳩摩羅什的祖籍是天竺（印度），他生在龜茲（新疆），談起羅什的身世，卻有一個小小的故事：

他的父親鳩摩羅炎，是印度宰相的兒子，按照成規，他必須承繼父親的職位；但他覺得自己才力不夠，應該到國外去觀摩一番，以增進學識。他得到父親的允許，首先到了龜茲國，在那兒娶了龜茲國王白純的妹妹為妻，她就是羅什的母親。

她生了羅什和提婆（羅什的弟弟）後，漸漸失去了少女時那種歡樂的心情；生育的恐怖，和青春的易逝，這種強烈的苦痛和微細的情緒，一直糾纏著她。有一天，她在深宮中悶得很，便乘車出外散散心，當車子經過荒野時，她突然看到墳墓間有一堆白骨，皮和肉都已腐爛，只剩下一副人形的骨架。她看到這幕淒慘的情景後，本已有陣陣漣漪的心中，彷彿投入了一塊巨石似的，突然間，水花四濺，百感叢生。

她暗忖著：這些白骨的前身，不也是一個衣冠楚楚的人嗎？不也是一些才子佳人嗎？他們也曾有過美滿的生活，也曾度過一些黃金的歲月；可是留春無計，到頭來，仍然難免一死，逃不出「白骨埋荒外」的命運。現在的我，最後的結局，不正和他們一樣嗎？

想到這裡，她心如刀割。覺得這個「我」，終究不是「我」的，唯有忘去了「我」，才能解脫這種煎心的苦惱，然而如何才能忘去「我」呢？唯一的辦法就是捨棄「我」的所有。把一切的慾望和執著都拋棄了，這樣「我」既空無所有，便沒有「我」的煩惱了。於是她便決心出家為尼。

羅炎當然不同意她的作法，她便絕食抗議，一直絕食到第六天，都是滴水不進，粒米不食，眼看就要氣息奄奄了；羅炎再也過意不去，便答應了她的要求。

這時羅什也已經七歲了，就隨著母親出家。

羅什由於母親的遺傳，早已有了佛學的慧根，他第一部閱讀的就是《阿毘曇經》，這部經典的教義，是闡明佛法雖經萬劫，而是常新的。他開始讀這部經書時，每天熟誦一千偈，每一偈是三十二字，一千偈就有三萬二千個字，據說他幼年時一共背誦了四百多萬字，這真是一位驚人的天才了。

在龜茲國，他母親是皇親國戚，人民因他母子兩人捨棄了榮華而出家，非常感動，因此常贈送他們許多貴重的禮品。但他們覺得既然出家了，如果還收受這些禮物，這是不合理的；但人民的好意又不能拒絕，唯一的方法就是遠避，於是母子兩人便離開了龜茲國，雲遊附近各小國。

在這次的雲遊中，小小的羅什，已成為國際間的名人了。許多國家都舉行盛大的法會，恭請羅什去演講。由下面一則故事中，就可看出羅什在當時的聲望：

當時，溫宿國（龜茲之北）有一個「怪論師」，思想敏銳，能言善辯，大家都對他存有幾分畏敬的心理，有一天他正拿著一個大鼓，敲著說：

「有誰贏了我的辯論，我就砍下腦袋來謝罪。」

這時正好羅什母子路過，羅什就隨便拿出兩點義理來考問這個「怪論師」，使得怪論師瞠目不知所答，立刻倒身便拜，口裡喊著說：

「師傅，尊姓大名，饒了弟子吧！」

羅什報過名後，這位「怪論師」重新又拜倒在地上，口中密密的叫著：

「原來是羅什大師，無論如何請收我做弟子，否則我就永遠不起來。」

這故事，不久便傳遍了各地，甚至傳到黃河流域以內的地區來，這時的羅什還只有二十歲呢！

在這次的雲遊中，對羅什思想最重要的影響，就是由小乘轉變為大乘。

小乘和大乘是相對而言的，所謂「乘」就是乘船的「乘」，意思是乘著佛法的船，渡到幸福的彼岸。小乘，就是乘著小船渡自己到彼岸；大乘就是乘著大船渡大家到彼岸。在釋迦創教時，本沒有大小乘之分；不過釋迦傳教，是因對象的根機不同，而用不同的方法：根機淺的，向他們解釋人生是苦海，唯有捨棄塵世的一切，才能得到永恆的快樂；根機深的，向他們解釋深奧的道理，證明人生雖是苦海，但這個苦海卻是自造的，唯有救世救人，把這個苦海變為樂土，才是人生解脫之道。釋迦這種不同的傳道方法，到了後來，便有大小乘之分。

羅什少時所研究的都是小乘的經典，這次雲遊時，遇到了莎車王子須利耶跋陀，和參軍王子須利耶蘇摩兩兄弟，他們都是以大乘佛法傳道，尤其弟弟的功力最深，他的哥哥和全國有道之士，都以他為老師。羅什聽了他的講道後，不禁嘆著說：

「我以前專學小乘，不學大乘，簡直是有眼不識黃金了。」於是便專門研究大乘佛學，這一個轉變的關鍵，使他在佛學思想上大放光彩，奠定了日後成為三論宗開山祖師的基礎。

羅什由小乘轉變到大乘後，曾發生一個有趣的故事：

有一次，他在演講佛學時，他少時的一位老師蒲達多正好在場，但蒲達多是小乘的學者，因此對於羅什的理論有點格格不入，便問羅什說：

「你在大乘法中，究竟看到了一些什麼妙處？」

羅什回答說：「師傅！小乘法是狹義的、消極的，並不是佛法的緊要處；至於大乘法，博大精深，有法皆空，自度而兼度人，自救而又救世呢！」

蒲達多又說：「你說一切皆空，實在太可怕了，為什麼你要把過去所學的一概拋棄，要去學空呢！現在我講一個故事給你聽聽吧！

從前有個狂妄的人，他叫工匠績棉，要績得愈細愈好。那工匠已儘量績出最精細的棉絲來，但狂妄的主人仍然不滿意，使得工匠大為生氣，指著空中喊著說：『這就是極細微的棉絲了。』主人詫異的說：『為什麼我看不見呢？』工匠回答說：『因為這是最精細的棉絲，連我這個最好的工匠都看不見，何況是你們。』主人聽了，非常高興，反而賞了工匠許多黃金。

現在你口口聲聲說空，就和那位狂妄的主人一樣，結果是什麼東西都沒有。」

羅什聽了老師的故事後，便笑笑說：

「那個狂妄的主人，何嘗懂得空的意義，他心中有粗細的分別，這是『有』；他要求有一個最細的棉絲，這也是『有』；最後他有了一個『空』的觀念，這仍然是『有』。他未曾『空』過，又怎麼能拿來作『空』的說明呢？」

羅什說了這段話後，蒲達多仍然似懂非懂，因為這是佛學中一個最奧妙的問題，「有」是肯定的說法，凡是肯定有佛法，肯定有因緣，肯定有涅槃（一種最高的理想境界），都是一種「有」。而「空」是否定的說法，非但否定了一切現象，否定了人心的慾望，同時也否定了佛法的不變性。這一否定，便使得整個佛法活了起來。舉個例說：為善可以得善報，這是「有」的說法；但為善，卻不可自以為善，同時更不可因為要得好報，才去為善，否則便失去了為善的真正意義。因此必須掃除心中為善得好報的觀念，這一否定，便使我們達到一個更高的境界。小乘法拘泥於「有」，只是借天堂地獄，因果報應來勸人，其間仍然存有一個自利的觀念；大乘法說明了「空」，使我們否定了自我的觀念，而發揮菩薩慈悲的心腸。所以這個「空」，不是空無所有的空，不是等於零的空；而是包含了「有」的空，它的作用雖是否定，事實上卻使我們的思想昇華到一個更高的境界。「有」和「空」的作用正像鎖和匙，「有」關閉了我們的心，使我們不會遭受外界的侵擾；「空」啟發了我們的心，使我們超脫了這一切的困擾。這道理如果用儒家的話來說：「有」是一種外在的禮法，而「空」是一種內在的德性了。

當時，蒲達多僅了解「有」的作用，後來和羅什經過好幾次激烈的辯論，才懂得「空」的意義，不禁深佩大乘佛法境界的高超，而要虛心的向羅什學習了。他幽默的說：

「羅什是我大乘的老師，我是羅什小乘的老師。」

這一段小乘大乘的鬥法，和師生間虛心學習的態度，已傳為佛學史上的佳話。

自此羅什的名聲，大為遠播，一直傳遍華夏。因此道安才建議苻堅迎請他來華講學。當時苻堅迎請心切，竟然派遣將軍呂光率領七萬大軍，前往龜茲國強制接請。但正在這時，國內的局面發生巨變。淝水戰役的結果，苻堅遇弒，前秦覆亡。呂光歸途割據獨立，在涼州（甘肅武威縣）建立前涼。於是羅什便停留在涼國，前後作呂光父子的上賓達一十六年之久。直到西元四〇一年十二月才到長安，那已是後秦姚興的時代了。

秦主姚興對於羅什早已是嚮往多年了，接談之下，大為敬佩愉快，乃全心支持羅什從事譯經弘法的工作，把他安置在有名的西明閣和逍遙園中。並使沙門僧肇、僧叡等八百餘人協助侍奉，來展開譯經的大業。這一工作一直持續到他逝世。而他給後世帶來的偉大貢獻，便全部完成在這八九年間。

羅什不僅在譯經弘法方面受到姚興的尊崇，而在生活方面也受到無上的優待，這優待有時竟使得羅什受不了。談到這點，也許是羅什「命中註定」的吧！遠在呂光初遇羅什的時候，呂光見他年紀很輕，便一番好心要把龜茲國的公主許配給他。羅什表示這是出家人所不允許的，拒不接受，但這些武夫那管這套，硬把羅什灌醉和公主一起鎖在密室強迫成親。現在來到長安，姚興又以另一動機造成同樣事實，姚興由於對羅什欽佩到了極點，認為這樣聰明穎悟的人，一旦死去，不留後代，實是人類的嚴重損失；於是也把他灌醉，選了女伎十人，強其收納。這些過分的優待，若在一般人，自是豔福不淺；但對一個虔修佛法的高僧卻是莫大的諷刺，因此羅什自己深感慚愧。每每在講法時，向弟子們說：「比如臭泥中生蓮花，只要採蓮花，卻勿沾取臭泥。」不僅女色對於羅什是個污點，就是他所過的富比王侯的舒適生活，也未嘗不是一個出世弘法者的盛德之累，這一切對羅什都不免是污泥，而非蓮花。他的那株蓮花是開在另一面的。那也就是他在長安這八九年間的成就。

在這段期間，他從事於大量的譯經，一共譯出三百多卷佛經，在我國佛經的翻譯史上，除了唐代的玄奘外，就以他譯得最多了。

他的一生功業，在於譯經；而他的譯經，在哲學史上代表了六種意義：

一、他是有系統介紹印度思想的第一人。

二、他是介紹大乘宗派經典的第一人。

三、他所譯的《成實論》，是成實宗的聖經，所以後人奉他為成實宗的創始人。

四、他所譯的《中論》、《百論》和《十二門論》，這三部經典，是日後三論宗的基本教義，因此他又成為三論宗的創始人。

五、他所譯經典的文字，非常華麗，成為中國文學上特有的一種文體。

六、他打開了「般若正見」，和「頓悟法門」的先聲。

這六種意義，任何一種都可使他成為歷史人物；而他居然集於一身，他的重要性實無須筆者再饒舌了。

三

談起羅什的弟子，真是多得驚人，據統計有三千人之多。其中僧肇、道生、道叡、道融，稱為關內四聖，再加上道恆、曇影、慧觀、慧嚴，又稱為八宿上首。在這些弟子中，最有代表性，而能獨樹一幟的，要算僧肇和道生了。

羅什死後，門下分散，北方以僧肇為代表，南方以道生為代表。他們兩人雖然同是羅什的門下，但思想的步伐卻和師傅完全不同。羅什的功力，在於直接介紹印度的思想；但僧肇和道生卻借佛學以發揮老莊的思想，所以在大家正熱心於譯經的時候，僧肇突然大呼「忘言」；在大家正專心於精進修行的時候，道生卻突然高唱「頓悟」。這兩位弟子的一唱一和，構成了佛學思想上的千古絕唱。

僧肇，京兆（今長安縣西北）人，幼年時，家境清寒，以抄書為業，因而讀了不少的經書。他喜歡研究老莊，但總覺得老子的道理雖然高深，還不夠玄妙。後來讀到《維摩經》時，大為感動，便決心出家，以宣揚佛法。

他二十歲左右，便名震關內。許多學者，不遠千里而來和他辯論，但都失敗而回。後來聽說羅什是位佛學界的權威，便拜羅什為老師，在逍遙園中，幫助羅什詳定經論，翻譯經書。

他在三十一歲（西元四一四年），便逝世於長安。在人生的舞臺上，是那樣的短促，沒有經過風浪和波折。可是他所寫的四論，又稱《肇論》，卻成為千古的絕唱。

這四論就是：〈般若無知論〉、〈不真空論〉、〈物不遷論〉、和〈涅槃無名論〉。

當他寫了二千餘言的〈般若無知論〉時，羅什看了不禁大為激賞，慧遠讀了歎著說：「這是我從來也沒有看見過的奇文。」

他在這篇論文中，把般若的作用喻為一面鏡子，「般若」兩字是梵文的音譯，原義是智慧的意思。為什麼智慧又是無知呢？因為真正的智慧，像一面鏡子，世界上的形形色色，只要出現在鏡子的前面，都會反映在鏡中；然而鏡子本身卻空無所有，如果鏡中已有固定某種的形象，它便不能再反映其他的形色了。聖人的智慧也是如此，他是無知的，卻是無所不知，因為他的心是虛的；唯其虛的，才能容納一切，這道理正和鏡子的作用相同。

僧肇又在〈涅槃無名論〉中，強調涅槃只是一種玄妙的境界。如果人們的修養，達到最高的智慧，使他的心像鏡子一樣，那麼他就進入了這種境界。這究竟是一種怎樣的境界？卻不是言語所能形容的。正像孔子的「仁」，也是一種境界，我們只知道「仁」是做人的最高理想，但要怎樣才能成為「仁」，便無法下定義了。假如說孝是仁，難道義就不是仁嗎？難道信就不是仁嗎？因此舉一就有漏萬的危險。如果說一切德行的總和是仁，這種定義就等於沒有定義。所以這種境界是不能形容的。

僧肇這種無知和無名的理論，是來自老莊的思想，老子說過：「大智若愚」，莊子說過：「至人之用心若鏡」，老莊的思想處處在避免直接的，積極的追求；這正與佛學的「空」義相合，所以僧肇是把老莊的思想納入佛學。

以老莊的思想來解佛，僧肇並不是第一人，因為道安和慧遠都是這方面的能手；但僧肇值得我們大書特書的，不是在他的解釋，而是在於他以老莊的思想，從事於佛學的革新工作。他在〈涅槃無名論〉中便特別強調忘言的意義，因為當時研究佛學的人，都在名詞上翻來覆去，把真正的詞義，割裂得支離破碎；而有些名士更把佛學當作清談的資料，所以僧肇提出了「忘言」，的確是對症的藥方。可惜他死得太早，他的理論，只能成為千古的絕唱，而無法推廣開來，成為一種運動。

僧肇的「忘言」，是對煩瑣經義的革新工作；至於在思想上創造一種新境界的，卻要推道生的「頓悟」了。

四

道生是僧肇的同學，俗姓魏，鉅鹿（今河北省平鄉縣）人，生於東晉簡文帝咸安二年（西元三七二年）。他賦性聰悟，七歲時便隨高僧法汰出家（法汰為道安的門下）。十四歲就能登壇講法，辯倒許多高僧名士。法汰逝世後，他便到廬山向慧遠大師學法。

在廬山的七年間，他鑽研群經，對於佛學已有深徹的領悟。但慧遠那套謹守戒律的苦修佛法，畢竟不能滿足他的需要。他聽說西域高僧羅什入關傳道，便約同了慧叡、慧嚴等離開廬山，到長安向羅什求學。

道生是一個好學深思的思想家，對於羅什那種死守經義，長篇累牘的翻譯，以及半僧半俗，形同公侯的生活，自然起了反感。因此在長安住了五年，又回到廬山去靜居，這時他已是三十四歲了。

自這時開始，直到五十七歲，這二十三年間，他的行蹤頗不一定，有時在廬山，有時在霍山，有時又在長安；而他的心也一直在跳躍著，從這本經書跳到那本經書，從這個佛理跳到那個佛理；然而跳來跳去，始終沒有跳進他所理想的境地。他既不滿於廬山的苦修，又不滿於羅什的譯經。他覺得拘泥戒律，往往會窒息思想；專門譯經，也只是紙上談兵。這些都不是真正的解脫法門。

他沉思又沉思，他的心一直在波動著，正像在火爐上的一壺水，雖然內部因受熱而一直在對流著，但水面仍然保持著平靜，一旦內部的對流到了沸點，整個水面立刻滾動起來。道生在這五十六年間，雖然內心一直在跳躍著，思想一直在變動著，但他仍然保持了緘默，直到五十七歲那年，他的思想已發展到沸點，因此他再也不能緘默，他展開了思想的第一個浪潮。

在他這幾十年來一直盤旋著的問題，就是佛法既然充塞了宇宙；那麼山河大地中的每一個生靈，是否都有佛性？是否都會成佛？以傳統的解釋，認為一切都在佛性中，不過無生物沒有靈知，只是依附的，而人是有靈知的，因此都有佛性。但有一個例外，就是那些「闡提之人」惡根太重，不信佛法，所以不能成佛。在這點上，道生便產生了懷疑，他認為「闡提」也是人，也是有靈知的，因此也有佛性，也照樣可以成佛。他的結論是：人人都可以成佛。為了這個問題，他曾有一段辛酸的故事：

在他五十七歲那年的秋天，帶著滿腹的牢騷，從南京跑到虎邱山上，站在茅菴的前面，對著面前的一大堆石頭，哭訴著他的遭遇；幾十年來的積鬱，幾十年來的苦悶，一齊湧出了他的胸膛，儘管他是一個有修養的高僧，這時也不得不老淚縱橫了，他對著石頭，大聲的哭泣著說：

「你們這群頑石啊！替我評評理看，『闡提』也是人，也是有佛性的，他們當然會成佛。可是我因為說了這幾句話，便被那些愚昧的和尚趕了出來。頑石啊！請告訴我，闡提之人是否都可以成佛。」

也許道生太激動了，淚眼中看到那些大小的頑石都在點頭。便笑著說：「頑石都贊成我的看法，我的話得到印證了。」

這段道生對石頭的自言自語，就是佛教上有名的「生公說法，頑石點頭」的故事。至於頑石是否點頭？這只是一個傳說，並不值得推敲；但我們有興趣的是為什麼道生說了一句「闡提之人都可成佛」，便遭排斥呢？這故事卻不是那麼的單純了。

因為當時中國的許多高僧們，一味的推崇西方，死守著印度的教儀和戒律，而不顧中國的民情風俗。道生是位思想家，在他心中所沉思的，就是如何打破這種盲目崇外的風氣，和迷信的制度，以發揮中國的佛學精神。

那是在他被逐的前二年，有一次宋武帝劉裕，開了一個盛大的宴會，邀請京城裡所有的和尚。由於宴會的遲延，過了正午才開飯。這時有一位高僧突然叫道：

「我們佛家從印度傳來的規律是過午不食的，所以我們不能動筷。」

接著許多和尚都附和著放下了筷子。

宋武帝和大臣們也都放下了筷子，這是一個相當尷尬的局面。

這時的道生，已經忍不住了，恰好這時宋武帝大聲說：「你們看啊，日正當中，還沒有過午呢？」

道生便乘機站了起來，招呼大家說：

「白日當空，還在正中呢，誰說過午？」便不顧一切，端起碗來就吃。

於是大家也都拿起了筷，尷尬的局面總算打破了。但那些死守印度戒律的和尚卻痛恨道生，於此種下了被排斥的後果。

還有一次也是為了印度戒律的問題，祇洹寺住持慧義、東安寺住持慧嚴、道場寺住持慧觀都是主張在吃飯的時候，應該要遵守印度踞坐而食的方式。但這種方式是我國人所不習慣的，因此道生便主張：佛教既傳入中國，便須適應中國的民情風俗，改為方坐而食。

於是道生和慧義、慧嚴、慧觀等便發生了衝突，正好當時祇洹寺的施主是范泰，他卻贊成道生的看法，便向宋文帝（義隆、劉裕之子）稟奏，希望文帝授意宰相，出來解決此一爭執。

文帝便派司徒王弘和鄭道子，陪同范泰等一班朝臣，到了祇洹寺，打算說服慧義。於是便展開了一場激烈的辯論：慧義認為佛教是印度傳來的，印度便是佛教的祖國，因此一切的行事，必須以印度為準則；而范泰等卻堅持以夏變夷的儒家學說，這樣佛教才能在中國生根。這時旁邊的慧觀卻激動的說：

「任憑你們要怎樣堅持，我慧觀個人，便決不改變方式，我相信佛門中任何一個和尚，也不敢改變的。」

這話顯然是針對道生說的，因此逼得道生提出抗議說：「我也是個和尚，我便不敢苟同你們的方式，因為我從小便是方坐而食的。希望我們不要在這些小問題上，勞動皇帝和大臣們，以後各行其是好了。」

這次辯論雖然沒有結論，但道生和慧義等的破裂已無法彌補了，所以在某一次法會上，慧義等便事先安排好，要拆道生的臺。

當道生提出「闡提之人，都可成佛」的見解時，慧義便噓了一聲；於是法會上泛起一陣吼聲，有的叫著：「道生離經叛道，擅改佛旨」，有的叫著：「道生口口聲聲老莊孔孟，是佛門中的叛徒」，有的乾脆叫著：「把他趕出教門。」

就在這種暴動的情況下，道生忿忿的離開了南京，只得跑到虎邱山上，向石頭說法。

雖然道生橫遭排斥，不容於眾；但他認為只要是真理所在，便義無反顧。三年後，從印度傳來了一部《大涅槃經》，正載明了「闡提之人，都可成佛」。這使道生的見解終得到了印證，因此他到廬山東林寺講法時，便轟動了全山，許多佛學高僧都拜倒在他的面前。這前後三年的遭遇是如此的不同。道生的偉大，就是在於他在這三年中始終堅持自己的見解，從惡劣的環境中，奮鬥出光明來。

再隔兩年（西元四三四年）的冬天，他在廬山東林精舍，講解《涅槃經》，正當快要講畢時，突然手中的麈尾掉在地下，大家去看他時，這位一代的高僧，已坐在講席上仙逝了。他的死訊轟動了京都，非但一般的名士高僧為他悲悼，就是以前趕走他的慧義等，也為他頓足的嘆著：

「他的死，將是我們永遠也無法彌補的憾事了。」

從道生的故事中，可知他在生命的最後幾年，才產生一個突起的高潮；他的思想也同時達到了高峰。

他主張「闡提之人」都可成佛，與其說這理論是來自佛學，還不如說是來自儒家；因為在他提出這理論時，《大涅槃經》還未完全介紹到中國；在當時所翻譯的經書中，沒有這種說法，所以許多佛教徒一聽到道生的理論，便大為驚訝，認為他是孔孟的信徒。事實上，道生的先知先覺，也正是由孔孟思想所啟發的。他在廬山東林寺中講解《大涅槃》時，便公開引證〈中庸〉上的「天命之謂性」，和孟子性善的學說。所以道生的主張對當時佛教來說，雖然大膽；但在中國思想上卻是一個老問題，因為「人人皆可以為堯舜」，與「人人皆可以成佛」，在意義上畢竟是相去不遠的。

不過在方法上卻大不相同，因為他是運用一個最特出的方法來「頓悟」成佛的。

在這兒，我們必須分清「悟」和「頓悟」的不同：

在中國古代的思想，和以前的佛學上，無論成聖或成佛，都是主張老牛破車似的修養方法：今天讀它幾句經書，明天敲它幾下木魚。但這只是做學問的工夫，而不是做思想的工夫。學問可以日積月累，但由學問變成思想，卻必須靠悟。有許多人書讀得不少，是個大學問家，但卻毫無思想，最多只是一個圖書館罷了。而另有些人，書讀得不多，卻能在一兩句中，瞭解所有人生的問題。思想的工夫，正像爬山，爬到最高峰，便能一覽無餘。所以古代的儒佛除了教人苦修外，也同時強調「悟」，一方面教人「知其一」，另一方面卻教人「以三隅反」。「知其一」是做學問的工夫；而「以三隅反」，便是「悟」，便是做思想的工夫。所以孔子看到逝水，便能悟到「逝者如斯夫，不舍晝夜」的道理，便能悟出生命的真諦，悟出一個「仁」的境界。

所以悟是思想達到飽和狀態，而豁然貫通的境界。

但道生提出的「頓悟」，卻完全不同。它不是思想的工夫，而是揚棄思想的工夫。思想上的「悟」，是一種推理作用；但「頓悟」，卻是內在的精神作用。在詹姆士（美國哲學家）的心理分析上，認為思想是一種流，永遠的在那兒流動著；但「頓悟」卻要斬斷這支思想的流。究竟「頓悟」後是一種什麼境界呢？那時我們的腦海中是一片空白，又似乎是萬物原形畢露；我們的眼前似乎是萬籟俱寂，又似乎是生機活潑。總之這種境界不僅須靠親身體驗，而且是「不可思議」、「不可說」的。

五

前篇我們談到佛圖澄師徒，這篇我們介紹鳩摩羅什師徒。在這中間有一個非常顯明的對比。佛圖澄和羅什都是外來的高僧，一個著重在傳教，一個著重在譯經。雖然一個用口，一個用筆，但都是介紹印度的東西到中國，他們的任務是相同的。可是到了他們弟子的手中，面貌卻完全不同，那已不是全副印度的裝扮，而是中印的合璧。

道安以老莊注解佛經，僧肇以老莊發揮佛學，他們的路子是相同的，他們的地位也相等；他們所努力的是中印思想的交融，因此他們的功力也局限於這方面，而不能開展成為一個宗派。

由於道安的轉變，到了慧遠時，已開展為廬山學派，成為一代的宗風。再轉變到道生，已發展為整個魏晉佛學思想的高峰了。

道生不只是羅什的弟子，而且也是慧遠的門生。照一般情形來說，他思想的優點，該是兼容了羅什和慧遠的思想。事實上卻不然，他所受益的，不是得之於羅什和慧遠的特點，而是同時揚棄了羅什和慧遠的弱點。他最出色的地方，不在譯經，不在戒律，不在印度思想的鑽研，不在於以老莊去解釋佛經；而是在於批評印度思想，革新佛教的制度，以建立中國本位文化的新佛學。

可惜在魏晉時期，思想界太紛紜複雜了，這與春秋時期的生氣蓬勃大不相同。春秋時期的思想是平地拔起，向各方發散；而魏晉的思想卻是一個波浪的浪腳，雖然已蕩開了第一個浪頭，但要平地拔起，蔚成大觀，卻有待於以後的時代。所以儘管道安、慧遠、僧肇、道生等，以及當時一般的佛學家，都是以老莊來釋佛，但他們的努力，都是用老莊的學理來迎接佛學，把佛學老莊化，使國人易於接受而已。至於使佛學在中國的園地內開花結果，建立起中國自己的佛學，那還要等到後來隋唐時代的各位大師呢！

第十六章 溝通中印的聖僧——玄奘

一

魏晉時期所展開的佛學浪潮，到了隋唐時代便激起了一個空前未有的高潮。這時印度的思想，像萬川爭流似的傾入了中國的海洋，蔚成隋唐佛學全盛的壯觀。

以前的佛學，無論譯經也好，解經也好，都是支離破碎，雜說紛紜，沒有嚴密的組織和系統。可是到了隋唐，經與經的聯合，義與義的相結，而產生了十三個宗派。

這十三個宗派，後來由於兼併的結果只有十宗。其中的俱舍宗和成實宗，是接近於小乘的教派，雖然成長於魏晉，但由於缺乏生力，所以一直沒有進展，在中國佛學思想上的影響是微乎其微的。另外八宗，都是大乘教派，而且都是完成於唐代。其中的密宗，是加上一種神祕的外衣。律宗專重戒律和修持，用於佛教的僧徒。淨土宗提倡唸佛，適應於民間。三論宗雖然盛極一時，但後來融入天台宗，所以真正能夠發揮佛學思想、最有力量的，只有四宗：就是法相宗、華嚴宗、天台宗、和禪宗。

在這四派中，法相、華嚴、和天台，是正統的佛學，稱為「教下三宗」。而禪宗，不立文字，教外別傳，是以前諸宗的反動，也是形成以後中國本位的佛學。

法相宗的創始人，就是婦孺皆知的《西遊記》中的唐僧——玄奘大師。《西遊記》雖是一本荒誕不經的神異小說，但事實上玄奘求經的故事，也是充滿了傳奇性的。現在我們撇開了《西遊記》中的假唐僧，來看看學術思想史上真正的唐玄奘。

二

玄奘，俗姓陳，名褘，河南偃師（今河南洛陽縣東）人，生於隋文帝開皇十九年（西元五九九年）。他家是一個書香門第，祖父是北齊的國學博士，父親做過隋朝的江陵縣長，隋亡後，便棄官不做，隱居鄉間。在家中，玄奘排行最末，二哥陳素，就是在洛陽出家的長捷法師。

玄奘幼時，便好學深思，不喜歡與其他小孩在一起玩，一個人獨坐在那兒，作些奇異玄想。十歲的時候，父親逝世，孤苦無依的他，便隨哥哥長捷法師，住在洛陽的淨土寺中，自這時起，他接受佛學的洗禮，也就在這幾年中，他作了小沙彌，立志弘揚佛法。

這時，隋煬帝在江都被叛臣所殺，洛陽便成為戰場，到處是烽火連天，到處是屍骨如山。加以兵災之後必有凶年，到處是奔荒的難民，到處是待斃的餓殍，這使得淨土寺中的玄奘兄弟再也無法靜讀了。於是被迫離開洛陽，跑到長安的莊嚴寺內。然而，長安並不長安，仍然是一片戰火，一片饑聲。接著他們又輾轉逃到成都，在當時四川是天府之國，未曾遭受兵災的波及，許多高僧都避難到這裡，使成都變為佛學的中心。在這裡他們本可以安心的研讀佛經，但這時的玄奘了解力極強，求知慾更強，他覺得死守經義，拘於一派，是會妨礙真理的追求，必須到各地去訪問名僧，開開眼界，於是他便離開了哥哥，雲遊四方，從四川出發，過三峽，經湖北、湖南、安徽、江蘇、河北，又轉回到河南。在這次的遊歷中，他見過許多佛學高僧，訪過許多古廟大寺，也讀過不少各派的經典。這時，他的眼界擴大了，他的佛學高深了，他的名望也增高了，所以有一位僕射官蕭敬瑀曾經推介他做莊嚴寺的住持；雖然莊嚴寺是長安的大寺，住持又是一廟之長，但玄奘的志趣卻不在這方面，因此婉言謝絕了。在這幾年的遊歷中，使他深深的覺得我國的佛經實在太少了，而且沒有系統；尤其在翻譯方面，有的是用六朝的駢文，雖然文章華麗，卻失去了本義；有的是用深奧的字句，不能深入淺出，使讀者難於接受；尤其那些譯者都沒有親自去過印度，不懂梵文，都是由印度和尚唸出經句，然後再翻成中文。所以當時翻譯的經書，沒有一部是完美的。至於對佛法的解釋和發揮，更是千奇百怪。同一種佛理，卻有不同的解釋，有的專談迷信，有的死守戒律，有的要忘言，有的唱頓悟。玄奘詫異的自問：難道佛法的本義也是如此的嗎？誰知道？也許我們都在瞎子摸象呢？然而要如何看一看這頭象的本來面目呢？唯一的辦法，就是親自跑到印度去研究。

談起到印度，在當時真比上天還要難；靠著自己的兩條腿，要爬過充滿野獸的高山峻嶺，要越過沒有人跡的無垠沙漠，真是談何容易。然而「我不入地獄，誰入地獄」，如果沒有人發心冒這個險的話，這個問題永遠得不到解答，何況前人如法顯，也曾去過印度，難道他能去，我就畏難退縮不成，玄奘想到這裡，便大聲的發誓說：

「我玄奘應該捨命西行，求取佛法，來宏化中土。不僅大量譯經，而且要解決今日佛法上的癥結，替我國文化，作一件神聖偉大的工作。」

玄奘下定了決心後，便積極準備去印度深造，但當時唐朝初建，四夷不靖，嚴格禁止人民出境。可是玄奘絕不因此改變初衷，他想盡種種方法來實現其宿願；最後他不顧一切，利用一個非常冒險的機會而偷渡。

那是唐太宗貞觀三年（西元六二九年），由於關東及河南、隴右沿邊幾州下了幾次大霜，農作物被摧殘，發生嚴重的災害，政府便命令百姓疏散。玄奘就抓住這個機會，混在難民當中偷渡出關。

自此，玄奘便開始了他的冒險生涯。

他先到秦州（甘肅天水），轉過涼州（甘肅武威），再到瓜州（甘肅安西）。當時瓜州是中國最後一個城市了。在這段時期，他所擔心的是後面的追兵，因為當政府知道他偷跑出關後，便下了一個通緝令，這張通緝令一直追蹤著他，使得他夜行晝宿，不敢露面。自瓜州以後，他雖然不必擔心後面的追兵，但卻恐懼著前途的茫茫，因為他已面臨著一片無垠的大沙漠。沒有城市，沒有人煙，沒有綠洲，只有幾堆白骨，把這空無所有的世界點綴得更沉寂。玄奘坦然的走入了這個世界，他當時的配備只有一隻赤瘦的識途老馬，馬背上吊著一袋水，一些乾糧。就憑著這些，連一張地圖、一個指南針都沒有，而要通過一個看不見邊，而又不知方向的沙漠，這無異是白日的癡夢。然而對玄奘來說，這不是夢想，而是事實。因為他那不磨的信心，就是地圖，就是指南針，就憑著這顆信心，可以使夢想變為事實。

在沙漠中，他幾次遇到飛沙走石，幾次水盡糧絕，幾次疲憊的倒了下去，然而他的心中很清楚，他知道唯一的生路就是掙扎，就是前進；因此他又振作精神，向前奔跑，經過了無數的風險，終於到達了西域的伊吾國。

玄奘在西域各小國中逗留了一段時期，這些小國都受到印度佛教的影響，因此對這位歷盡艱辛，到印度求學的高僧，非常尊敬。國王們都親自到城門歡迎玄奘，而且舉行了盛大的宴會為玄奘洗塵。其中以高昌國王表現得最為激動。

高昌國王麴文泰是一位虔誠的佛教徒，他做太子時曾在長安、洛陽住過一段時期，因此對於洋洋大國的唐朝非常欽慕。這次玄奘去印度的計畫中，本不預備經過高昌國的，但麴文泰卻早已帶了馬匹及莊嚴的行列在路口等著玄奘，硬把玄奘吹吹打打的迎進城內。一耽就是十多天，玄奘急著要趕路，但國王卻極力挽留他說：「我國有很多僧眾，請你住在這裡領導他們如何？」當然玄奘無論如何不肯答應，國王便臉色一沉的說：「如果你不肯留在這兒，我就把你送回長安。」

玄奘仍然堅持著要離開高昌國，國王知道硬性的辦法行不通，便用軟手段，每天親自歡宴玄奘，利用拖的方法，以打消玄奘求去的念頭。這時的玄奘不知所措，只有以絕食的消極方式來抵抗，一絕就絕了四天，身體已是十分衰弱，國王再也過意不去，便答應讓他去印度。但有一個條件，就是再延長一個月的住期，講解佛經。一個月匆匆過去了，玄奘臨走時，國王送了他許多馬匹和法衣，以及旅途上的用費，並帶著全國大臣和高僧們，一直歡送到十餘里外，抱著玄奘大哭。這場面是夠感人的了。

這時玄奘的名氣早已傳遍西域各國，大家都爭著要看看這位中國的高僧，因此一拖再拖，使他在西域各國，足足逗留了一年多。在貞觀四年（西元六三〇年）的冬天，他才第一步跨進了印度的國境。

玄奘到了印度後，便首先去參拜各地聖跡，這兒畢竟是佛教的發源地，到處是釋迦傳道的遺跡，到處是莊嚴的寶塔和古廟。玄奘邊走邊訪各地聖跡，最後他跑到釋迦修道時的地方，站立在那株五丈多高的菩提樹下，遙想千年前的聖哲，在這兒孤單的度過無數個寂寞的黃昏，無非是為了解脫人類的苦痛。玄奘想到這兒，一陣心酸，不禁號啕大哭起來，他哭「前不見古人，後不見來者」，他哭佛法到如今已逐漸的衰微。當時旁邊圍觀的和尚們也都跟著他哭了起來。他就在這兒流連不捨，一直耽了九天，到第十天，才走向這次求法的目的地——那爛陀寺。

那爛陀寺的僧眾聽到玄奘來寺的消息，便還派了兩百名和尚，帶著一千多人的隊伍，高高的擡著蘭花幢蓋，到村莊上，迎接這位不遠千里而來的中國高僧，情形非常熱烈。玄奘到了那爛陀寺後便向戒賢法師學習《瑜珈論》；當時戒賢大師已是一百零六歲的高齡，而且患有極嚴重的風濕病，時常筋骨劇痛，有如刀割，曾幾次的想自殺以求解脫，但為玄奘這種冒險求道的故事所感動，便提起精神忘記了自身的痛苦，不厭其煩的為玄奘解說佛經，達五年之久。

那爛陀寺是一間規模宏大的寺院，單單和尚就有一萬多人，在這些僧徒中，玄奘是享受最高級的待遇，他有一間清靜的房舍，每天伙食配給有擔步羅果子一百二十粒，檳榔二十粒，荳蔻二十個，龍腦香（樟腦）二兩，米一升（米是摩謁陀特產，大如豆粒，當時只有高僧、貴族、國王才能享受這種大米）。出門時，都是乘著象轎。能享受這種待遇的，全寺只有十人，但我們的玄奘卻享受到了。這與今日的留洋學生，替飯館端菜、洗碟，豈可同日而語！

在那爛陀寺的五年期間，玄奘反覆的聽了無數遍戒賢大師的講法，同時更努力研習各派佛學的經典，尤其連一千年前釋迦時代的梵語，也加以精深的研究。所以這雖然是短短的五年，但玄奘卻奠定了佛學的深廣基礎。

這時玄奘已是「四十不惑」之年了，他的求知慾仍然非常旺盛；於是他便離開那爛陀寺，周遊全印度，去拜訪各地的佛學名僧。從勝軍居士那兒學習《唯識論》，解決了以前在《瑜珈論》中的許多問題，這時他的佛學思想已到達登峰造極的境界，所以五年後，再回到那爛陀寺，便開起講筵來了。他的聲名也紅遍了全印度，當時各地的論師，都特別趕來和他辯論，但都一一被他制服。全印度的人，都為這位留學華僧的辯才而驚奇、而贊嘆。

就在這備受尊崇的當兒，玄奘突然決心要回國了。那爛陀寺的僧眾聽到這消息後，都大為驚訝的說：

「玄奘法師，這裡是佛陀的誕生地，在這裡能夠幸福的過一生，你為什麼突然要回國呢？貴國都是異教徒，不重真理，人的度量也小，氣候又寒冷，我看你還是長留在這兒好了。」

玄奘卻正色的說：「我中國不像你們所說的那樣壞，我們的國家最注重仁義道德，而且有幾千年高尚的文化。我們都是信奉大乘佛法的，我這次西來的目的，就是要把貴國的佛經帶回中土，作更進一步的弘法。」

那爛陀寺的僧眾都捨不得玄奘離去，因此苦苦挽留，這消息被戒賢大師知道了，便問玄奘為什麼歸心如箭。

玄奘回答說：「師父！我知道這兒是佛法的發源地，所以我要到這兒求學，但我求學的目的，不是為了個人的幸福和才學，如果僅是為了這些，我就不會冒著生命的危險了。現在我已在貴國學到了不少東西，應該回國去傳道，解救苦難中的同胞。如果我久留不歸，非但對不起苦難的同胞，同時對自己更是一大諷刺。」

玄奘這段話說得戒賢大師頻頻點首，益發覺得玄奘的偉大。

在玄奘起程回國的前夕，曾舉行過一次轟動印度的辯論會，這故事的本末是這樣的：

當時印度有許多國家，其中以戒日王最有勢力，他曾經邀請玄奘去戒日國和小乘佛教徒辯論，因此玄奘這次回國時預備到戒日國一行，正在此時，鳩摩羅王也派使者來邀請玄奘。戒賢法師因為玄奘有約在先，便婉言拒絕了鳩摩羅王的邀請，這可把鳩摩羅王激惱了，寫了一封最後通牒說：

「我雖是個凡夫，不知真理，但我有意學習佛法，曾屢次派人來邀請你們的玄奘法師，但你都不讓他去，好像有意使我墮入地獄！好吧！你不讓他來也罷，我本來就不是一個好惹的人，我將要率領大軍把那爛陀寺削為平地！」

戒賢大師接到這封威脅信後，便和玄奘商量，玄奘為了顧全那爛陀寺的安全，就先去拜訪鳩摩羅王。這消息傳到戒日王耳中，大為震怒，便派了一個使者要帶回玄奘，鳩摩羅王也不客氣的回了一封信說：

「你可砍我的頭，但中國的高僧卻不能讓你帶走。」

戒日王接到了信，不禁惱羞成怒，也派了個使者說：

「你說你的頭可以給我，我現在就派這使者來要你的頭。」

鳩摩羅王深知戒日王的厲害，便忍氣吞聲，率領二萬象軍，三萬船隻，送法師到恆河岸邊，紮了一個臨時行營，然後親自去向戒日王謝罪。於是戒日王便帶著滿朝大臣，執著火炬，每走一步，擊一下金鼓，聲勢洶洶來迎接玄奘，當時恆河兩岸一片火光，一片人聲，情況之熱烈，真是空前未有，戒日王看見玄奘後，便立刻跪下去敬禮，並獻上散花歌讚。

第二天，戒日王一方面把玄奘迎入王宮講解佛經，一方面派出了無數使者，到印度各國去邀請佛學的名僧和學者，到曲女城大會。這一切就緒後，戒日王便陪同玄奘溯著恆河而上，到曲女城集合。在恆河的南邊，有戒日王的大軍數十萬，北岸有鳩摩羅王的軍隊數萬，河中有萬艘軍艦，都是專門歡送玄奘的，再加上擊鼓吹螺，彈弦奏笛，真是歷史上少見的壯觀。

這次參加曲女城大會的觀眾，有十八國的國王，三千多名大小乘的僧徒，以及婆羅門和其他外道學者二千餘人，再加上那爛陀寺派來的一千多位僧徒，共有七千多人，有的乘象、有的乘轎、有的步行，數十里外，冠蓋相接，真是洋洋大觀。

開會那天，會場中擺著寶座，戒日王陪同其他的國王及群臣百官，都跪在地下，口稱弟子說：「恭請玄奘大法師，登上寶座；宏揚大乘佛法。」

玄奘就在萬目睽睽下登上了寶座，宣揚佛法，他的第一篇序論，就是那篇不朽的〈真唯識量頌〉。

玄奘講完以後，戒日王就請了那爛陀寺的明賢法師，向大家宣讀一遍，並抄了一份，掛在會場的門口，上面寫著：「這篇論文，如果其中有一字沒有道理，誰能夠指摘攻破的，玄奘當斬首以謝。」

一連掛了十八天，竟然沒有一個人敢來嘗試。

曲女城大會以後，戒日王又在鉢羅耶迦城，開了七十五天的無遮大會（就是佈施大會），來為玄奘送行。參加這次大會的僧眾和臣民，前後有五十多萬人，其盛況可以想見一斑，中國的留學生在國外能受如此的尊崇，恐怕以玄奘為空前絕後的了。

接著玄奘便整裝回國，這與十六年前偷渡西來時的單人匹馬，完全不同。單以裝載佛經的馬匹來說，就有二十二匹之多。唐太宗接到了玄奘回國的奏表，非常高興，便下令沿途小國護送玄奘回國。鄯善王作前導，莎車王作後衛，陣營煞是浩浩蕩蕩，關內所有的官吏人民都擺著香案，跪迎玄奘。這時已是唐貞觀十九年（西元六四五年）的事了。

玄奘到了長安後，除了寫下（由他的弟子辯機法師筆述）那部十八萬字的《大唐西域記》外，便是大規模的譯經。

玄奘的譯經是有計畫的，他先規定好人選問題：有「證義」的人（監察所譯是否正確），有「綴文」的人（商討文體是否統一秀美），有「筆受」的人（筆記譯寫），有「書手」的人（擔任謄寫），這些人物都是由全國的高僧中挑選的，規模之大，在歷史上要算首屈一指了。

玄奘自己除了每天禮佛講道外，便是譯寫佛經，他在白天規定好翻譯的時間和進度，沒有譯完的，便留在晚上補譯，直到三更，稍微的閉目休養一會，到了五更又起床，把梵文的佛經用硃筆圈過，做些準備工作，一到天亮便再開始翻譯。

這種日以繼夜，無休止的沉重工作，一直繼續了二十年，總共譯就了經和論七十四部，共一千三百三十八卷，其中還把中國的《老子》翻譯成梵文，流傳於印度。

由於玄奘自幼刻苦求學，到印度取經時又飽經風霜，積勞成疾，得了一種「冷病」（呼吸氣管的毛病），再加上譯經的辛苦，所以病態愈來愈重。可是他仍然支持著譯完了《般若經》，接著又要譯《大寶積經》，只譯了數行時，便再也支持不住，而倒了下去。永遠的不再起來，這時他已是六十六歲的高齡了。

這一代的高僧，一半生涯在求經，一半生涯在譯經，他有著遊歷家的多姿生活，有著宗教家的殉道精神，有著思想家的救世熱情。他為了佛教，為了中國文化，為了世界人類，貢獻了他的一生。如今已心安理得的離開了人世，他手中的筆掉落了，他的那顆心停止跳動了。但他在沙漠上印下的足跡，卻永留在人類的記憶裡，他一手翻譯的千卷經書，也永留在中國文化的寶庫內。

三

至於玄奘的思想，都表現於他所翻譯的《成唯識論》中，這部書就是法相宗的寶典，所以玄奘被稱為法相宗的開山祖師。

法相宗的教義，就是闡明「識」的道理，所以又稱為「唯識」的哲學。不過法相宗所謂的「識」，不完全是指「認識」的識，而主要的是指所以產生認識作用的「心」。

外界一切現象的存在，是由於我們有「認識」的作用；而外界一切現象的變化，卻是由於我們心的變化。譬如這兒有一本書，假定我們沒有眼睛，便不知它的存在；假定我們不識字，它最多也只是白紙黑字的一堆廢紙罷了。然而即使我們都有認識的作用，但我們心的感受不同，那麼我們所理解的也有高低。所以同一本書，對於不同的讀者，可以產生不同的影響，這完全是他們心境的差別。

佛學上的「唯識論」，有點類似西洋哲學中的認識論，和近代科學上的心理學。不過後兩者所討論的範圍都限於物和心的交感，都屬於「唯識論」中前五識，和第六識的作用。而「唯識論」除了這前六識外，更進一步，去尋求一個自我人格的來源（第七識），在人格中發現一個物我的本體（第八識）。

「唯識論」中所謂的前五識，就是「眼（視覺）、耳（聽覺）、鼻（嗅覺）、舌（味覺）、身（觸覺）」等五識，這是人類身體上的五大感覺器官，我們對外界的認識都是以這五種感官為媒介，因為外界的一切都是物質的存在，它必須通過這五種感覺，才能傳達到心中。這個心（唯識論中的心，包括腦神經，及宇宙的心，此地指腦神經），就是第六識（也稱為意識），如果沒有這種心的認識作用，外界的現象雖然存在，但我們也無法感受到。所以把外界的存在變為內心的存在，這是前五識和第六識的功用。

但第六識除了接受外界的存在外，它還有自己的天地，就是精神的世界。舉凡思想、情感、幻想等精神作用，都完全存在我們的第六識中。因為我們所看到的山河大地不是有情的，有情的是我們自己的心。蠟燭的燃燒，這是物質的現象，可是進入詩人的眼中，卻是「蠟燭有心還惜別，替人垂淚到天明」。泰山和毫毛，大小相差懸殊，在莊子的眼中未嘗不是如此，可是在他的心中，泰山卻和毫毛同樣大小了。這是由於心非但可以直接攝取外界的一切，而且可以改變一切的價值和意義。然而為什麼有這種改變，這種改變的動力是什麼呢？要解決這個問題，「唯識論」便提出了第七識。

第七識，是「末那識」，就是自我的精神意識。意識所以有差別的作用，就是因為意識中有一個自我的人格。每個個體都是不同的，每個生命都是相異的，這不同和相異都是由於「末那識」的作用。每個人的心中，都有一個「我」的過去，「我」的未來，以及「我」之所以成為「我」的意識，他對一切的反應都是以這個「我」為中心。因此他所感受的山河大地，也是他所自創的。這個「我」的自我認識，就是「末那識」。

「唯識論」發展到第七識，仍然類似心理學和觀念論，仍然徘徊在科學和哲學的園地。因為這時所注重的是在分析，是在萬物的差別相；直到最後提出第八識，境界卻完全不同了，因為這時已觸及物我的根源，已進入了一個宗教的境界。

這一識叫做「阿賴耶識」，它是一個超越了時間和空間的大倉庫，裡面深藏著形形色色的種子，這些種子含有一切的特性，所以它是萬物的根本，又是心靈的本體。同時它又不是固定不變的，好比人身的遺傳因子一樣，過去的一切作為，可以影響這些種子；而這些種子又形成了未來的世界。所以它是超越了時間和空間的。由於它有這種儲藏種子的功能，又被稱為「藏識」。

這個「阿賴耶識」，究竟如何作用的，為了方便起見，我們畫一個簡圖說明如下：

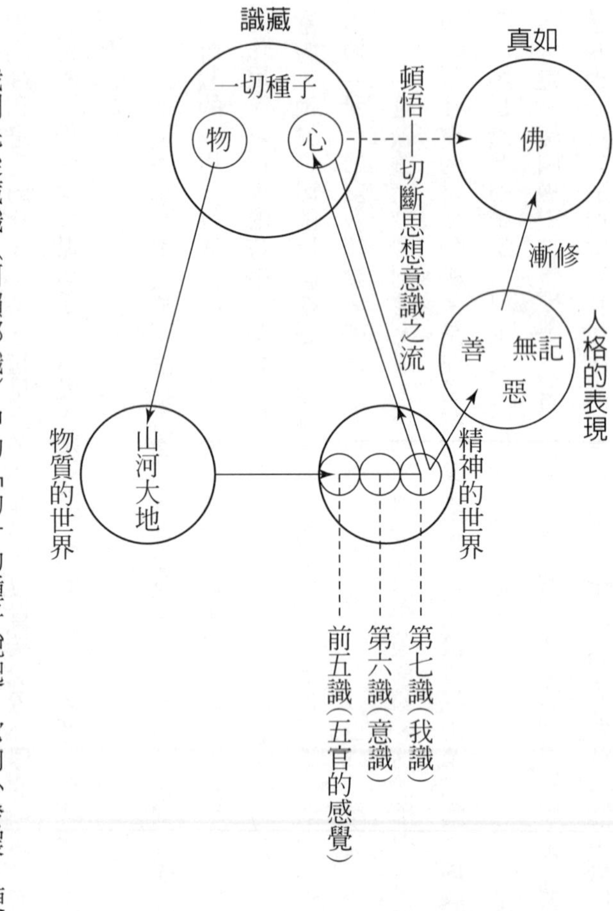

我們先從藏識（阿賴耶識）中的「物」的種子說起，它向外發展，便形成了「山河大地」的

物質世界。這物質世界，依靠五官，經過「意識」，而達到「我識」，於是物質世界便與精神世界交流，而成為「我」的世界。最後這個世界，又凝縮成心的種子，進入藏識中，在藏識中「心」和「物」的種子是相通的，於是接著又起了一個循環作用，所以在時間之流中，心和物不斷的改變，也不斷的交流。

至於如何開墾精神的園地，達到佛的境界呢？讓我們再從藏識中的「心」的種子說起。它是包含了「善」、「惡」及「無記」三個因素（無記就是善惡的中性）。這三個因素，通過「我」識，所表現出來的就是「我」的人格。把善表現出來就是善人，把惡表現出來就是惡人。然而無論是善人、惡人，畢竟還是普通的人；可是佛卻是超諸善惡的，是一種真如的境界。因此我們要達到這種境界，必須使善惡因素完全消失，無所謂善，也無所謂惡，所以佛和藏識是絕緣的，必須否定了藏識，消滅這種產生萬物的種子，才能達到佛的境界。

不過在這裡，我們須認清法相宗的修持方法，和道生及以後禪宗的「頓悟」完全不同。頓悟的方法是不須通過「我識」，而在藏識上，突然轉變這些種子，使我們昇華到佛的境界。但唯識論的方法便不同了，唯識論是走的漸修途徑。它告訴我們，先要在藏識中，濾去惡的因素，使我們在人格中表現出來的是善，然後再進一步，連善也揚棄了，而進入佛的境界。正因為這種由認識到成佛的修持工夫，所以唯識論的學說才不同於一般的認識論、心理學，而成其為高深修養的學問，而成其為一種宗教的哲學。

四

玄奘大師在佛學上的造就，固然精闢，然而我們對於他的認識，卻不限於此；因為他不僅在佛學思想上是一座高峰，同時在整個中國文化上也是一顆光照萬代的巨星。

在他以前，除了幾位到國外求經的和尚外，都是印度的和尚到中國來傳教，造成一般教徒崇外的心理。可是到了玄奘手中，這情勢卻轉了一百八十度的大彎。印度的大乘傳到中國，玄奘加以精深的研究，現在卻回到印度去宣揚大乘佛法，使得印度的高僧名士傾服不已。此一轉變，轉變了整個的佛學思想史，因為自此以後，不再是印度僧徒到中國來傳道，而是舉世的人們都向中國學習大乘佛法了。到如今佛教發源地的印度，已沒有了大乘佛教，而在中國卻蔚為大觀。這種全盤接收了外來文化，而又能出藍勝藍，實在是歷史上少見的奇蹟，而此一奇蹟的轉捩點就是玄奘。

玄奘不僅在思想上作了這一轉變的關鍵，在外交上更有驚人的成就；因為他的辯才無礙，博通中外，轟動了整個印度，使全印度的人們，由於對這位華僧的傾服，而認識了中國文化的偉大，所以戒日王聽了玄奘的一席話後，便於貞觀十五年（西元六四一年），派使到長安朝貢，自願稱臣。這是中印外交關係的開始。想不到玄奘，以一個留學生的身分，卻在不知不覺中，替我國完成了一次最漂亮的國民外交。

今天我們面臨著這位千年前的聖哲，我們的心情是沉重的。在中國歷史上有兩次接受外來的文化：一次是魏晉時期，接受印度的文化；另一次就是今日的接受西方文化。在第一次時，玄奘是一個轉變。玄奘所以有這種轉變的力量，主要由於他不僅是求經，不僅是全盤印化而已，而是他本身已有很高的造詣，他在國內已是一個知名的佛學家，所以他那次到印度去深造，不是站在低一層的地位去接受，而是站在更高一層的境界去選擇。他在菩提樹下大哭印度佛教的衰微，他在曲女城大會中，一席宣言，震得全印度小乘的教徒啞口無言。由這些動人的故事中，可知玄奘不僅是達到出藍勝藍，爐火純青的功夫，而且這次到印度深造，簡直是向印度宣揚中國的大乘佛教呢！

但我們反省一下這次西化的成績如何？從鴉片戰爭起到現在已經一百多年，即自五四運動介紹民主科學以來，也有幾十年的歷史了，今天我們所得到的都是西方文化的皮毛，正像道生時代那些崇外的僧徒一樣，專門模倣那些不合中國文化的生活方式，而不能吸取思想的精華。說起來也許令人心酸，令人失望。可是我們仍然有一個夢想，夢想著有那麼一天，西方的民主科學有如印度的小乘，而中國產生了一種大乘式的民主科學，反而到西方去弘揚，使西方學者都到中國來留學，學習這種奠基於人道精神上的民主和科學。這雖是一個今日的夢想，但在不久的將來何嘗不會變成事實，因為我們深信，千年前有玄奘，千年後仍然還有玄奘。歷史雖不能重演，但長江後浪推前浪，我們有充分的自信張大眼睛等待著這繼起的浪頭，把這個夢想實現於不久的將來。

第十七章　融會貫通的教宗——智顗（附：法藏）

一

玄奘大師西遊印度時，看到佛教的衰微，曾在菩提樹下痛哭。玄奘的痛哭，並不只是心血來潮，觸景生情，而是具有歷史的意義。

自釋迦滅度後，在印度流傳的都是小乘教派，而且支離分裂，有二十部之多。到了佛曆五世紀（相當於西元前一世紀），外道繁興，益呈複雜。直到第六世紀末才有馬鳴和尚，第七世紀有龍樹提婆和尚，第九世紀有無著世親和尚，第十一世紀有清辨護法和尚，第十二、三世紀有戒賢智光和尚。在整個印度佛教史上，也只有寥寥數位大師。他們的努力，造成了佛學的高潮。這是印度佛學的黃金時代；可惜只有馬鳴和尚到戒賢和尚的五百年間，未免太短促了。自戒賢和尚而後，一方面由於佛教徒們的專事空論，忘了修持；一方面由於婆羅門等外道的中興與崛起；所以此後印度的佛教便一蹶不振。到了十五世紀（相當於西元十世紀），佛教發源地的印度，已幾乎沒有佛教的氣息了。

玄奘就學於戒賢論師，那時印度佛教猶如強弩之末，所以不禁悲痛佛學的衰微。在此後一千餘年來，要談佛學，只有求之於中國了。

我們再反觀中國，佛學正如三春花發，滿山滿谷。譯經的豐富，宗派的創立，已直追印度的佛學。但直到隋朝以前，中國佛學的高峰，還沒有超過印度，因為我們所譯的是印度的經典，我們所傳的是印度的宗派。而要更進一步融會貫通的發展到巔峰，卻有待於隋唐的各位大師。這時由天台宗和華嚴宗的判教，把原本繁複的佛學加以分析綜合，組成了有系統的教理。再加上玄奘的大規模譯經，使印度思想在中國園地上開出燦爛的花朵。才使中國的佛學波瀾壯闊，奠定了這世代佛學思想的領導地位。

中國佛學的發展，在譯經方面，玄奘是一個重鎮；在佛理的開展方面，判教卻是一個轉捩點。

什麼叫做判教？簡單的說就是把釋迦一代說法的內容和方法，依照經典的深淺，加以時間上的劃分，加以內容上的分析綜合。雖然判教的分類缺少歷史上充分的根據，但它卻是中國佛學史上的一種創見。因為此後，我們對印度佛學已不是籠統的接受，而是自覺的吸收，而是有條理、有系統的研究了。

二

為了方便起見，我們借圖解的幫助，來看看天台、華嚴兩宗判教的內容。先說天台宗的五時八教：

五時
- 華嚴時——這是釋迦初期，為許多根機敏慧的菩薩所說的法，以《華嚴經》為主。
- 阿含時——十二年後，由於鈍根的人不能領悟大乘的佛法，便改講小乘的《阿含經》。
- 方等時——再八年，為了使大家不迷於小乘的自渡，改講大小乘兼有的《楞伽經》等，並以大小乘的比較，以彈呵小乘，轉向大乘。
- 般若時——再二十二年間，為一般人或誤執大乘者，改講《般若經》，使大家了解一切皆空，不可執著。
- 法華涅槃時——在最後八年間，改說《法華經》及《大涅槃經》，進入了佛法圓融的最高境界。

這「五時」的分法，說明了一個事實：告訴我們佛經為什麼有淺有深，有小乘有大乘，這都是由於釋迦的說法是隨著對象不同，而有不同的態度，不同的內容。所以配合了「五時」，而有所謂「八教」的劃分。

八教又分為化儀四教和化法四教。化儀四教就是頓教、漸教、秘密教、和不定教。它們說明了釋迦說法態度的不同：有時用「頓」的方法，使對方自證；有時用「漸」的方法，使對方由小乘而進入大乘。有時聽眾很多，便用「秘密」的方法，向對方直指，使聽眾彼此不知，而各有感悟；或用「不定」的方法，說漸，說頓，使對方有的聞小法而證大果，有的聞大法而證小果，雖然彼此同聽，而受益卻各不相同。化法四教就是藏教、通教、別教、和圓教。它們說明了釋迦說法內容的不同：有時專說小乘的「藏教」；有時兼說大小二乘互通的「通教」，使鈍根的人通藏教，使利根的人通「別」、「圓」兩教；有時專對菩薩說異於其他各教的「別教」；有時卻直接開示大乘至高境界的「圓教」。

到了華嚴宗，又有三時五教的判釋。

所謂「三時」，乃是以日出、日昇、日沒來比喻釋迦說法的次序：「日出先照時」，先照高山，這是象徵釋迦成道時，先對大智大慧的人說法，相當於天台宗的華嚴時。「日昇轉照時」，遍照幽谷，這是象徵釋迦用誘掖的方法，向根機較淺的人說法，這是一種暫時的權變，相當於天台宗的阿含、方等、般若三時。「日沒還照時」，再照高山，這是象徵釋迦最後的畫龍點睛，直達勝境，相當於天台宗的法華涅槃時。由以上的分析，可知華嚴宗的三時，只是天台宗五時的簡化。至於華嚴宗的所謂五教，圖示如下：

五教
- 小乘教——這是以我空的道理，向一般根機較淺的人說法。
- 大乘教
  - 始教——這是以一切皆空的道理，使一般根機稍淺的人，不僅明瞭「我」是空的，法也是空的，使他們由小乘轉入大乘。
  - 終教——這是使根機稍好的人，不執著於空無，而能明瞭大乘的建設性，知道一切都可以成佛。
  - 頓教——這是使根機好的人，斬斷一切空有的思念，而直悟真如的法門。
  - 圓教——這是佛教的最高境界，圓滿具足，一即一切，一切即一。

在這裡，我們可以看出天台、華嚴兩宗，是如何巧妙的把整個複雜的經典加以分類，加以批判，使後代的學者都有規矩可循，都有脈絡可尋。所以在佛學史上，一般都公認中國佛學的貢獻除了禪宗外，就是判教了。

三

天台宗的五時八教，華嚴宗的三時五教的判釋，其創立者即是天台宗的智者大師智顗，和華嚴宗的賢首國師法藏。他們也都是天台、華嚴兩宗思想的完成者。

智顗，俗姓陳，生於梁武帝大同四年（西元五三八年）。他的眼睛是雙瞳子，家人都認為這是帝王之相，將來一定是偉人。事實上，他也真達到了偉大的境界，只是他的成就不在於世俗的功業，而在於佛法的光大。

他七歲時，便與佛教有緣，常跑到附近的一所大寺廟裡去參拜佛像。寺中的和尚們覺得他具有慧根，常教他許多佛學的知識，這是他接受佛學的初期。

十七歲那年，由於陳霸先篡奪了梁朝的天下，南方很亂，他便在雙親的吩咐下，到陝州的母舅家避難。可是他到了北方後，並沒有留在母舅家中，一個人卻偷偷地跑到了相州的果願寺中，落髮做了和尚，那時他還只有十八歲。

此後，他便過著托缽的僧徒生活，他在大蘇山的寺院裡一住就是八年，這是一段漫長而單調的歲月，唯一的工作和唯一的消遣，就是閉關讀經。由於他生性敏悟，別人須化半年才讀得完的經書，他只要二十天的工夫，便能背誦經句，而且融會貫通，推陳出新。所以在這段時間內，他已讀通了不少重要的經典。加以大蘇山的慧思禪師，為他講解法華三昧，已播下了日後開展為天台宗理論的種子。

有一次，他在寺裡，作著「法華三昧」的工夫，剛作了三個晚上，讀到《法華經》中的「心緣苦行，至是真精進」兩句經文時，覺得自己確已領悟了，便閉上眼睛，希望再加以體會一番。這時他的眼前顯出了一片新奇的景象。

他看到了釋迦正在向大眾說法，他奇怪的說：「咦！那不是佛陀嗎？」

他又看到慧思也在聽法，不禁叫著：「那不是慧思禪師嗎？」

正在他說話的當兒，慧思走了進來，對著正在入神的智顗說：「你入定了嗎？你看見什麼場面？」

他回答說：「師傅，你也來了嗎？這兒是印度的靈鷲峰，我們同聽佛陀講解《法華經》呢！現在我們要怎樣回去啊！」

這時的他，不知道自己曾參與千年前的佛會，也不知道自己在跟千年後的慧思談話，慧思知道他這種情況，便提醒他說：

「你此刻已在一千年後的大蘇山了。」

這時的智顗，似乎從夢境中出來，望望寺院，望望慧思。慧思笑著說：

「要不是你親自體驗，你不會了解這種境界。要不是我作印證，便不能證實你已進入這種境界。這種把過去和現在融合在一起，就是所謂法華三昧的力量啊！」

這是一種怎樣的境界？智顗能在靜坐中，回到一千年前的時代，同時又能和一千年後的人對語。這有點像夢遊，但這不是夢，而是一種心靈上的神通，佛教上稱為「宿命通」。

智顗在二十八歲那年，便離開了大蘇山，跑到了南京的瓦官寺中佈道，一住又是整整八個年頭。在這段期間，他已嶄露頭角，聲名遠播，極為社會人士所禮重。

後來他想停一下這種講學生活，希望找一個幽靜的地方去修行。他選中了浙江會稽的天台山，便和二十餘位弟子，在天台山上結了一所茅菴，叫做修禪寺。在寺中，立志苦修。這是他建立天台宗的第一步。

他在天台山上，足足靜居了十個年頭。在這十年內，建立了他的思想體系，發展為一個宗派。因為這些理論都是他在天台山上參悟的，所以他開創的宗派，被稱為天台宗。

這時的智顗非但佛學已發展到高峰，同時他的聲名，也傳遍了大江南北。雖然他的賦性恬澹寧靜，毫無半點名利心。但為了救世救人，使他又不得不入塵世與俗人周旋。

在至德元年（西元五八三年），陳後主剛即位時，便下了一張詔書，邀請智顗入京講學。雖然智顗借故推辭，但陳後主對他嚮往已久，一次又一次的詔書，共達七次之多。在時君如此誠懇的請求下，智顗再也無從堅拒了。於是便離開了山明水秀的天台，走向十里紅塵的金陵。

智顗在金陵一住又是好幾年，眼看陳朝滅亡，隋朝代興，他便乘此機會漫遊大江南北。但隋煬帝楊廣在做晉王時，便屢次要拜智顗為老師，迎請他到揚州來說法。他雖然婉謝，但楊廣再三的邀請，使他無可奈何，只得提出了四個條件。大意是說他三十年來，只是為了弘揚佛法，才入紅塵，將來年老時，希望能再還歸天台。這話正說出了一個佛學家的心願，他們的奔波說法，並不是為了留名，他們的涉足紅塵，也不是為了享受榮華，而是為了傳道。等到他們精力衰微，再沒有弘法的能力時，他們寧願一個人在山林中寂寞地化去。因此他們生命的價值，正像一把火炬，從束薪變為灰燼，真正的生命力的表現，就在燃燒時的發熱和發光。

智顗提出的條件，楊廣一看便滿口答應。在迎接智顗的法會上，楊廣特別當眾宣佈，奉他為智者，所以後世都稱他為智者大師。

智顗之所以為當時統治階層所欽佩，絕不是偶然的，請看下面的一則故事：

有一次荊州總管宜陽公王績，到了玉泉山精舍，去參拜智顗，當王績拜見的時候，竟全身顫抖，滿頭大汗，出堂後，一面揮汗，一面說：

「我身經百戰，愈戰愈勇，從來沒有怕過。可是今天一見到智者大師，卻不禁愧汗淋漓。」

為什麼這些身經百戰的大將們，在一個手無縛雞之力的和尚面前，卻會滿身大汗呢？因為一個佛教大師，並不止是一個頭戴僧冠，身披袈裟的和尚，而是代表一種真理，一種精神。他的真理像一面明鏡，澈照出對方深藏在心底的罪惡；他的精神像一把火炬，澈照出對方掩蔽已久的良知。難怪王績要愧汗淋漓！即使千年後的今天，我們讀到這些思想家的傳記，遙想千年前的他們，為了救世救人，而忍受寂寞淒涼，獨自在黑暗中掙扎，像黑夜裡的一支蠟燭，只是為了要持續那點人性的光芒。再比照一下我們自己，我們也同樣會愧汗淋漓的啊！

智顗，這一代的大師，除了留給我們寶貴的佛學思想，還留給我們許多動人的故事。直到開皇十七年（西元五九七年）他臨死時，在天台山上，仍然從不間斷的寫作。他到了最後的殘年，為什麼仍然要如此的嘔盡心血呢？他說：

「商客寄金，醫去留醫，吾雖不敏，狂子可悲！」

這話的意思是說：商人客死他鄉，必定把剩下的資金寄回家中。醫生臨死時，也一定把秘方留給後代。我雖然天資愚鈍，但眼看那些愚痴人們的可悲可憐，我也不忍心就此西去，而要盡我最後的一點精力，留點有益的東西給後人。

的確，我們受益於智顗的實在太多了，但最有意義的是他留給我們這幾句話，他自己做到了這幾句話，同時更開導後人，去實踐這幾句話。要不是拓荒者的胼手胝足，後人是不會坐享其成的；要不是前哲們把他們的智慧留給後代，我們能有今天的文化嗎？這一切，都得歸功於「醫去留醫」的精神。智顗的精神在此，佛學大師們的精神也都在此。

四

智顗雖然是天台宗的創教者和完成者，但以法統的繼承來說，他的思想是傳自慧思，而慧思又傳自北齊的慧文。所以傳統的說法，都以慧文為第一祖，慧思為第二祖，智顗為第三祖，接著一直傳到中唐的湛然為第九祖。

慧文、慧思的學說，並無特出的地方，只是替智顗鋪路，在智顗手中，才真正完成了天台宗的理論體系。

智顗是陳隋時代人，由於佛圖澄和羅什師徒的傳道及譯經，使得當時的佛學蓬勃的發展開來，而經典的繁多，和思想的複雜也是空前未有的。智顗處身在這種情況，以他過人的智慧，選取《法華經》為中心經典，來統一解釋其他經典，更以圓融的思想來調和各派的學說。

在他的看法，認為這個現象的世間，可分為三大部分：就是國土世間（無情物世間），眾生世間（有情物世間），和五蘊世間（色受想行識為五蘊，即是物與心交感的世間）。由這三大部分，合組成現在的世間。而現在的世間中又有十種區別，就是：地獄、餓鬼、畜生、修羅、人間、天上、聲聞、緣覺、菩薩、佛。這十種區別叫做十界。這十界雖然取名為「界」，其實是毫無外在的界限，只是十種境界罷了。這十種境界都是互通的，每種境界中都含有其他九種境界。譬如地獄界中，含有佛界的因子，只要「放下屠刀」，便可「立地成佛」，所以在地獄界中「地獄」只是當前的顯性，而其他九界都是將來的隱性。同理佛界也是如此。如果一萌歹念，便立刻墮入地獄。所以這十界雖然境界不同，但它們的機會卻相等。因此十界以作用來說，便有百界。但這百界中，每一界都有十個「如是」。這十「如是」就是指每界的形相、性質、因緣等作用。因此百界中有一千個「如是」，再加上剛才三大部分的區別，就成為三千世界。這三千世界就是現在世間中一切存在和變遷的因果。

然而這三千世界，並不是客觀存在的，而是在於我們的心中；我們的每一念中，就包含了三千個世界的可能。變餓鬼，或成菩薩，完全在於我心的改造。然而我們的心如何能使我們不作餓鬼，而為菩薩呢？這是因為我們一心有三觀，這三觀就是空觀、假觀、中觀。所謂「觀」就是一種智慧的透視。從「空觀」，使我們打破物慾的迷執，了解一切皆空的道理。從「假觀」，使我們打破差別的存在，知道一切現象都是暫時的和合。從「中觀」，使我們在心中挖除無明的苦因（無明就是愚昧，是一切煩惱的根本），而達到解脫的目的。

許多佛學經典，有的從「空觀」立論，就是「空諦」；有的從「假觀」說法，就是「假諦」；有的從「中觀」表現，就是「中諦」。但智顗不偏於任何一諦，把它們調和起來，達到三諦圓融的境界。

由一念三千，而一心三觀，再進入三諦圓融。我們可以看出天台宗的思想間架。它是把一切的佛法，通過三觀，而總匯於一心。這個心，只要一念，便可上窮佛界，下盡地獄，遍歷一切世界。因此我們要改造世界，不必向外界動刀動斧，只要向自己的心內「觀」一觀就夠了。這「觀」是一種智慧的透視，是一種思想的解悟，更是一種實踐的動力。天台宗的秘訣，就在於這一個「觀」字了。

五

上面我們已看到天台宗的思想體系，接著我們再看看與天台宗遙相輝映的華嚴宗的思想體系。華嚴宗的法藏，雖然是華嚴宗的完成者，但在法統上來說，杜順是第一祖，智儼是第二祖，法藏是第三祖，澄觀是第四祖，宗密是第五祖。

杜順的地位，正和天台宗的慧文一樣，他的生平也不大可考，因為包圍著他的是許多荒誕的奇蹟，據說病人瘋人坐在他的面前，立刻就病愈；聾者啞者和他對語，立刻就復原。當然這些都是不甚可信的。我們只知道他是陳隋時代長安人，曾為隋文帝所尊崇。他的弟子智儼的生平也不可詳考；據說智儼十二歲就拜杜順為老師，智儼的思想只是杜順思想的延續罷了，他們師徒兩人的思想也只是為法藏的開宗而鋪路。

法藏的祖先是康居人（即今西域），所以他姓康，叫康藏。直到他祖父才歸化中國。他在貞觀十七年（西元六四三年），生於長安。比玄奘回到長安只早二年，他比玄奘小四十歲，然而他卻參加過玄奘的譯經工作，那時他最多只有二十歲左右，但已有獨創的見解。對於玄奘所提倡的法相宗，深表不滿，而憤然的退出譯場。試想玄奘在當時是何許人？不只是中國的高僧、國寶，而是國際上的佛學權威。但小小年紀的法藏居然向玄奘提出質難，而另闢蹊徑，可見他思想的獨創性了。

他離開譯場後，便拜智儼為老師，從智儼那兒接受《華嚴經》的思想，奠定了華嚴宗的思想基礎。

華嚴宗的主要經典就是《華嚴經》，這部經典不易領悟，有一次法藏為武則天皇帝講解《新華嚴經》，當他講到《華嚴經》中主要的思想時，則天皇帝茫然不知所云，於是法藏便指著宮門前的鎮殿金獅子為譬喻，用深入淺出的方法，點破了則天皇帝的迷津，這段說法就是著名的金獅子章，不僅代表了法藏的思想，也代表了華嚴宗的哲理。

法藏指著金獅子說：譬如金的質料是本體，獅子的形相是現象。但金獅子的形相是虛幻的，是變動的，真實存在的只是一堆金罷了。因為我們可以把同樣的一堆金塑成貓狗老虎。這正如我們所看到的現象，儘管今日朱顏，他日成白髮。但地水火風等四大的本質卻是不變的。這種現象就是「事」，這種本質就是「理」。所以「事法界」是變幻的，「理法界」卻是不變的。

不過「事」雖然變幻無常，卻是「理」的一種表現，沒有金獅子的形相，我們根本不知有金獅子的存在。沒有肉體的臭皮囊，我們也無從發揮人的精神。所以「理」和「事」雖然一真、一假，但卻是相互依存，而且是一正一反，相輔相成的，所以這是一種「理事無礙」的法界。

華嚴宗的思想發揮到這一步，仍然是走著舊路，因為以上三個法界，不是拘泥於「理」的無，「事」的有，便是斤斤於「理」的真，「事」的假；最多只是說明「理事」的相互依存罷了，仍然不脫科學哲學的分析和綜合的範圍。直到他揚棄了這個「理」，閉口不談這個「理」，而在事和事之間，發現了別有洞天的玄虛幻境時，才真正衝破了科學哲學的樊籬，突然的面臨著宇宙的本體，進入了一種混然一體的境界。

在科學和哲學的理解上，一就是一，二就是二，眼就是眼，鼻就是鼻，真如就是真如，現象就是現象。可是在這種宗教的境界中，一可以是一切，眼可以是鼻，而真如也可以是現象。把整個差別相同，一爐而熔成一體。再以金獅子為比喻，站在這種境界中看金獅子，我們根本不分什麼是質料，什麼是形相，只覺得是混然一體的金獅子。正像面臨著一片汪洋大海似的，我們只看到波浪起伏，而不分那兒是水，那兒是波，我們可以指著任何一個泡沫說那就是海。同樣我們面對著金獅子，也可以指著它的毛髮說：這是金獅子；也可以指著眼鼻說：這是金獅子。雖則毛髮眼鼻是截然不同的，但在混然一體中，卻是相通的。這正如一張大網上，綴滿了透明的珠子，每顆珠子中，不僅反映了其他的珠子，而它本身也被其他珠子所反映。一顆珠子中有一切珠子的影子，而一切珠子中有某一顆珠子的影子。一即一切，一切即一，呈現了一幅五光十彩的奇觀。每一顆珠子代表一個「事」，「事」與「事」間相收相放，相即相入，打成了一片，混成了一體，表現了一個宇宙的真心。

法藏借著金獅子為比喻，說了那麼多抽象的道理，總括起來，也只有一個目的，勸我們唯有打破現象的差別，放棄心中的成見，才能與這個華嚴的宇宙融成一體。

六

玄奘的「唯識」，智顗的「一念」，法藏的「真心」。這個「識」、這個「念」、這個「心」之間，究竟有何不同呢？也許他們的經典各不相同，他們的立論各有偏重，他們的宗派互相批評；然而這個「識」、這個「念」、這個「心」，畢竟是同一個源流，同一個根本。而且他們所用的方法也復相同。因為他們都處身在一個動盪的時代，都面臨著龐雜的思想，因此玄奘東西奔波的要唱「唯」，智顗苦口婆心的要觀「一」，法藏大聲疾呼的要求「真」。這「唯」、「一」和「真」都是在於撥開雲霧見青天，化繁為簡，直達本心。

我們都生存在這樣一個大千世界中，在時間上，變幻無常；在空間中，形形色色。我們常常為時間所囿，常常陷入空間的窠臼。我們不知宇宙的間架，人生的歸宿，這就是一切苦痛的根源。

為了解脫這種無明的苦痛，我們的佛學家們紛紛的提出了許多解答。在時間上，他們告訴我們，宇宙人生只是一個「識」的流轉，一個「心」的作用，只要我們能證入這個「識」，把握這個「心」，我們就能貫通宇宙人生。在空間上，他們告訴我們，宇宙人生的間架是相互均衡的，是相通相同的，宇宙是一面大網，人生就是網上所綴的珠子，遙相輝映，形成了一個莊嚴的世界。

這些佛學家們，都是在異中求同，在變中求常，在深奧繁瑣的哲學經典中，尋求簡易的原理。所以玄奘要「唯」，智顗要「一」，法藏要「真」。但他們用來勸我們的話，卻滔滔數十萬言，有時不免說得過於深奧難懂。因此要真正做到求簡求易的工夫，還得等待佛學思想上的另一個更大的高潮突起，那就是唐宋的禪宗了。

第十八章　新佛法的天才——慧能

一

話，又讓我們說回來，早在西元前五世紀，佛祖釋迦在印度的靈山會上佈道。有一次，他和以前的佈道不同，他不言不語，只是拿著一朵花兒給大家看，當時在會的僧徒們，都面面相對，不懂佛祖的意思。這時座中有一位名叫摩訶迦葉的信徒，對佛祖會心的破顏一笑，於是佛祖便宣佈說：「我心中的正法和妙理，已經傳給摩訶迦葉了。」究竟佛祖傳給迦葉的是什麼正法？什麼妙理？當場的人都不知道，但迦葉的會心微笑，卻表明他已接受了佛祖的傳法。這個充滿了神秘性的說法，便是禪宗「以心傳心」的最老故事。

所謂「以心傳心」，就是俗語「心心相印」的原意。也就這樣的，自迦葉開始，傳給阿難為第二祖師，到馬鳴為十二祖師，一直到第二十八代祖師菩提達摩，才傳進了中土，來和中國人「心心相印」。

這二十八代的傳法，當然不是都像佛祖一樣的拿著一朵花來示意，但他們的傳法確是很別緻，他們並不把幾部經書傳給後代，也不說上幾千萬言的大道理。只是用簡明的幾句話，付囑傳法的弟子，這幾句話就是所謂「偈語」。如果對方不能會意，當然衣缽是不會傳給他的。不過每一代祖師的「偈語」都不相同，因為這是「以心傳心」，每位祖師都各有自己的會心境界，所以他們的偈語也都代表了自己特殊的風格。

由於這種傳法的方式是如此的簡單，而內容卻如此的神秘，所以在印度的二十八代禪師都是一脈單傳，事蹟隱晦。直到達摩祖師把禪宗帶到中土，以四卷《楞伽經》教人，此後，禪宗才有了明顯的教義。他提倡「理入」和「行入」，所謂「理入」，就是要在理上悟到十方世界只是一顆絕對的真心，寂然清靜，不生不滅，不增也不減。而我們的人心也好像是一粒晶瑩的丹珠，朗然清澈，無影無像，無內也無外。所謂「行入」，就是修持，就是要在自己的身心上體驗到天地與我同根，萬物與我一體的境界，使宇宙的真心，與我們的人心合一。為了達到這種境界，便須隔絕外界的俗務，過著一種苦行靜坐的生活。所以自他在梁武帝七年（西元五〇八年），來到廣州後，雖然被武帝迎到金陵，但他不願與朝貴周旋，便渡江到了洛陽，在嵩山的少林寺內，面壁九年的靜坐，終於找到了傳法的弟子。此後，他便行跡隱密，不可考究了。

他所傳的弟子是慧可，就是中國禪宗的第二祖，慧可再傳給三祖僧璨，直到四祖道信，都是照印度祖師的例子，不說法，不著書，只求把衣缽傳給後人，自己便安心的圓寂。到了五祖弘忍，才開始授徒，門下有一千五百人之多，其中最有聲望的神秀，卻得不到他的衣缽，他的衣缽竟傳給一個不識字的樵夫。這位樵夫，就是中國佛學史上鼎鼎有名的六祖慧能。

為什麼不識字的慧能，居然贏得了禪宗的衣缽？為什麼今天我們一談到禪宗，都忘不了慧能的功業？這不是偶然的。這裡面有個動人的故事，這故事不僅表現了慧能一生的奮鬥精神，同時也啟示了整個禪宗思想的蓬勃開展。

現在讓我們先看看這個動人的故事。

二

那是在蘄州（今湖北蘄春縣）黃梅山的東禪寺裡，五祖弘忍禪師正在那兒說法。雖然他的聲名遠播，收召了不少的門徒，但依照禪宗傳法的公例，他是必須「以心傳心」，把衣缽傳給智慧最高的門徒，然而這種傑出的人才要如何去選拔呢？他正為這事而煩惱，因為這是非常嚴肅的問題，萬一選人失當，不僅容易產生爭端，而且影響了整個的宗風。

有一天，他想出了一個絕妙的方法。召集了山上所有的門徒，吩咐他們依照自己的見識，各作一首偈語，看看究竟誰悟了道，可以傳承衣缽。

當時那些僧徒們都不敢寫，因為他們自知不如神秀法師，那時神秀法師已是寺內的教師，他雖然很想表現一下，讓師傅知道自己的程度；可是又深怕別人誤會他是在爭衣缽，又不好意思寫。於是便想了一個法子，在更深人靜的時候，偷偷的把寫好的偈語貼在五祖堂前的廂壁上，那首偈語是：

身是菩提樹，心如明鏡臺；
時時勤拂拭，莫使惹塵埃。

在這首偈語中，他認為我們的身體本來像菩提樹一樣充滿了碧綠的生意，我們的心靈也原來像明鏡臺一樣的潔淨無疵；但我們還必須時時修持，時時洗鍊，勿使我們的身心，遭受內界外界一切俗塵雜念的感染。第二天早晨，五祖看到了這首偈語後，覺得它的用意良好，可以勸勉僧徒們，時時修心養性，於是便吩咐僧徒們向它燒香、敬禮、習誦。事實上，五祖並不以為這首偈語已悟了道，所以在當天晚上，便把神秀喊進房內，告訴他這首偈語尚未達到禪理的最高境界。

雖然神秀的偈語，未得五祖心傳，但它已轟動了全寺，大家都圍著偈語，爭相唸誦。這時從磨坊中走來一位舂米的小工，聽到大家的唸誦後，大不以為然，便立刻自己也做了一首；因為他不識字，只得請人代寫，也貼在壁上，他的那首偈語是：

菩提本無樹，明鏡亦非臺；
本來無一物，何處惹塵埃。

顯然這首偈語的用意，是針對神秀的偈語而發的，他認為把身比作菩提樹，把心比作明鏡臺，這樣身心便是一個固定的實體，如果我們執著於這個實體，便永遠也解脫不了。事實上，菩提樹和明鏡臺，都只是一些元素的湊合，而沒有它們固定不變的本性。我們的身心也是如此，只是一條常變的思想之流，如果我們的思想本身沒有塵污的話，又那兒另有一物，使我們染上塵污呢？

這首偈語一貼出後，大家都爭先恐後的圍攏來看，想不到這位不識字的舂米小工，居然能寫出如此出色的偈語，他們這樣的叫鬧著，便驚動了房內的五祖，當五祖看了這首偈語後，抑制住心中的驚喜，暗忖著：這的確是悟道之語，想不到來自一位舂米的小工，如果讓別人知道，可能有許多人不滿，會造成衣缽之爭。於是他便故意拿起鞋子，把那首偈語擦破，然後對大家說：「這是胡言亂語，要它何用。」在場的僧徒們也都附和著，一鬨而散了。

第二天晚上，五祖便把那位舂米的小工召進房內，秘密的傳給他許多禪宗法門，及作為信物的衣缽，並唸了一首偈語給他。這首偈語是：

有情來下種，因地果還生；
無情亦無種，無性亦無生。

一切交代清楚以後，五祖最後又叮嚀的說：

「從今天起，你就是中土的第六代祖師。本來我們是以心傳心，這衣缽只是一種象徵罷了。但不幸由這衣缽卻產生了許多爭端，所以此後你再也不可傳衣缽。現在你趕快離開這兒，等待時機成熟，再公開弘法，否則可能有人會搶你的衣缽。」

這就是五祖傳法的故事，這位不識字的舂米小工，就是我們所要介紹的六祖慧能了。

慧能既然有如此的天分，為什麼不讀書？為什麼要跑到東禪寺來作一名舂米的小工？顯然的，他有一個並不美滿的身世。

他生於唐太宗貞觀十二年（西元六三八年），父親名叫盧行瑫，原籍本是河北范陽（今河北宛平房山一帶）人，為唐朝的官員，後來遷居到廣東的新州，便成了一個普通的百姓。

在慧能三歲時，父親便一病而逝。他由母親撫育，為了謀生，又從新州流遷到南海縣。由於孤兒寡母，家境非常蕭條，所以他無錢讀書，也不識字，每天都到山上去砍柴，賣點錢來奉養母親。

這樣的生活，直到他二十四歲時，才有了轉機。那是由於一個難得的機緣，他在買柴的顧客家中，聽到有人在房內唸著《金剛經》：

> ……應如是生清淨心，不應住色生心，不應住聲、香、味、觸、法生心。應無所住，而生其心。

慧能雖然不識字，但這些經句在他超人的智慧上卻得到了印證。他覺得外界的一切是流轉的，我們如果執著於五官所接觸的外界，那麼我們心便被外塵所轉了。同樣許多的經文規律都有它的時空性，如果我們盲目的遵從，便是囿於成見，因此我們的心，永遠也得不到寧靜，得不到解脫。

這些經句，在慧能心中起了如此的共鳴。一個念頭突然從他腦中掠過。於是他便跨進了那人的房中，請教那是一部什麼經書？從什麼地方得來？並表示自己很想學習，只是因為老母須人奉養。那位善心的唸經人，為他的真情所感動，告訴他那是一部《金剛經》，五祖弘忍禪師正在黃梅山的東禪寺講解此經，如果慧能有志去學習的話，他自願代為接濟慧能的母親。

於是就在這位善心人士的幫助下，慧能便跑到了東禪寺，由五祖弘忍的吩咐，在槽房內擔任劈柴舂米的工作，一連作了八個月，終於因那首悟道的偈語，贏得了六祖的衣缽。

現在，讓我們再回到剛才的那個故事。當慧能接了衣缽後，便立刻離開東禪寺，渡過九江驛，一直奔向南方。這時在東禪寺內，五祖便不再登壇，不再說法，也不宣佈衣缽已得傳人，只是估計著慧能的行程，希望他快點離開險境。過了幾天，全寺的僧徒，感覺情形有異，才發現衣缽已被這個不識字的小工帶走了。於是有人提議奪回衣缽，立刻有幾百人附和，便浩浩蕩蕩的奔下山去，追趕慧能。

這時，慧能正日夜趕程。雖然在大庾嶺上，曾被一位名叫陳惠明的和尚追著，但幸而因他法力高超，終於說服了陳惠明，由於陳惠明的幫助，暫時阻擋了後面的追兵。

不久，他到了曹溪，由於贏得當地人民的信仰，大家為他捐資重修曹溪的寶林寺，請他擔任住持。他便在這兒說法講經，約九個多月。不幸，又被東林寺的和尚得悉，趕來放火燒山，逼得他又倉促的離開了曹溪。

這時，他記起了在臨別時五祖的吩咐，勸他不應急著弘法，必須等待時機成熟。於是他便跑到四會地方，隱藏在獵人堆裡。他雖然和獵人生活在一起，但他不吃葷，不殺生，常常網開一面，放走野獸。在這種環境下，他居然隱藏了十五年之久，這真是一段漫長而艱辛的歲月。雖然這不是一個修持的環境，但他卻無視於這一切，而能默默的涵養，使所得的心法，至於充實而有光輝，這是他一生佛學思想的成熟期。所以當他離開了獵人隊後，他已是從另一個姿態走入了人生。這時，他不再是一個不識字的舂米小工，而是一位智解過人的佛學家了。

首先，他回到了廣州的法性寺，這時法性寺的住持印宗法師，在那兒設壇講解《涅槃經》。正當大家坐好，等待印宗法師上壇的時候，突然一陣風，把講堂外面的那幅長幡，吹得飄來飄去。一個和尚見了便說：

「外面有風在吹動啊！」

另一個和尚反駁說：

「誰說是風在吹動，分明是幡在飄動。」

於是兩個和尚便展開了一番辯論，一個說：

「沒有風，幡又怎麼能動呢？所以是風動。」

另一個接著說：

「你看見動的本是幡，又不是風，怎能硬說是風動呢？」

這時，在旁邊的慧能，再也忍不住了，便大聲的對兩位和尚說：

「你兩人請聽我說，既不是風動，也不是幡動，而是你們自己的心在動。」

慧能這番話，非但說得兩位和尚啞口無言，而且使得全場的聽眾都驚訝不已。因為這簡單的一個「心動」，已托出了整個禪宗的境界。禪宗的思想旨趣，在於溝通人心的內外，把外界的「境」，和我們的「心」打成一片，境就是心，心也就是境。沒有境，我們的心空無一物；而沒有心，外界的「境」也無從呈現，所以境和心是一齊存在，一齊動的。正如風動和幡動，都是境在動，而這個動，和我們的心是同一個動，所以我們可以概括的說是心動；而不必執著於境的現象，強加分析，說那是風動，那是幡動。

慧能揭出了這個「心動」，旨趣極高；當時在場的印宗法師，知道他非同凡響，一問之下，原來就是南下的六祖慧能。於是便立刻向聽眾宣佈，請六祖登壇，接受全體和尚的頂禮膜拜。

接著慧能拿出了衣缽，放在佛殿上，舉行了一個簡單而隆重的儀式。在此以前，慧能還是一個沒有落髮的居士，現在經過印宗法師的授戒後，才成為正式的高僧，這時，他已是三十九歲了。

慧能在法性寺開了一年的講座，又憶起了逃難時匆匆而別的曹溪寶林寺，於是便整裝回到曹溪，重修寶林寺的廟舍。就在這兒，他設壇說法，開始授徒，聲名遠播，門下子弟有幾千人之多；也就在這兒，他一共說法有三十七年之久，不僅完成了自己的思想，而且奠定了禪宗的發展基礎。

直到唐玄宗開元元年（西元七一三年），才放下了他的重擔，結束了傳奇的一生，這時，他已是七十六歲的高齡了。

三

當慧能在南方開宗，以「本來無一物」的頓悟法門傳心時，神秀也在北方弘法，以「時時勤拂拭」的漸修教義示人。他們的旨趣不同，禪風相反；但在當時，聲勢都很盛，都是南北兩派的領袖，所以在佛學史上有「南頓」、「北漸」的稱呼。

其實在慧能以前的祖師們，都是一脈單傳，而無南北之分，而無頓漸之別。到了五祖弘忍，把衣缽授給慧能，使禪學法門南傳後，才有了分歧，才有了慧能神秀之間的爭端。

這爭端在慧能生時已很顯然，他們奪衣缽，爭正統，彼此的摩擦非常激烈。到了慧能死後，北派的聲勢，雖一度的仍然很盛，但畢竟由於神秀的思想是墨守的，慧能的思想卻是開創的；北派後繼無人，南派卻人才輩出。所以結果，不僅是慧能承接了禪宗的正統；而且此後禪宗的大系，都是由慧能思想所一手開展的。

慧能的門徒很多，最著名的荷澤的神會、青原的行思、南嶽的懷讓，由於他們三人的承先啟後，終於造成了禪宗的鼎盛，他們的傳承和開宗，有如下圖所示：

曹溪慧能
- 荷澤神會——四傳至圭峰宗密（為華嚴宗五祖）
- 青原行思
  - 四傳至洞山良价——曹洞宗
  - 六傳至雲門文偃——雲門宗
  - 八傳至法眼文益——法眼宗
- 南嶽懷讓
  - 四傳至臨濟義玄——臨濟宗
  - 四傳至仰山慧寂——溈仰宗

自慧能開始，直到這禪門五派的興起，其間曾產生不少出色的禪師，如馬祖道一、石頭希遷、百丈懷海等禪師。他們一方面繼承了慧能的思想；一方面更推進一步，不僅不為傳統的經書所囿，達到「不立文字」、「當體即悟」的境界；同時更打開自由思想的天地，不為傳統的派別所限，做到「教外別傳」、「超祖越祖」的地步。他們都在禪學中注入了個人的思想精神，他們都各自的開山授徒，傳承心法。所以到了晚唐便形成了這五派風格不同的禪學，他們的不同，不是禪學精神的不同，而是傳法態度的不同。如臨濟的機鋒峻烈，曹洞的穩健綿密，溈仰的體用圓融，雲門的簡潔明快，法眼的中庸篤實。其中，尤以臨濟宗的風格最為獨出，請看臨濟義玄禪師的一則故事：

臨濟義玄是臨濟宗的開派祖師，他是黃檗希運禪師的門生，在他未悟道時，有一次問黃檗禪師關於佛法的大旨，卻挨了黃檗禪師的一棒。他一共問了三次，三次都被打，後來才悟了道。此後，他傳道時，當門生問到佛法大旨，他便大喝一聲。有一次，他對門徒說：「我的一喝，有時像金剛王的寶劍，有時像踞地的獅子，有時像探竿的影草，有時卻一喝不當作一喝用，請問你們如何能領會我的意思？」當時有位僧徒正想開口回答，臨濟禪師便大喝一聲。

他這一喝，乃是為了要打破對方的成見，直震入對方的心靈。由於他慣用這種方法傳道，他的門徒也都學習這種方法，於是臨濟宗便以「棒喝」聞名，這便形成了他們特殊的風格。

臨濟宗的風格如此，其他各宗也都有他們特殊的傳統秘訣，在當日都旗鼓相當，盛極一時。

在這五派中，曹洞、臨濟、溈仰，起於晚唐。雲門、法眼，起於五代。其中，雲門盛於北宋，曹洞盛於南宋，臨濟宗則由於人才輩出，到北宋時分為楊歧、黃龍二派。到了南宋更盛，後來楊歧派進為禪宗的正統，直到元明時，仍然宗風很盛。那時，佛學上其他的宗派，自晚唐而後，都逐漸的衰微，逐漸的中絕。唯獨禪宗因這五派的興起，不僅控制了唐代的思想，而且左右了唐宋以後整個佛學的發展趨勢。

然而我們追問禪宗思想何以能壓倒其他的宗派，成為中國佛學的正宗？何以能愈傳愈盛，不僅是中國本土，而且傳入了高麗，傳入了日本，傳入了今日的美國？這不是無因的，在慧能的思想中，我們可以找到這條線索。因為，是慧能親手埋下了這顆禪宗發展的種子。

慧能所埋下的這顆禪宗發展的種子，就是「頓悟」的法門。

四

在中國以前的思想中，很少有頓悟的現象，孔老的思想雖然多半靠悟，但那只是一種漸悟，最多也只是一種直觀。到了魏晉的道生和尚才提出「頓悟」兩字，但道生的頓悟也只是文字上的描述，而無實證上的工夫。直到六祖慧能才正式提出頓悟的原理，運用頓悟的法門，用頓悟來傳道，用頓悟來成佛。開創了禪宗的新法門和新境界。

然而究竟什麼是頓悟法門？頓悟所得的又是怎樣的境界呢？

在描畫此一頓悟法門時，我們須先分清推理、漸悟、和頓悟的不同。

所謂推理，就是從已知推求未知，以達到某一事一物的結論。在這種方法中，推理的過程往往比結論還重要。過程一錯，結論全非。西洋的哲學和科學便是以推理為骨幹，所以它們的邏輯學最為發達。

漸悟卻不同，它是靠經驗的累積，和人生的體驗。固然有時也須借重推理，但它的重心不在推理過程，而在最後的結論。中國的哲學都偏重於這方面，如孔老的「仁」、「道」，就是漸悟的結晶。它只告訴我們如何去實行，而不必問推理是否可能。

至於頓悟卻不同，它的禪宗所獨有的境界。它非但不借重推理，而且根本上要斬斷推理的過程；它非但不像漸悟一樣，把體驗所得以示人，而且根本上打破這種執著。因為宇宙的真理，是超乎時空的，絕不是我們人為的知識和經驗所能衡量，所能把握的。我們的心本來和宇宙的真心是相通的，我們膚淺的成見，和錯誤的經驗，卻時時把它塞住了。因此我們必須用頓悟的方法，斬斷這一切，才能直探真如。

禪門中有許多公案，而且學禪的人必須吃棒喝。這就是幫助「頓悟」的兩個間接方法。當你向禪師問話時，他答非所問，便是公案。他用棒打你，或向你大喝一聲，便是棒喝。這兩種方法都是相同的，它們不直接替你尋解答，求結論；而是壓迫你自己去實證，去求悟。

下面是一個有名的故事，有一次百丈懷海禪師，在馬祖道一禪師身旁隨行，突然有一群野鴨子飛過他們的頭頂，馬祖禪師問：

「這是什麼？」

「野鴨子。」百丈禪師毫不思索的回答。

「牠們到那兒去？」

「飛向那邊去。」

馬祖禪師捏住百丈禪師的鼻子，用力扭了一下問：

「當真飛向那邊去了嗎？」

百丈禪師被扭得大聲叫痛，才發覺自己的存在，並沒有隨野鴨子一齊飛去，儘管外境變幻無常；而自性卻不動不變，一無差別。想到這裡，便不禁豁然而大悟。

這是一段公案，也是一個棒喝，但它們都只是輔助頓悟的方法而已。真正的頓悟，乃是平地拔起，直上雲霄，徹上徹下，毫無間隔。它所觸及的，不是一個符號，一個形象，而是一種心境，一種生命的本體。

然而如果再追究下去，這個心境是什麼？這個本體又是什麼？這卻不是文字言語所能描畫的了。慧能自身有一則很好的故事，可以給予我們許多啟示：

當慧能在大庾嶺上被惠明追及的時候，慧能把衣缽放在石塊上說：

「這衣缽是一種信物，豈是你用蠻力所能爭奪的嗎？」

惠明自知理屈，便回答說：

「我此來是為了求法，而不是為了衣缽。」

「你既然為求法而來，那末請屏息一切的思念，讓我為你講解。」慧能想了一會，接著便說：「當你不想善，也不想惡，在一切思念都沒有的時候，請問那個是你自家的本來面目？」

惠明聽了，豁然大悟，便進一步的問：

「在你剛才所說的密語密意外，是否還有其他的密旨呢？」

慧能笑笑說：

「告訴了你，就不再是密旨了。如果你能返觀自身，密旨就在你自家的心中。」

惠明聽了，大為感慨的說：

「我在黃梅學法，從來也不知道自己的本來面目，現在你給予我的指示，使我『如人飲水，冷暖自知』，真是受用不盡呢！」

從這個故事中，可知禪宗所追求的心境，所追求的本體，就是那個「不思善，不思惡」時，所呈現出來的「自家本來面目」。那是生命最原始的狀態，最真實的流露。要想體驗到這種境界，只有依靠頓悟的法門，悟入了這個冷暖自知的「自性」中，於是宇宙的一切展現在我們的眼前，正如飲水，冷暖的味道，便完全呈現在我們的舌尖心上了。

五

這種頓悟的法門，不僅在禪宗的血脈內注入了新的元素，而且把中國的思想帶入了一個新的高潮。

自魏晉以來，佛經源源的輸入，佛理的瑣細，和文字的艱深，已到了積重難返的地步。而這一「頓悟」的呼聲，不僅喚醒了那些沉迷在印度經典中的學者，使他們了解文字只是工具，佛法必須親證；同時也喚起了中國思想的自覺，使他們體驗到：「心平何勞持戒，行直何用修禪，恩行親養父母，義則上下相憐……聽說依此修行，天堂只在目前。」（慧能偈語）所以隨著「頓悟」而展開的禪宗運動，不僅是中國佛學的革新，而且是中國思想的新生。這一革新，使中國的佛學，掙脫了印度思想的樊籬，表現了中國精神的特色。而此一新生，使中國的思想，越過了人生實用的範圍，走進了形而上的新天地。

這是「頓悟」法門在哲學上的直接影響。至於在文化上，它所影響的方面，卻是更廣、更大、更為微妙悠遠。

在文學方面，唐代以前的詩賦，都是平鋪直敘，落於形跡。可是經過了禪味的熏染，使得唐宋的詩詞，表現出一種非常空靈的境界：如：

李白的：「問余何事棲碧山，笑而不答心自閑；
　　桃花流水窅然去，別有天地非人間。」

東坡的：「橫看成嶺側成峰，遠近高低各不同；
　　不識廬山真面目，只緣身在此山中。」

這些詩句中，都流露出無限的禪機。至於號稱詩佛的王維，他那些「空山不見人，但聞人語響」，「古木無人徑，深山何處鐘」的詩句，更是空山絕響，不落形跡。

在藝術方面，唐代以前的繪畫，都是偏重於人物，如晉的顧愷之、梁的張僧繇等。唐代以後的繪畫，卻都以山水見長，如唐代的王維、李思訓、吳道子等。這裡面固然包含著濃厚的道家思想；但這一轉變，正是來自禪宗的影響。試看山水畫中所表現的，無處不是充滿禪機，雖只淡淡的幾筆，裡面卻是千里江山，氣勢奔騰。真令人分不清是圖畫，還是禪境。

文學和藝術是人生的表現，所以在人生態度方面，禪宗的影響更是深刻。

在隋唐以前，支配我們生活態度的，只有兩大潮流：一是儒家的思想，一是道家的思想。前者是積極的、用世的；後者是消極的、超逸的。他們一進、一退，都執著於一邊，很難調和起來。可是經過禪宗思想的迴盪之後，儒道二家便在禪宗思想的空靈處結合了起來。使我們的思想與生活打成一片，既保有奮鬥的精神，卻不走極端；又對人生有深刻的洞見，卻不冷酷。而是圓融的、和諧的、性靈的。

這一切的影響，是禪宗的；這一切的建樹，是禪宗的。而禪宗之所以有此影響，有此建樹，卻必須歸功於我們的六祖——慧能了。

第十九章 衛道承統的文豪——韓愈（附：李翱）

一

佛學經禪宗這一轉變，已達到了中古思潮的高峰。這時，不僅在思想上，進入了中國文化的園地，深入於詩人文士的血脈中；而且在宗教方面，普遍的盛行於民間，影響了整個社會的風俗習尚。這時，不僅是文人好禪，百姓信佛；就是那些君主們，也都醉心於參禪拜佛。使得有唐一代成為佛教的國度；使得盛唐以後變為禪宗的天下。

然而正當這個上下醉心，一致風從的時候，佛學卻在中國文化上遇到了新的困難，產生了新的問題。

由於文人的好禪，都把功夫用在靜思方面，而忽略了社會的事功。儘管他們的心性，達到朗然清澈、純潔無疵的境界；然而空談心性，止水不波，對於經國濟民的事業，總欠了幾分熱情。

由於百姓的信佛，都把精神寄託於來生，而忽略了現世的努力。儘管佛化的生活，沖淡了許多痛苦的執著；但一般人不了解佛法真義，在人生的旅途上稍受挫折，便躲藏在寺廟內，隔絕紅塵，逃避現實。這不僅表現了個人意志的薄弱，而且削弱了社會生命的動力。

尤其君主們醉心於參禪拜佛，更使當時的政治完全癱瘓。因為君主不僅是一國精神的象徵，而且掌握了一國的生機。如果一國的君主，「不問蒼生問鬼神」，整天的吃齋唸佛，不理朝政，或拋棄王冠，遁入空門；結果自然導致了民生的疾苦，社會的瓦解和內憂外患的頻來。

然而這問題的產生，固然是由於一般人的盲目迷信，但問題的困難所在，卻在於人生解脫和社會事功的不易調和。這困難不僅在中國如此，在佛教發源地的印度早已如此。試看偉大如釋迦牟尼，也救不了印度的貧窮與衰弱，使得今日的印度，仍然只是個沒落的宗教古國。這主要的原因，乃是由於佛教思想偏於出世，而不易用世；偏於解脫痛苦，而不易創造文明。這正如一劑大黃，只能當作瀉藥來洗清我們內心的污垢，卻不能當作補藥來延年益壽。

印度的衰弱，便是把瀉藥當作補藥，過分的依賴宗教，結果卻染了宗教的毒。而當時的中國，家家拜佛，戶戶燒香，也幾乎重演了這個危機。

這在佛法初傳的魏晉，早就有人覺察到這個危機可怕，而提出警世的呼聲。

先是一些有見識的大臣們，不滿於君主的奉佛太過，上疏直諫。例如在梁武帝大興寺廟，三度捨身時，便有郭祖深、荀濟等人的痛切陳言。他們直斥佛教的流弊：不僅落髮出家，破壞心身；而且不養妻子、不事君親，入家破家、入國破國，遺患無窮。他們的詞鋒雖然犀利，但都是針對君主而發；並且所觸及的僅是實際的政務，未能把握思想的要點。所以他們雖然大聲疾呼，收效卻很微弱。

接著起來響應的，便是道士顧歡、陳仲卿等人的〈夷夏論〉，他們站在道教的立場排斥佛教，認為佛教信的是胡神，讀的是胡經，所以必須禁止。他們的理由雖貧乏，但在當時的聲勢卻很盛，他們甚至借政治的力量，以摧毀佛教。如唐武宗的滅佛，就是完全聽信道士趙歸真的話，這次的排佛發生於武宗會昌時（西元八四五年），一共拆去寺廟四千六百所，僧尼住宅四萬所，沒收良田數千萬頃，解散奴婢十五萬人，僧尼歸俗二十六萬零五百人。這對於佛教來說，雖是一個很重的打擊，然而正同其他三次滅佛一樣（另三次為北魏太武帝，北周武帝，和後周世宗），只是一種高壓的政策，並沒有徹底解決問題。尤其到了禪宗思想普遍的展開以後，那已不僅是一個單純的社會制度、土地、稅務的問題，而是一個深入於文化各方面的思想的問題。

這個思想的問題，是複雜的、是有機的，而且是有利也有弊的。因此我們不能加以絕對的控制、絕對的排斥；而必須尋出它發展的線索，以及所以產生流弊的原因；再用另一種更為完善的思想，來加以代替，加以消融。當時有幾位儒生，正潛心於這個問題，他們發現佛學之所以能風靡一代，乃是由於自魏晉以來，儒門淡薄，失去了掌握思潮的力量；而佛學之所以產生流弊，乃是佛門空寂，不能適應中國道統的需要。因此唯有復興儒學，才能使佛學不攻自破。

最先有這個覺醒的儒生，就是號稱文中子的王通。

他是隋朝人（生於西元五八四年，死於六一七年），是河汾的大儒。他續《詩》、續《禮》、續《書》、和贊《易》，另外又模倣《春秋》而作《元經》，模倣《論語》而作《中說》，儼然以繼承孔子的偉業自任。他的用心，乃在於宣揚儒教，以對抗佛教。雖然他的方向很正確，奈何他三十四歲便逝世了，因此他對於孔子思想的發揮僅限於經書的模倣，而當時佛學思想正方興未艾，所以他的努力，並沒有達到他的理想。

但王通所點燃的儒學復興的聖火，卻一直傳承下去，直到百年後的韓愈，終於打開了排佛運動的大道，開創了一代的儒風。

二

提起韓愈，我們對他都不陌生。因為至今，我們仍然朗誦著他的文章，吟詠著他的詩篇。他那千錘百鍊的字句，落拓豪放的氣概，一直緊扣著我們的心弦。我們都一致的稱讚他是文章之雄，是「文起八代之衰」的文豪。

然而當大家都為他的才氣和盛名所傾倒時，又有誰了解他那千錘百鍊的字句，乃是一血一淚的結晶；他那落拓豪放的氣概中，有著深沉的嘆息。他的盛名，只是他死後的哀榮。包圍著他生前的，卻是一連串的窮愁，一連串的憂怨。

請看他在〈進學解〉一文中的自描：

他嘴中不斷的吟咏六藝的文章，手裡不停的翻閱百家的書籍。研讀之勤，非但白天用功，晚上還要點著油燈繼續苦讀。經年累月，沒有一天例外。他自問這樣的辛勤為了什麼呢？無非為了發揚儒學，排斥佛老。他寫的文章，直追古人；做事又是知禮守法，合乎中道。這總夠得上一個標準的儒者。可是他既得不到上司的信任，又得不到朋友的贊助；而且一開口，就得罪了別人，橫遭貶逐。命運作弄他，好像是勢不兩立的仇人。屢次的失敗，使他頻受窮困的壓迫。冬天，兒子哭著喊冷；豐年，妻子卻啼著叫餓。而他自己又逐漸年老，頭髮掉了，牙齒落了，卻仍然一事無成。

韓愈的這段自艾自訴，一點也不過分。因為他身世的淒涼，真個是一字一淚，訴不完的辛酸，訴不完的幽怨。

他是河南南陽人，生於唐大曆三年（西元七六八年）。三歲時，便死了父親，跟著哥哥韓會貶到嶺南。韓會死後，全家又流寓到江南。孤兒寡嫂，歷盡滄桑，極盡淒涼。他在〈祭十二郎文〉中，便對他已死的姪兒訴苦說：「我上面有三個哥哥，都不幸早死，承傳先人血脈的，在孫一輩的只有你，在兒一輩的只有我。兩代各剩下一人，真是形單影隻。」讀了這篇文章的人，沒有不對他身世的淒苦，一灑同情之淚的。

由於環境的惡劣，使他一直生活在顛沛流離中。然而他並不屈服於環境，放棄了求學上進的機會。在這些孤單窮困的日子裡，雖然沒有名師指導，沒有良友切磋，但他卻埋首經書好學不倦。終於憑著刻苦自修的毅力，讀通了諸子百家。

由於他的刻苦向學，由於他的忠厚篤實，使他很順利的考取進士，一直做到了監察御史。可是也由於他的方正不阿，「不平則鳴」，使他在宦途上，一直的遭受到無數的挫折，無數的風波。

先是他在做監察御史時，喜歡批評是非，因此觸怒了德宗皇帝，把他貶逐到廣東陽山縣。這是他在宦途的初次受折。

後來他在陽山縣的政績很好，把當地治理得有條不紊，為人民所交口稱譽。於是朝廷又把他調回來做國子博士，接著一連升了幾次官，可是他仍然是直言直諫，得罪了許多人。結果又被降為國子博士，這是他在宦途的再度受折。

然而這些挫折，只是一些小小的風波。還有一次更大的風波，捲進了韓愈坎坷的一生，幾乎把他捲入了絕望的漩渦。

那正是在他做刑部侍郎時(西元八一九年)，憲宗命令中使杜英奇帶領宮臣三十人，拿著香花，去迎接鳳翔法門寺內的釋迦文佛的一節指骨，由光順門進宮，放在宮內祭拜三天，然後再送進寺廟。由於皇上這樣的鄭重其事，官吏百姓們更是奔波施捨，整個京城都轟動了，有些人甚至為了這事弄得廢業破產。韓愈看到這種舉國瘋狂，只是為了一節腐骨，便大為不滿。不禁牢騷又發，大膽的向憲宗奏了一張〈論佛骨表〉。

當憲宗看了這張論佛骨的疏諫後，不禁勃然大怒，要判他死罪。這時宰相裴度，極力替韓愈求情，懇求從寬處理，但憲宗卻不悅的說：

「韓愈說我信佛太過，還情有可原，但他說東漢君主奉佛以來，都是短命的，這便太荒唐無禮了。他做臣子的，居然敢這樣放肆，實在不該寬赦。」

這時，朝野的人士聽到憲宗的話，都為韓愈的性命捏一把冷汗。後來總算靠大家為他請命，憲宗特別開恩，才貶他到潮州去做刺史。

那時，他已是五十多歲，離他的去世，只有四、五年。由於他以前的勤讀不倦，用腦過多，加以一生的不得志，窮愁潦倒。所以年剛四十時，已經「視茫茫，而髮蒼蒼，而齒牙動搖」，現在再加上這次的打擊，險些慘遭不測，更使他的壯志銷磨殆盡。尤其潮州在廣東省的沿海邊境，在當日還是一片淒涼的蠻荒之地，旅途的跋涉，使他幾次面臨絕境。他走到藍關時，曾寫了一首詩給他的姪孫韓湘說：

一封朝奏九重天，夕貶潮陽路八千，
欲為聖明除弊事，肯將衰朽惜殘年；
雲橫秦嶺家何在，雪擁藍關馬不前，
知汝遠來應有意，好收吾骨瘴江邊。

這首詩真是一字一淚，淒切千古，完全托出了當日韓愈心中的痛苦和絕望。

但韓愈在潮州任內，治績很好，所以後來又被召回做國子祭酒，接著轉任兵部侍郎。那時不幸田弘正被殺，亂兵擁立王廷湊，穆宗便派韓愈去宣撫。大家都替韓愈擔心，因為亂兵不守王法，隨時都有兵變發生。他的好友元稹，也認為韓愈此去有性命之憂，深表惋惜。這時穆宗也頗為後悔，不該派韓愈去擔任這個危險的工作；但命令已下，又不好收回，只得勸韓愈小心行事。

韓愈自從經過潮州的貶逐，早已把生死置於度外，所以當王廷湊帶著武裝兵士，充滿殺氣，夾道相迎時，他非但毫無懼色，而且直責他們是反賊，速向朝廷悔罪。韓愈的話義正辭嚴，聲色俱厲，終於感召了這些亂臣賊子，解除了當地的兵禍。穆宗聽到了這消息，非常高興，便轉任韓愈為吏部侍郎。

在韓愈淒苦的身世中，這幾年總算是得君行道的時候；但不幸「死」又跟蹤著他，這最後的一次風波，終於使他平靜的躺下去，不再為「不平」而鳴了。

韓愈生前，所遭遇的風波，使他飽經憂患，而這些風波到了他死後，卻形成了兩股排山倒海的怒潮，使他一生的淒苦和憂患，都變作身後的殊榮，和不朽的凱歌。

這第一個怒潮，就是他所積極展開的古文運動。

在六朝駢儷文盛行的當時，他為了提倡古文，不知遭受了多少的咒罵和阻難；然而他卻不灰心、不氣餒，非但不斷的嘗試創作，而且從事口頭的宣傳。他的好友張籍曾勸他不必「囂囂為多言之徒」，而他卻反駁說：

「要教化當代，不如以口來宣傳；要傳之來世，不如著書立說。」

這話，正說出了他提倡古文運動的動機。

因為文章是用來傳道的，所以它必須載道，必須言之有物。那些六朝的駢儷文都是在詞章上彫琢，都是言之無物的，所以他要反對，要恢復三代兩漢以前的古文。

他這「文以載道」的呼聲，雖然在生前經過許多挫折；但死後，由歐陽修等人的一致響應，終於造成了古文運動的怒潮，轉變了整個文壇的機運。所以他在文學史上的地位，不僅是位大文豪；而且是「文起八代之衰」的宗師，古文八大家的領袖。

然而韓愈在文學上的造就，只是他為眾人所熟知的一面；事實上，他自己並不以做文豪為光榮，他一生的苦患和奮鬥，都是為了完成另外的一面。那就是他大聲疾呼的一個民族自救思潮——排佛運動。這一思潮，這一運動的展開，把韓愈帶進了另一個天地，而奠定了他在哲學史上的地位。

三

要了解這方面的韓愈，請先看他對佛教所下的戰書，就是那篇引得憲宗大怒，使他險遭殺身之禍的〈論佛骨表〉。

在〈論佛骨表〉中：他認為佛教是夷狄的宗教，我國上古沒有佛教，所以國家都很太平。但自漢代輸入佛教後，反而亂亡相繼。宋齊梁陳等君主信佛愈虔誠，國運也愈短促。梁武帝在位四十八年，三次要出家做和尚，連國家的大祭也不用犧牛，每天只吃一餐素食，他的信佛不能不算虔誠，可是結果卻被侯景所迫，餓死於臺城，國家也隨著滅亡了。難道我們還要再蹈梁武帝的覆轍嗎？

原來佛教的義理雖然高超玄妙，但本質上卻是出世的；不僅無補於經國濟民，並且推而至極，勢將取消人們的倫常社會。因此縱有精妙無倫的玄言，卻是孟子所要闢放的邪說淫辭而已。如讓它繼續發展下去，那勢必要為患無窮了！有社會責任感的人們，怎能袖手坐視？而要杜絕此一逆流，走上人生的正軌，則唯有重振那明人倫、重世道的傳統儒教（教，是教化，不是宗教）。因此韓愈便毅然踏著孟子的腳步，扛起儒家的大旗，向釋老二家挑戰。

佛教叫人們明心見性；道教叫人們虛無清淨，這雖然是極高妙的境界；但結果卻只落到自我的解脫，而無補於人倫社會。縱使大乘之義在於弘法濟世，但那也只是在追求同登彼岸，嚮往於出世；至於世間的一切，仍然是被否定，被取消了。所以韓愈說他們：「今也欲治其心，而外天下國家，滅其天常。子焉而不父其父，臣焉而不君其君，民焉而不事其事。」但儒家的教訓則不然。儒家要人們修身，但這修身卻不是只求自我的超脫。它一方面固然是自我的修養，同時也就是助人淑世的工夫。甚至在有些人的內心來講，其所以敦品勵學，就為的是救人救世。把這種精神，具體的用文字傳流下來，就是〈大學〉中告訴我們的修身齊家治國平天下的一套教訓。在這種教訓下，並非不講心性的修養，但目的不在清淨寂滅，卻是韓愈所說的：「古之所謂正心而誠意者將以有為也。」「為」什麼？為的是「修身」，「修身」為的是什麼？為的是齊家、治國、平天下。

這修齊治平的教訓，雖是孔門傳下來的，卻不是孔子一人的發明。它代表著中國歷來一致嚮往的最高理想——「內聖外王」。在一般民族中，多半把「內聖」和「外王」分別對待。從事內聖工夫的賢者，不管外王事業；為眾造福的英雄，卻很少能希聖希賢，真好像是道不同而不相為謀了。但中國人則自古便有一種信念，要把二者治於一爐。因為「人」是由社會而生成，與人群相共處的。一個真正完美偉大的人格，只有在濟世立群中才能鑄成；同時如能真正濟世立群，導天下國家於正路，也唯有求之於道德和智慧。而這「內聖」與「外王」的結合，正是中國人一貫追求的理想。古代聖王自堯舜以降，雖然每代有其不同的規格與功業；但在這一點上卻都是一脈相承，毫無二致的。正是所謂：「堯以是傳之舜，舜以是傳之禹，禹以是傳之湯，湯以是傳之文武周公，文武周公傳之孔子，孔子傳之孟軻。」這裡的「傳」並不是真的一手交給一手，如接力賽的傳棒一樣，而是指的：在堯舜禹湯文武周公孔孟之間，有一個薪盡火傳、百變不離其宗的共通精神。這一精神如果單從中國的歷史來看，當然不容易看到，所謂：「不識廬山真面目，只緣身在此山中」；但是如與其他文化相比時，便立刻昭然若揭了。因此韓愈才在排佛（印度文化的產品）之餘，敏銳的感到這一傳統精神的存在。而這一內聖外王，修己以安人的傳統精神，正是中國所賴以立的國魂。唯有擡出這種精神，才是有效的排佛；唯有發揚這種精神，才足以消弭佛教的弊患，而使社會走上群倫共處的理想境界。韓愈所以大聲疾呼的崇儒而排佛，原因就在於此。

韓愈這一呼聲，在佛教思想風靡的當代，的確是一記空谷的絕響，使得哲學思潮上產生了一個巨大的回響。孟子的闢距楊墨，董仲舒的罷黜百家，都在韓愈身上復活了。而儒家的思想，也由於這一呼聲，從幾百年的沉睡中驚醒，從低潮轉向了高潮。

四

排佛的呼聲並不始自韓愈，可惜以前都沒有發生真正的效果；因此使這呼聲深入人心，蔚成一個歷史的浪潮，卻無疑的要推韓愈。以前的排佛為什麼失敗，而韓愈為什麼能走向成功呢？問題很簡單，就在於有沒有把握著要點。須知思想的問題只有以思想來解決，不是憑情感和威權所能解決的。具體的說，佛教所以能如火如荼的發展，是因為提出了身心性命的問題，並擁有壓倒優勢的理論武器，使人們在思想上不能不嚮往，不能不折服。縱使訴諸民族情感（〈夷夏論〉）、施以政治壓力（滅佛運動），使人不得不如此；但那只是敢怒而不敢言罷了。在他們內心的深處，仍然有一個身心性命的問題亟待解決；仍然感到佛教的哲理微妙，而衷心的景服。所謂「心病還須心藥醫」，這是沒有辦法的事。而韓愈的呼聲所以能掀動繼起的浪潮，收到大效，就是由於走對了路子。他不是一味的消極指責和排斥，而是在於能積極的擡出修齊治平的儒家思想來對抗，這正是以心藥治心病的路子。不過這個藥，路子雖對，卻只是半劑，它對於佛教的新問題、新武器，並未能有所交代。如果僅是如此，韓愈的排佛便不會發生大作用的。幸好他有一個學生李翺出來，擷取佛學精華，武裝起儒家的理論，本著儒家立場，來解答佛教提出的問題。至此才把缺略的半劑妙藥配好，而開拓出一條健全，正確的排佛崇儒的大路。

李翺，字習之，趙郡（河北省趙縣境）人，他雖然是韓愈的學生，但思想上的造就，所以能出藍勝藍，超過韓愈，主要的原因，乃是他兼通佛學。

他生平常和高僧往來，在郎州做刺史的時候，曾和藥山惟儼禪師相交甚密，因此對禪宗最有研究。據說有一次他向藥山請教「道」是什麼？藥山卻回答說：「雲在青天，水在瓶。」這句偈語所表達的「道」，乃是一個也動也靜的如如本體，顯然是禪宗的境界，而不是儒家的道統。但李翺對於這句偈語，卻非常醉心。曾咀嚼終日，愛而不捨。可見他思想的富於禪理和玄味了。

儘管李翺從韓愈那兒承接了排佛的思想、儒家的道統，但他生在一個禪宗獨盛的時代，他所交接的都是禪宗的朋友，因此使他的血脈內不得不流動著禪宗的血液；使他的排佛運動不得不採取另一個態度。

他的態度，不像韓愈一樣只是站在儒家道統，將佛學加以打消；而是借道於禪宗的方法，歸結於儒家的道統，使禪宗的思想消失於無形。

首先他採用禪宗的思想，提倡滅情復性說。他認為我們的情是一種執著，是一種痛苦的原因。唯有把這個情種連根拔除，才能回復此心的清淨，才能返歸本性的自然。然而要如何拔除這個情種？他不採取禪宗「寂滅」的方法，把整個思想之流斬斷，以達到不生不滅的境界。他主張儒家

「誠則明」的理論，從誠意正心做起，然後再動，便不為情慾所蔽，而能無往而不自得了。

他這理論，可以歸結為兩句話，就是「靜則禪，動則儒」。這在排佛運動上，似乎趨於折衷，轉向柔和，而事實上卻是更有效的推進一步。因為儒佛之爭，始終在於人生解脫與社會事功的不易調和。韓愈雖然看到了問題，但他排佛的態度，卻激烈得棄佛學思想而不顧。這在當時的情勢是行不通的，所以他一生滿遭挫折。但李翱卻比較鎮靜，他一面吸收佛學的精華，一面強調儒家的道統。在表面上是一種調和，實際上卻是借調和，以揚棄佛學的流弊，增加儒學的血輪。這在排佛運動上是一條新路，而在中國思想的流變上，卻是一股新潮。

此後的儒家，一方面承襲了韓愈的道統思想，一方面依循著李翱所開闢的新路，生活在「靜則禪，動則儒」的境界中，他們把人生解脫和社會事功調和了起來，就成為宋明的理學。

雖然韓愈和李翱的思想本身都不夠偉大，不值得我們大書特書；但他們的地位卻非常重要，因為他們在隋唐思想的演變上是兩個關鍵。這正像急流中的兩塊石柱，雖然它們本身的面積不大，但由於它們地位的緊要，終於轉變了整條河流的水勢。而這個轉變成的新流，就是宋明理學家所走的道路。他們全都是吸取佛學精華，造成儒家的理論（李翱），而又擡出儒家來排佛（韓愈）。至於標榜「道統」，倡導〈學〉、〈庸〉（〈大學〉、〈中庸〉），推崇孟子，更是跟著韓李的腳步邁進了。因此儘管此後產生了無數的哲人，蔚成宋明理學的盛事；可是開源導流的功勞，卻必須歸給這兩位排佛運動的大儒——韓愈和李翱。

第二十章 民胞物與的哲人——張載（附：邵雍、周敦頤）

一

在中國思潮的流變上，有兩個思想統一的時代：一個是獨尊儒學的漢朝；另一個就是此刻我們所要面臨的宋代了。

宋代的思想，雖然和漢朝一樣，以儒家為正統；但實際上卻融和了儒、道、佛三家思想的大流，而成為一種和先秦儒學有異的新儒學，成為一種和道、佛不同的宋明理學。

此一融和的過程，最先發端於唐朝的韓愈和李翱。號角一響，到了宋初，便普遍的展開。當時，有胡瑗、孫復、范仲淹、歐陽修、司馬光等儒生首當其衝，雖然他們在思想上的建樹不多；但他們身為教授、大臣，對於衛護學術，獎掖後進，卻大有功勞。所以在他們的努力宏揚下，便有「北宋五子」的興起，這是宋代理學的第一個浪潮。

這「北宋五子」，就是邵康節、周濂溪、張橫渠、程明道、程伊川五人。他們的年齡最大與最小之間，相差只有二十二歲，所以都是同一時期的人物；而且都彼此見過面，問過學。但前三子生於真宗，二程生於仁宗，而且二程的父親是康節、濂溪的講友，是橫渠的表兄，所以在輩分上講，二程卻是後一輩。

這同一時代的兩輩，在思想的風格，及對後世的影響上卻完全不同，也就由於這點不同，我們可以在他們的身上找出理學發展的線索。

現在就讓我們先迎接這前一輩的三子。

二

在「三子」中，年歲最大的是邵康節。

康節，名雍，字堯夫，范陽（今河北省，大興等縣境）人。生於宋真宗大中祥符四年（西元一〇一一年），死於神宗熙寧十年（西元一〇七七年）。

他從小便有大志，認為先王的豐功偉業是可以力學而至的，所以早年住在蘇門山的百源時，便非常的刻苦勤學。後來為了增廣見識，又周遊四方，曾涉過淮水、漢水，經過齊、魯、宋、鄭的故城。在這次的遊歷中，不僅遍觀名山大川，而且結識了不少的師友。尤其從北海的李挺之那兒，承接了先天象數之學，更奠定了他一生學說的基礎。

此後，他便定居在洛陽附近。那時，當代的名士學者，如富弼、司馬光、呂公著，以及橫渠和二程兄弟等都在洛陽，所以他們便成了朋友，共同商量學問，情感甚為和洽。

他在洛陽附近一直住了三十多年，雖然家境不太寬裕；但他毫不在乎，頗得顏回之樂。自稱安樂先生，稱他的居室為安樂窩。每天，他在安樂窩內，酌酒三、四杯，飲得有點飄飄然時，便吟吟詩。他有一首詩，正寫出了這種灑脫的情懷：

斟有淺深存燮理，飲無多少係經綸；
莫道山翁拙於用，也能康濟自家身。

像這樣的淡泊寧靜，悠然自得，當然是不適於從政的。所以他就沉醉於這種逍遙的境界中，度過他的一生。

在他臨終時，橫渠和伊川都來探病。伊川曾要求他留下幾句遺言，但他卻默默無言，把兩隻手放在面前。伊川不了解他的意思，一再的請示，他才吃力的回答說：「我們面前的路必須寬大，窄了，連自己都不易立足，還能領導別人去走嗎？」

這最後的幾句遺言，正說出了他的精神氣魄。顯然的，他絕不是一個拘於小我的隱士，而是另有一番偉大的抱負。以前二程兄弟隨著父親去拜訪他，在飲酒談天時，他說出了生平學術思想的大要。第二天，明道遇見朋友便說：「我昨天和康節先生交遊，聽他的議論，真可謂空前未有的豪傑，但可惜他沒有用來救世。」那位朋友問明道究竟談些什麼，明道卻回答說：「都是內聖外王之道。」

究竟他和明道談些什麼「內聖外王之道」？我們不得而知，但我們可以從他的巨著《皇極經世》一書中看出一個端倪。

《皇極經世》一書，乃是根據易學，用數理構出天人變化的圖案，成為一個極完整的形而上的系統。在這個系統中，一方面從原理上說明宇宙演化的基本形式，乃是由太極、陰陽、八卦，再重重衍生而為萬物；一方面從功用上說明自然和人事間的交互影響，這影響便決定了歷史的治亂，王朝的興替。所以康節的「內聖外王之道」，也是一個天人的關係，也是奠基於他的象數之學。

這個象數之學，不僅是他學術思想的中心，而且是他在哲學史上最特殊的貢獻。因為他雖然用易理解釋宇宙人生，用易理發揮「內聖外王之道」；但這個易理的先天象數圖，卻傳自道家，所以它是融合了儒道兩家思想的一門新學問。

這個先天象數圖，據史傳上的記載，來自華山的道士陳摶（字圖南），他從呂洞賓那兒得到河上公的無極圖，從麻衣道者那兒得到先天圖。他把這兩張圖傳給种放，种放又傳給穆修。穆修把先天圖傳給李挺之，便成為康節的先天象數圖。穆修又把無極圖，傳給周濂溪，濂溪再參照壽涯禪師的「先天地之偈」，而融成了著名的太極圖。

康節的先天象數學，極為煩瑣，道家的氣味甚濃。在理學上，常被視作別派；且承傳無人，而變為絕學。但濂溪的〈太極圖說〉，卻簡明扼要，直接影響了理學的發展。

濂溪，名敦頤，字茂叔，道州營道（今湖南省永州縣境）人，生於宋真宗天禧元年（西元一〇一七年），死於神宗熙寧六年（西元一〇七三年）。

他和康節的最大不同，乃是接受了禪宗的影響。他曾這樣的自描說：「我這顆妙心，由黃龍山的慧南禪師所開導，由廬山的佛印禪師所啟發，至於對易理方面，如沒有東林寺常聰禪師的點破迷津，我便不能豁然貫通了。」

由於他受了禪宗的影響，所以生活上表現得非常淡泊寧靜。他在廬山的蓮花峰下，曾造了一所濂溪書堂，屋前的草木，都爬滿了門窗。有人問他為什麼不加以修剪，他卻笑笑回答說：「這些草木與我自家的心意一樣。」

他的心意怎樣？無非是恬淡自然罷了。唯其恬淡自然，所以才與世無求，人品高潔。世間的東西唯有蓮花最能代表這種特性，因此他生平最喜歡的就是蓮花。他曾寫過一篇膾炙人口的〈愛蓮說〉，寫出了他人格的光風霽月，寫出了他胸懷的出塵拔俗。

然而他不像康節一樣，是個隱士，也不如游定夫（二程學生）所說，是個「窮禪客」。他雖高潔自賞，但精神卻是入世的。他曾從政二十餘年，由縣長，直做到各州的判官。他曾不顧一身的安危，批評嚴刑酷法，為死囚請命；也曾冒著生命的危險，深入毒瘴地帶，替無辜者伸冤。由於他如此的為真理而奔波，為正義而執言，所以贏得了滿朝文武的推崇，這是他「兼善天下」的儒者風範。

正同他的人格一樣，一方面有著佛老的心境，一方面有著儒家的熱情；他的思想也是如此，一方面潛心於佛老，一方面表現出來的卻是淺顯平實的儒學。

他的那本《通書》共有四十篇，泛論為學、倫理、政治、與文學。以「誠」為本，以陰陽為道，去貫通整個「修齊治平」的學問，這是純粹的儒家思想、儒學工夫。

然而他表現得最為特出，最有影響力的，卻是那篇二百餘字的〈太極圖說〉。雖然這張太極圖，據說是出於道教的無極圖；但濂溪的〈太極圖說〉，卻把這張圖表加以新的解釋，新的內容。使它由道教的圖表，經佛學的洗鍊，以達到儒學的歸結，這是濂溪的苦心孤詣，也是他最為傑出的地方。

他在〈太極圖說〉中，第一句話便標出「無極而太極」的過程，雖然這句話曾引起了朱子和陸象山之間的激辯；但這只是套用了道家的思想，描寫一種由「無」到「有」的宇宙生成狀態，並無特殊的地方。接著他從陽動、陰靜、動靜交替，五行相生，而萬物始成的道理，以說明宇宙開展的過程，仍然未脫易理的範圍。最後，他強調「主靜」，以「立人極」。主靜是佛老的工夫，人極卻是儒家的理想。這一個歸結，把「無極而太極」，歸結到內聖外王的「人極」，已奠下了理學發展的基礎。此後的理學家們，都循著這個路線，在修身方面以「靜」為主；在事功方面，卻直奔儒家的理想。所以這篇短短的〈太極圖說〉，對於理學的發展，可說是一篇小小的序言。

然而濂溪的思想，雖然比康節簡明平實，近於儒家；但他們都同樣的帶有濃厚的道家色彩。

他們之間的同異，都只是象徵了一個轉變，從佛老轉向儒家；而他們最大的貢獻，也只是把道學帶入儒學。所以他們對理學的發展來說，都是間接的工夫，至於直接把儒家的精神從正面發揮出來的，卻要首推民胞物與的哲人——張載了。

三

張載，字子厚，先世住在大梁（今山西省天鎮縣東北），後來因父親死於宦途，家中都是婦人孺子，沒有能力回大梁，便僑居在陝西鳳翔的橫渠鎮，所以後人都尊稱他為橫渠先生。他生於宋真宗天禧四年（西元一〇二〇年），死於神宗熙寧十年（西元一〇七七年），比康節小九歲，比濂溪小三歲。

他從小便超群拔俗，才氣縱橫，尤其喜歡談兵。十八歲那年，便立志投筆從戎，要聚眾取回洮西的失地。當他上書給范仲淹，訴說心中的抱負和壯志時，仲淹卻賞識他的才華，知道他是一塊大器，便帶著憐才的口吻責備他說：「儒生自有名教可樂，何必談兵？」並送給他一本〈中庸〉，勸他仔細的研讀。起初他不過泛泛瀏覽了一遍，後來漸漸覺得書中自有至理；於是愈讀愈有興趣，便拋了從軍的念頭，立志學道，這是他從談兵走向求道的一個轉變。

他先醉心於佛老，據說曾和濂溪同出於東林寺常聰和尚的門下，後來才轉而探求六經。那時雖然他頗有聲望，已在京師講解《易經》，而且從學的人非常多；但畢竟和康節、濂溪一樣，是以佛老去解釋《易經》。有一天晚上，當二程兄弟來訪，談論起《易經》時發現自己不如二程兄弟。於是第二天，便對學生宣佈說：「最近我遇到二程兄弟，他們深通易學，我不如他們，以後你們可以拜他們為老師。」只從這件小事，便可看到他光風霽月的風格了。此後，他便放下了佛老的書籍，專門研究儒家的經典，這是他從佛老回到儒家的一個轉變。

這一轉變，雖然使他超出了康節、濂溪的範圍，直趨儒家的道統，但在他一生的學術事功上，還只是一個前奏。因為這時他沒有擔任實際的政務，仍然只是在書本中摸索。他深深的覺得儒家的精神，不在於玄談，而是在於實踐的，所以在他三十七歲那年，中了進士，做了雲巖縣的縣長時，便立志把儒家的理想實踐出來。

他認為儒家的理想，是寄託於宗法制度，倫理社會。但要建設這個社會，必須改良風氣，注重孝悌。所以他施政的第一個目標，便是「敦本善俗」。他特別強調敬老事長，每逢佳節，他都預備了許多酒席，邀請鄉中的父老，親自勸酒，以作示範。

當他把雲巖縣治理得井井有條時，又被調升為崇文院的校書。那時宰相王安石正推行新政，希望他加入新黨，但他卻拒絕說：「你如果與我為善，我怎能不盡力，但要牽引我，為你們新黨服務，恕我不能效勞了。」因此王安石對他非常不滿，故意派他到浙東去治獄。橫渠深知當朝都是新黨的勢力，自己不能施展抱負，於是便借病辭職，回到終南山去隱居，從事於思想的著述。這是他由仕而隱的一個轉折。

然而在此後的一段隱居生活中，他並沒有沉湎於山水，他並不是一個「獨善其身」的隱士。「隱」只是他生活境界中的一個波折，而不是一個空虛的結束。

他雖然退出了勞形的案牘，卻投向勞神的書桌。每天，他都把自己關在書房內，桌上攤滿了書簡，每個角落都放著紙筆。他端正的坐在桌前，一動也不動，但腦中卻一直在沸騰著，沸騰著救世的腦汁。一有心得，便立刻記了下來。有時在深夜裡，躺在床上，突然發現了新的見解，便立刻起床，點著油燈，拼命的書寫。他的那部《正蒙》，就是在這種日以繼夜的苦思中寫出的。由於這樣的刻苦治學，忘了保健身體，終於使他染上了肺病。

為了救世救人，他除了犧牲健康外，也捨棄了物質的享受，他幾乎都是過著朝不保夕的生活，每天僅以粗菜淡飯餬口；但他對四周的貧民卻非常同情，不因自己的貧窮，而忘掉旁人的痛苦。無奈自己家境如此，當然無法幫助別人，只有坐在桌前對著白飯，嗟歎終日。他並不是為自己的貧窮而感傷，卻是慚愧自己不能賑濟別人。這時，他在現實中接觸到一個問題，就是貧富不均。

他深深的覺得社會上如果貧富不均，政治上便無法教養生息，所謂「內聖外王」之道，也只是空談罷了。前儒們過於偏重學理，而忽略了物質的建設，這正是儒家理想始終無法實現的原因；為了針對這點，所以他在晚年時，曾和朋友們設法買了一方田地，劃為數井，以嘗試先王的制度，希望能實現「仁政必自經界始」的理想。雖然在這個計畫還未實現時，他已病逝了；但他時時以恢復先王的制度自任，時時不忘儒家理想的實踐，正表現出他是一位成色十足的儒家。

四

在橫渠臨終的前一年秋天，曾做了一個異夢，自感年命有限，便搜集以前的論文，裝訂成冊，交給門人說：「這書是我歷年來苦思的心血，其中所論的都是聖人的旨趣，雖然只是一些綱要原則，但要觸類旁通，還得靠你們自己的努力。」

這部書就是他的代表作——《正蒙》。

在《正蒙》中，他以「太和」兩字代替「太極」，說明宇宙的本體原是一個大和諧。在和諧中有動靜的變化，這變化的因子就是「氣」。「氣」散開來充滿了空空洞洞的太虛（空間），合起來便化為形形色色的萬物。這一氣的循環，就構成了宇宙的生成和變化。而「人」，本來具有天地和諧的性；可是由於這個氣的作用，便有「氣質的性」，便有趨惡的可能。這是《正蒙》一書的大旨，雖然已擺脫了道家太極圖的束縛，但仍然帶有佛老的玄味。不過其中有一個核心，卻完全是儒家的精華，就是那兩篇不朽的〈東、西銘〉。

有一次，他在書室的東窗上寫了一篇銘言，叫做〈砭愚〉；又在西窗上寫了一篇，叫做〈訂頑〉。後來伊川覺得這兩個名詞不太妥當，便勸他改名，就成為今日的〈東銘〉和〈西銘〉。

這兩篇銘言，雖然同在《正蒙》一書中，是同一時期的作品，但〈西銘〉遠較〈東銘〉為純粹博大。〈東銘〉所論的只是修養工夫；而〈西銘〉卻托出了一個仁的境界，這境界也就是《正蒙》

全書所揭出的天地和諧的本體。

在橫渠看來，宇宙萬物都是天地所生。我們若放眼而觀，則天就是父，地就是母；我們的軀體性能就正是天父地母之所賦與。在這種情形下，不僅人類都和我是一胞所生，就是萬物也和我是相與的伴侶，所謂「民吾同胞，物吾與也」。大家既是同根而生，當然休戚相關，彼此友愛。而那些鰥寡孤獨的人，就好比我們顛連無告的弟兄，而應該特別照顧。富貴福澤是天地給我的優遇；貧賤憂戚是父母給我的鍛鍊。存，是我的順事；沒，是我的寧息。這種無憂無懼、萬物一體的情懷，直把那「仁」的精神發揮得淋漓盡致，生動無遺。這也正是〈西銘〉受人千古推崇的道理。因此伊川才認為〈西銘〉所論，都是仁的本體，非常純粹，是秦漢以來儒家所未曾有過的境界。而明道更直截了當的認為：只要完全做到〈西銘〉所說的，就是一個標準的聖人了。二程的評語，正說出了橫渠的精神，因為他的思想境界，就是仁的表現；他日夜所追求的，就是要做一個當代的聖人。

然而要如何才能達到這種境界呢？他告訴我們第一步工夫，就是「變化氣質」。

因為人本來是與天同一個和諧的，只是因為氣質使人與大隔了一層。但氣質，並非全惡，而是有善有惡。所以變化氣質，就是要去惡為善。至於變化的工夫卻必須外內兼顧，一方面要知禮，一方面要虛心。知禮是儒家的學說，虛心是佛老的思想。在這兒，橫渠顯然是帶有佛老的色彩。不過僅僅變化氣質，仍然是消極的工夫，要達到仁的境界，還必須直奔聖人的理想。他認為秦漢以來學者最大的毛病，就是「知人而不知天，只求做賢人，而不求做聖人」。所以他告誡學生最重要的一句話就是：「學必如聖人而後已。」

因此為了鼓舞大家做聖人，他托出了一個聖人的理想，當作我們為學求道的最高鵠的。大家都知道求學，但「學」是什麼？所求的又是什麼？卻很少有人能夠徹底了解。大家只不過隨俗循例的抱著書本來研讀而已。不錯，書是古聖先賢留下來的，但那終歸只是因時因地而記錄的一點跡象而已。至於聖人的那種精神懷抱，和其經綸天下的工夫，卻是無法載之於書本，形之於文字的。而這種至高無上的大學問竟因承襲乏人，而不能傳承下來，所傳下來的只是言辭的詮釋、章句的解說而已。這哪裡是第一等學問？因此今天立志求學者，不能一味的抱著書本啃，而應該透過書本的啟示來探求聖哲的真意，使往聖不傳之學得以傳承發揚。這往聖的不傳之學究竟怎樣？我們雖不能具體指出，但其性質必為一種尊天立人、善群救世的內聖外王之學，卻是毫無疑義的。

所謂天是指宇宙，宇宙本是無始無終的自然事實，沒有任何意義之可言。但有了我們「人」之後，我們就要使這沒有意義的變成有意義。我們要以我們的「存在」莊嚴（註：「莊嚴」二字此處作動詞用）宇宙的價值。我們要使人類的精神發揚光大為宇宙創造靈明的「心」。這並不是我們多事，故為玄虛，須知我們人本和宇宙同源同體，一般人雖為軀殼所限，無此感覺；但在聖賢境界的人卻無不感到「萬物皆備於我」，與天地自然息息相通。因此宇宙之事正是我們分內之事，又怎可不自奮勉，以盡其推進發揚的責任？

再就「人」本身來說，我們雞鳴而起，辛勤到晚，都為的是些什麼？過眼的富貴雲煙，人海的爭名奪利，固不是人生的真諦；而盡忠盡孝，為學作工，其意義究竟又在那裡？這一切必須有個總寄託，然後我們才活得下去，而人生才有意義。我們有志於聖道的，就應該找出這個意義之所在，來領導人生，鼓舞群倫，使大家的辛勤奮鬥，心安理得的奔向一個盡美盡善的方向，所謂安身立命者是。

然而人終究是血肉之軀、有生之倫；不能光講價值意義，而不顧實際的生活樂利。尤其社會人群的集體幸福更是仁者之所懷。因此孔子也講足食足兵，而要庶之富之。這當然是我們要努力的目標，實際上這種目標也並不是難於達到。家給人足、承平安樂的時代，歷史上曾不斷出現。問題是在治亂相承，興亡交替，永遠循環不休；更何況是治少亂多，禍甚於福。人民幸逢治世還好，不幸而生在亂世，那就慘不忍睹了。這豈是仁者所能安？我們若還有理性，便不能聽任這樣盲目的循環下去，我們必須要謀個一勞永逸之計，要使得一旦太平，便永不再有動亂，然後人民才能確保千秋萬世的幸福，而人間才有理想的樂土。

上面這些問題才是我們為學所要真正追求的目標。這些問題雖是千言萬語，內容多端，但歸結其旨趣就是橫渠那有名的四句偈，所謂：

為天地立心；

為生民立命；
為往聖繼絕學；
為萬世開太平。

只有這些才是人世間的大學問，而為古今一切希聖希賢的人們所當追求的正確目標，豈能如俗儒之徒誦章句，專務翰藻呢！

五

在宋代理學的發展上，有濂、洛、關、閩四派。洛學和閩學，是指以後洛陽的二程兄弟，和閩中的朱熹。而濂學和關學，就是指濂溪的周敦頤，和關中的張載。

所以在這北宋的前三子中，除了康節不得其傳，成為絕學外；濂溪和橫渠在理學的發展上，都是舉足輕重的人物。

濂溪，雖然比康節較為儒家化，但他的「太極圖」，畢竟帶有濃厚的道家色彩，所以二程兄弟不太滿意，終身未嘗提及「太極圖」。至於橫渠卻不同，儘管他有時也兼用了佛老的方法，但他的為學宗旨，和思想的氣魄，卻完全是儒家的本色。

他的為學宗旨，乃是「以易為宗，以中庸為的，以禮為體，以孔孟為極」。

「易」是儒家的形上思想，「中庸」是儒家的修養工夫，這兩門學問都是理學的靈魂。但橫渠最得力的還是在於「禮」。他的〈西銘〉，便是依據〈禮運・大同章〉而發揮的。他用禮去節制氣質的性，使惡的氣質，變為善的氣質，這正調和了孟子的性善和荀子的性惡。所以朱子和他的門人一致認為橫渠的學說一興，諸子所遭遇的問題便迎刃而解了。這是橫渠為往聖繼絕學的苦心。至於他最後以「孔孟為極」，更寫出了他以儒家為道統的精神。這是他所以超過康節、濂溪的所在，也是他為萬世所敬仰的地方。

唯可惜的是，他缺少幾位有氣魄的弟子，雖然有呂大忠三兄弟曾在他門下學禮；雖然有范育、潘拯等人，是關學的中堅；但他們都沒有把握橫渠的精神，所以關學只是一度盛於關中，而無法普遍的展開。

然而這只是學派的傳授，至於思想的影響上，卻是光芒萬丈。他的那篇短短的〈西銘〉，不僅為所有理學家所激賞；尤其二程兄弟特別傾心，拿〈西銘〉去開導自己的學生。由此一端，可見橫渠的思想已接枝到洛學中去開花結果了。

第廿一章　承先啟後的宗師——程顥、程頤

一

韓愈在排佛、排老時，曾這樣的慨歎過：

「究竟我所標榜的是什麼道呢？我所標榜的不是佛老的道，而是儒家的道。這個道由堯傳給舜，舜傳給禹，禹傳給湯，湯傳給文武周公，文武周公傳給孔子，孔子傳給孟子，可是直到孟子死了以後，便沒有傳承的人了。」

韓愈的這番慨歎，終於過了三百餘年以後，才得到了回音，得到了答覆，這時有位哲人朱熹，在〈大學〉及〈中庸〉二篇的章句序中，曾這樣的寫著：

……及孟子沒而其傳泯焉。則其書雖存，而知者鮮矣。……於是河南程氏兩夫子出，而有以接乎孟氏之傳。

……故程夫子兄弟者出……以續夫千載不傳之緒。

那就是說：這堯舜禹湯文武周公孔子一脈相傳的道統，到孟子死後便中斷了；聖經賢傳雖仍存在，而大家所知道者僅字面的意思，至於所含蘊的真正精神，卻早已無人了解，而至於淪亡。直到河南程氏兩夫子出來，才能洞明旨要，承接心傳，使千載不傳的道統得以恢復。並根據儒家的傳統精神來對抗老釋兩家的學說。這裡所說的「程氏兩夫子」，就是我們所要討論的洛陽二程兄弟——程顥與程頤了。

上面朱子的話雖是出於推崇，但對二程來說，卻是名副其實，並非溢美。我們很清楚的看出這條發展線索，自韓愈高標道統以後，經康節、濂溪、橫渠等人的逐漸儒家化，到了二程兄弟才爬上高峰，集其大成。此後儒家才真正從低潮回到高潮，才真正恢復了思想上的領導地位。朱子的由衷推崇，不過是這旋乾轉坤之功業的忠實記載而已。他們二位真是當之而無愧呢！

二

然而失傳了一千多年來的道統，所以能為二程兄弟繼承，並非偶然的，而是有歷史的因素、教育的背景。

歷史的演變，有個久亂思治的公例。自唐末以來，國勢日衰，藩鎮朋興，使得短短的五代史中，充滿了悍將驕兵，宦官盜賊。所以宋代諸帝，鑑於以往的得失，便極力崇尚文治，鼓勵學術。使得有宋一代，雖然武功不振，國勢衰弱，但文化方面卻有極高的成就。不論詩詞藝術，以及文玩匠作，無不達於高妙的境界；而學術思想的研究，尤其盛況空前。

這風氣自宋初開國以來，便逐漸的展開，到了二程兄弟，已是花葉扶疏了。

當時，在上有范仲淹、歐陽修等大臣的倡導；在下有胡瑗、孫復等名儒的傳播。尤其二程兄弟，一方面接受胡瑗的指導；一方面又因父親的介紹，認識康節、濂溪、橫渠等大儒。能親炙高風，受益無盡，這些都是培養二程思想的溫床。

在這裡，還有一個非常重要的因素，我們卻不能忽略，那就是二程母親的家教。

她是一位喜歡讀書，而且博通古今的女性。她對二程的教導非常嚴厲，凡是二程有過錯時，她非但不加以庇護，而且毫不掩飾的予以指責。她認為：「孩子們所以不肖的原因，就是由於母親喜歡掩飾他們的過錯，使父親不知道啊！」因此當二程和別的小孩們爭吵時，她從不加以袒護，認為：「我正怕他們不能委屈，而不怕他們不會剛強。」當二程爭著要吃零食時，她便教訓說：「年紀幼時，就爭著要滿足慾望，長大了以後怎麼辦？」這話看似平凡，卻包含著很深的道理，假如從小就養成了貪慾的習慣，長大後一定要花費很多的精力去追逐舒適與享樂。而一旦遇到困苦時，也勢必不知不覺的將畏縮不前，知難而退。試問這樣的習性又怎能成學立業？反之慾念寡淺，不貪享受的人，卻較能面對苦難，鼓勇前進。更何況寡慾的人，心靜而智慧增，意專而耕耘勤呢？因此古今聖賢無不教人克節慾念。而程母的教訓正吻合這種旨趣，使二程在幼年就培養成進德修業的良好基礎。這對於二程一生的思想行為影響非常之大，我們把她與孟母前後媲美，實不為過分。

由於二程兄弟孕育在這種濃郁的學術氣氛中，生活在這種良好的教育環境裡，所以很自然的會培養成卓越的思想和人格；再加以他們天賦的才分，過人的努力，便走上北宋學術的巔峰，而負起了上承道統的使命。

三

程顥，字伯淳，號明道。河南洛陽人，生於仁宗明道元年（西元一〇三二年），死於神宗元豐八年（西元一〇八五年）。他的弟弟伊川，名頤，字正叔，比他小一歲，但死於徽宗大觀元年（西元一一〇七年），卻比他多活二十二年。

他們兩兄弟，由於生長在書香門第，所以不僅資質過人，而且從小就接受詩書的教育。明道在九歲時便會吟詩，曾寫過一首詩，其中兩句是：「中心如自固，外物豈能遷。」這已不是泛泛之作，而是充滿了道學的思想。

當他們十五六歲時，父親程珦便帶他們去拜識濂溪。那時科舉非常盛行，許多學子都熱心於詞章，但二程卻覺得詩賦小道乃雕蟲小技，不足以有為，便立志學道。

由於濂溪喜歡研究佛老，所以他們也隨著研究佛老，那時正好康節也在洛陽，更幫助他們走向佛老。但當他們遍讀佛老的經典後，總覺得無以安身立命，於是又重新研究六經。這時橫渠正在京師講《易》，在互相切磋討論之後，終於使他們認清儒家的學說，才是立己立人的正道。自此以後，他們才一步步的走向儒家的道統。

這時，二程都已是二十四、五歲的青年了。在他們相繼中了進士以後，便各自奔向前程。先是伊川到太學去讀書，那時正值胡瑗在太學當教授。胡瑗出了一個「顏子所好何學論」的題目，看到伊川的試卷，不禁大為激賞，便立刻把伊川召入，收他為弟子，賜他一個學職。在太學中，他的學問超群拔俗，連同學呂希哲，也自願拜他為老師。

在此後三十餘年中，伊川一直醉心於學術，並未涉足於政治。儘管許多學者大臣們極力推薦他，可是他都一一謝辭了。但說起來也真湊巧，就在伊川沉默的三十年中，卻是明道一生的高峰。因為在伊川學成用世時，明道卻早已謝世了。

正當伊川遊太學時，明道卻在鄠縣、上元縣等地方做主簿。他雖然是個思想家，但絕不是只會空思冥想，而不能身體力行的書呆子。當他辦起政務來，不僅有條不紊，積極有為，而且對於陋習的改革是大刀闊斧的。他為了增加收穫，曾親自帶領人民，搶修堤岸；為了破除迷信，曾不顧群情的反對，消滅人民祭拜的偶像；為了提高知識水準，曾設立學舍，親自教讀。在他認為官無大小，即使一個小小的主簿，也能有利於人民。所以他在書房內貼著「視民如傷」四字，時時警惕，時時反省，希望盡他最大的可能，為人群謀福利。

由於他如此的勤於政務，如此的大公無私，所以很快的便從主簿、縣長，一直做到監察御史。

神宗非常賞識他，常召他討論許多經國的大務。但他屢次的進言，從來沒有提到功利兩字。這種態度正和當時王安石的新法不能相容，所以不久又被調到外縣去任職，直到哲宗即位，要再起用他為宗正丞時，不幸他已燃盡生命的熱力，與世長逝了。

明道死時大家都為他惋惜，伊川也帶著極度悲痛的心情，為他的哥哥寫了一篇墓表序，其中大意是：

「周公死了以後，聖人之道於是不行；孟子死了以後，聖人之學因而失傳。所以百世以來沒有善政，千載以來沒有真儒……而明道先生於一千四百年以後的今天，從遺經中得到了千世不傳的道學，希望用這個不傳之學去拯救眾生。但蒼天無情，卻使哲人早逝……。」

當伊川寫了這篇情辭懇摯的墓表序後，心中不禁大為激動，深感必須負起哥哥未完成的任務。於是便改變了以前不願用世的態度，立刻上書給太皇太后說：

「陛下選臣於草野之中，只是因為臣讀聖人書，聽聖人道，臣豈敢不用所學的，以輔助聖明？自忖聖人之學，早已不傳，而臣微徫從遺經中得到不傳的道學，因此不自量力，以身傳道……。」

這話說出了他的以身許國，寫出了他的以道統自任。也說出了他生命的高峰。就從這時開始，他三十餘年來所提鍊的學問，才真正放出了彩色的光芒。

然而他沒有像哥哥一樣擔任實際的政務，他是從另一角度來宣揚道學：他是當朝天子的老師。有一次，他準備為哲宗講解〈顏子之樂〉一章，這題目他在太學時曾做過，現在演講起來，當然得心應手。不過顏子之樂，是「一簞食、一瓢飲，在陋巷，人不堪其憂，回也不改其樂」。這是描寫顏子不為物質的窮困所拘，而能安貧樂道的心境。然而這與君主又有什麼關係？當時滿朝的文武，如呂公著、范堯夫等人，都覺得這一章根本沒有人君的事情可談，不知伊川如何發揮，於是大家便好奇的爭著去旁聽。

伊川先把章句解釋清楚以後，便接著發揮說：「像顏回一樣住在陋巷的人，只要他心存仁義，便不會被貧賤所苦；像君主一樣備受尊榮的人，如果不肯學道，一定會被富貴所腐化。同時，像顏回這樣有才幹的人，反而被魯君所忽略，困於陋巷，不能發展他的抱負；而像季氏這樣無能的人，反而富於周公，為國家的害蟲。可見魯君的不能用才，這正是我們的前車之鑑。」

伊川這段話，不僅說出了一個安貧樂道的人生觀，而且說出了儒家「選賢與能」的政治觀。同時，像顏回這樣的天才，如果不能用世，也只有生於陋巷，死於陋巷，與木石同朽，究竟對世道人心又有何補？所以在這裡伊川又強調了儒家用世的精神。這三方面，正是理學家們所追求的理想，已被伊川簡單的幾句話說盡，所以當時滿朝的文武，都「於我心有戚戚焉」，不禁深佩伊川智見的過人。

不過伊川生性嚴肅，直諫無忌，得罪了不少人。尤其當時蘇東坡在翰林也非常有聲望，許多文人與東坡共遊，文人們喜歡無拘無束，浪漫不羈，因此常譏笑伊川迂腐；於是兩派門人互相排斥，便分成洛（伊川）、蜀（東坡）兩黨。

在某一次的黨爭中，他不幸被貶到四川涪州，正在渡漢江時，突然風浪大作，船中的人們都嚇得哭聲連天。只有伊川一人，正襟危坐，若無其事。直到船抵岸後，同行的人都好奇的問伊川在生命攸關時，為什麼毫無懼色。伊川卻回答說：「我只是心存誠敬罷了。」這時他已是六十五歲的高齡，他的心性修養也達到了爐火純青的境界。所以後來徽宗即位，再召他回來時，他雖然在邊境吃了好幾年的苦，但氣色精神卻愈來愈好，大家問他原因，他卻笑笑說：「這是我為學的功勞啊！」

然而伊川回來後，正是黨禍最盛的時候，伊川的聚徒講學，卻被范致虛等誣為邪說惑眾，到處逮捕伊川的學生。伊川也自知情勢不妙，便勸他的學生說：「你們只要細心觀察，細心體會，照著所學的去身體力行就好了，不一定要到我這兒來求學。」所以在他死的時候，送喪的只有四人，頗為蕭條、落寞。

在明道死時，伊川曾替他寫墓表序，可是當伊川自己死時，卻沒有人敢提起他。但這也是他早已預料到的事，所以生前曾對他的學生說：「我以前替明道先生寫行狀，我的思想與明道相同，以後如有人要了解我，請看那篇文章好了。」

雖然伊川所追求的和明道相同；雖然他們可以合用一張墓表序，但他們兩人的氣質和個性卻絕然的不同。

明道德性寬宏，氣象萬千，有光風霽月的胸懷；而伊川氣質剛毅，精思入神，有峭壁孤峰的嚴峻。

這種不同，表現在待人上，明道是一團和氣，所以朱公掞來問學，回去後便對人說：「我在春風中，坐了一個月。」而伊川卻相反，有一次伊川坐著閉目養神，他的弟子游定夫和楊龜山立侍在旁，一直不敢向他告辭。過了好久，伊川張眼一看，兩位弟子還是畢恭畢敬的站著，便說：「夜深了，你們回去吧！」這時兩位弟子才敢退出，而門前的雪已積到一尺多深了。

因此學生們都喜歡接近明道，有一次二程在旅途中投宿一廟，明道走右廊，伊川走左廊，隨從的學生們都跟著明道。到了法堂後，伊川便歎著對明道說：「待人方面，我實在不如你啊！」明道也深感到伊川的過於嚴謹，曾對人說：「他日使人尊師重道，我弟弟可以做到；但要接引後學，造就人才，我比弟弟要高明了。」

這種不同，表現在政治上，伊川是嚴峻不阿，議論褒貶，毫無顧忌。有一次，哲宗無意折斷一條柳枝，伊川看見了，便正色的說：「春天正是草木萌生的季節，絕不可無故的加以摧殘。」對於君主，伊川已是如此的直諫無忌，何況其他的朝臣！所以大家都畏懼他三分，而有洛蜀的黨爭，而有被貶涪州的命運。可是明道卻相反，他一團和氣，熱情感人，所以神宗與明道談論時，常常忘了午飯，而且臨別時，還再三叮嚀說：「你可常來找我，我很喜歡和你談談。」至於同他政見不合的王安石，雖然曾遭受他的批評，但對他仍然是非常的尊敬。這都是由於他的賦性中和，使人感服。

四

雖然一般的說法，都把二程合在一起，稱為洛學。其實他們兩人氣質和個性既屬不同，學術思想也有很大的差別。這差別，不僅存在於他們之間的對比中，而且影響了以後思潮的流變。明道由於個性的寬和，氣度的遠大，表現在思想上的，也是渾然一體的境界，這境界就是他所強調的「仁」。

這個「仁」的名詞，雖然來自孔子，但孔子不談天、不談本體，只談人事；而明道卻擴大了這個「仁」的範圍，貫通了宇宙本體，天人關係。

明道這個「仁」，放在宇宙本體中，就是「乾元一氣」。這一氣，相當於濂溪的「太極」，橫渠的「太和」，這是說明宇宙的變化，雖然有陰陽、有動靜；但它的根本，卻是一種生生不息的生機。這生機，對萬物來說，正像樹椏間所冒出的一點綠綠的生意；對人身來說，就是本於自然的「性」，就是感應靈明的「心」。所以這個「生」、這個「性」，和這個「心」都是相通的。因為它們同是一種生機，同是一種仁的境界。

但「生」和「性」比較抽象，不易把握，因此明道喜歡從「心」的作用去描寫「仁」，去了解「仁」。他引用醫書上的一句話：「手足痿痺為不仁」，認為這句話中的「不仁」，描寫得最恰當。因為麻木就是不仁。我們的心不能感受手足的刺激，固然是不仁；而我們的心不能辨別是非善惡，不能產生「民胞物與」的情懷，不能體會天人之間的作用，更是不仁。所以他認為一個仁者，不僅感覺靈明，生機茂然；而且與萬物同心，與天地同體。

明道的思想，特別強調這個「仁」和這個「心」。所以他認為學者最重要的工夫，就是先從心中去「識仁」。唯有先把握這點萌然的生意，唯有先了解這種天人的關係，然後所探求的學問才有根源，所追求的真理才有價值。不過他所謂的「識」，不是文字上的認識，而是一種心靈上的體悟。在這裡他顯然借用了佛學靜觀的方法。他曾說：「靜後見萬物皆有春意。」春意就是生意，唯有在靜觀中，才能看出萬物的生機，才能悟入生命的真諦，也才能識透仁的本體。

然而靜觀只是一種心態，而不是實踐的修養工夫；因此為了把握體悟的所得，明道又補充了另一個方法，就是以「誠敬存之」。「誠」是對內意識的集中，「敬」是對外精神的貫注。經過了這番「誠敬」的工夫以後，心中所體悟的是仁，擴充出來也是仁，所以他說：

「滿腔子是惻隱之心，這惻隱之心，就是仁的起點，把這惻隱之心，擴充開來，就是仁的境界了。」

達到了這種境界，我們的心，便「廓然而大公，物來而順應」，便有天地與我為一，「萬物皆備於我」的樂趣了。

所以明道的思想，從「識仁」開始，直到「廓然而大公」的境界，徹頭徹尾是一個仁學，一個心學。

至於伊川卻和明道不同，由於他氣質的謹嚴，思想的細密，所以他特別注重「理」的分析，「理」的研究。

五

在伊川眼中的宇宙，不是混然一體的境界，不是「乾元一氣」的運行；而是萬象森然的世界，而是「理氣二元」的作用。在這個宇宙中，萬物的形狀、萬象的變遷都是由於氣化生成。這個「氣」，與濂溪的「陰陽」、橫渠的「氣質」相似，只是說明天地交感而萬物化生的過程，並沒有什麼特出的地方。至於「氣」之所以能變化，萬象之所以「物爾如此」，都有一個不變不易的「理」。這個「理」卻是伊川獨創的見解，依據這個見解，所以他特別強調要「窮理」。

他認為一物有一物的理，一事有一事的理。如火的熱、水的寒，以及一草一木的成長，這是物的理；至於是非、善惡，以及待人接物的道理，這是事的理。這些理，無處不在，無時不在。只要有「物」便有理；只要有「事」便有理。我們如果能今天分析一物，明天研究一事，雖然起先只能得到個個特殊的理；但久而久之，便能融會貫通。於是宇宙間的一切道理，便都在我們的心中了。到那時，我們便不須一事一物的去研究、去分析，因為「一物之理，即萬物之理」，我們只要知一理，便能應萬理；同時「一人之心，即天地之心」，我們只要體悟此心，便能貫通天地之心了。

伊川這種「窮理」的方法，顯然偏於經驗的分析，這與明道的存養體悟不同。伊川曾說出他治學的兩個綱領是：「涵養須用敬，進學則在致知」。他把明道的思想都放在第一句話中，因為明道的「識仁」是涵養，「誠敬」就是用敬。不過伊川對「敬」的解釋，卻和明道略有不同，明道的「敬」在於「誠」，是一種「敬以直內」的態度。而伊川的「敬」，在於「主一」，是一種「主一無適」的精神。伊川曾有一段妙喻：

他認為我們的心對於外物的引誘，正像站在破屋中禦盜一樣。如果中心把握不定，東面一盜還未逐出，西面又來一盜。而前後左右，更是防不勝防，這都是因為四面空疏，強盜易入。又如空瓶放在水中，水便容易進入，如果先裝滿了水，水便不能再進入。所以中心如有主，便不為外物所轉了。

然而要如何才能中心有主，才能「主一無適」呢？伊川認為單靠「誠敬」的工夫仍然是不夠的，因為那只是心性的修養，而沒有經驗事實上的依據。唯有知得透徹，才能把握得定，所以他除了「誠敬」外，又特別提出「致知」的學說。

但致知的方法是格物，而格物的精神，卻是「窮理」。因此伊川的思想，歸結起來，仍然是「窮理」兩字。雖然明道也曾談到致知在格物，格物在窮理；但明道只是把致知放在誠敬工夫後面，看作次一等的事；而伊川卻把進學和涵養並列，把致知和用敬看作同樣重要的兩套工夫。所以伊川比明道更進一步的注意到求知的問題。雖然在〈大學〉中已有致知格物的思想；但把致知格物歸結於「窮理」，而加以理論的根據，系統的說明，對後世產生影響的，卻創始於伊川。

六

由上面看來，二程兄弟雖然時代背景相同，生活環境相同，教育師承相同，甚至年齡也只差一歲；但是他們的性情與學問卻完全不同，這真是一個有趣的對比。唯物史觀的學者們強調「存在決定意識」，認為在相同的條件下產生相同的思想，假如看到了這兩位同源而異趣的兄弟，不知作何解釋？

這種同源而異趣的情形，不僅表現在他們的性情與學問上，妙的是連他們在歷史上所負的使命，也有著類似的情形，那也就是說：二程在「承先」方面是一致的，他們同是扭轉佛老的狂流，挽回了儒家千年來的頹勢；而上承孔孟的精神，發揚了中國傳統的教化。正如朱子所說的：「河南程氏兩夫子出，而有以接乎孟氏之傳。」在這方面，他們兩人的成就是相同的，但是在「啟後」方面，卻不僅相異，甚至形成了互相對抗的局面。

明道雖然比伊川大一歲，卻早死了二十二年，在這不算太短的二十二年中，伊川不僅吸收、融會、補充了明道的思想，而且連明道的得意門生，也被拔河似的拉了過來。例如程門弟子中，最著聲望的有四人，稱為程門四先生，其中除了和靖（尹焞），單獨向伊川問學外，上蔡（謝良佐），龜山（楊時），薦山（游酢）等三人，都是兼師二程，或先學於明道，後來才追隨伊川的。所以伊川的門下，兼容並包，人才輩出。

再者明道的思想比較淩空、比較圓融，必須中智以上的人才能把握。而伊川的思想，卻具體落實，容易吸收、容易發揮。所以最先開展出來的是伊川的學說，它由弟子們的發揚光大，四傳而到朱子手中，遂集理學的大成，自此以後，直到明代中葉，可以說都是伊川思想的天下。

至於明道的思想，雖然一時後繼無人。幸而「德不孤，必有鄰」，終於在象山的身上，找到了回聲。不過象山個人固然和朱子旗鼓相當，但在當時的聲勢上，卻為朱子所奪。這要等到程朱學說產生了流弊，逐漸衰落，才有王陽明的興起，和明道、象山，隔代唱和，而有心學之盛。所以自明代中葉開始，此後的天下，又為明道思想所左右。

總觀以上兩股思潮的趨勢，一盛一衰，一起一落，互為消長，而形成了對抗的局面。這正說明了二程夫子在「啟後」方面的各有千秋。

然而他們的影響不同，非但不會產生相斥的作用，卻是相輔相成。「長江後浪推前浪」，合起來看，正是波濤迭起，源遠而流長。他們雖然學說的細節不同，但都是根據〈大學〉、〈中庸〉，來替聖人立說；都是繼承了周公孔子以來的道統，而使這個道統，開展下去，共同支配了以後八百年來的思想流變。

所以他們無論在相同或相異方面，在承先或啟後方面，都有特殊的貢獻。在中國歷史上，甚至在世界歷史上，他們真可謂一對最光榮、最精彩的兄弟哲學家。

第廿二章　弘道立學的泰斗——朱熹

一

小程夫子死後，僅僅二十年，宋朝的天下，已由北宋一變而為南宋。隨著徽欽二帝的被擄，淮水、大散關以北的地方，都進入了金人的版圖，所剩下的只有南方一半的山河，過著偏安的生活。這時，學士大夫們都隨著政府南遷，而洛學也由楊龜山等人，帶過長江黃河，到南方來避難了。

楊龜山（即楊時，南劍人），是二程兄弟的門人，深得洛學的真傳，自他南渡後，便把學說傳給羅豫章（即羅從彥，南劍人），豫章又傳給李延平（即李桐，南劍人），而延平就是朱子的老師。所以洛學經龜山師徒的輾轉相傳，終於傳給了我們的理學大師——朱子。

洛學傳到朱子手中，已不再是二程的洛學了。因為朱子的思想兼容並包，規模宏大。他不僅吸收二程的學說，同時也綜合了各家思想。二程只是奠定北宋理學的基礎，而朱子卻是集有宋一代理學的大成。

然而朱子的重要性不僅如此，尤在於他繼二程以後，把握了儒家的道統，產生承先啟後的作用。他的學生黃榦曾這樣的讚美他：

「道的正統，必須待人而後能傳，自周朝以來，能夠傳道的不過幾人，但有成就的也只是一二人罷了。在孔子以後，曾子、子思維繫住道的微緒，到了孟子才切實的加以發揚。在孟子以後，周、程、張子為道而開路，到了朱子才徹底的加以光大。」

黃榦這段話，並無溢美。朱子一生，在整個思想的流變上，正是扮演了這樣一個重要的角色。

二

朱子，名熹，字元晦，別號晦翁。是徽州婺源（今安徽省婺源縣）人，生於宋高宗建炎四年（西元一一三〇年）。他的父親名松，是羅豫章的學生，曾做過司勳吏部郎。後因不滿秦檜的和議政策，便忿然辭職，隱居在福建尤溪城外毓秀峰下的鄭氏草堂，這兒就是朱子誕生的地方。由於地屬福建，所以他後來開創的學派又稱為閩學。

朱子從小就資質過人，喜歡思考。當別的小孩在遊戲時，他卻一個人靜坐在沙上，用手指畫成一個個的八卦圖形。當塾師教他讀《孝經》時，他只看了一遍，便能貫通書中的大意，而且還在書上題著：「不若是，非人也。」由此可見他從小便有哲學的頭腦，便有聖人的抱負。

在他十四歲時，曾遵從父親的遺囑，去拜籍溪的胡憲（原仲）、白水的劉勉之（致中）、屏山的劉子翬（彥沖）為老師。這三位老師都是二程的再傳弟子。劉勉之最擅長於易學，除了把易學傳授給他外，連帶把女兒也許配給他。可惜這兩位劉老師都很早便逝世了，因此他單獨向胡憲問學最久，胡憲教他研究《春秋》。

然而胡憲的《春秋》，並不能滿足他追求真理的熱情。所以這時，他又遍讀佛老的書籍。但總摸不出一條路子來，內心非常的痛苦。

直到二十四歲時，為了求道心切，便步行到數百里遠的地方，去拜父親的同學李延平為老師。延平是個淡於名利的思想家，他隱居苦學了四十年，每天靜坐，以體驗人生喜怒哀樂未發前的氣象。他把洛學加以消化，從體驗中實踐出來。所以朱子見到延平後，便歎著說：「自我拜見李老師以來，做學問才腳踏實地，才知以前研究佛老的學說都是錯誤的。」而延平見到朱子以後，更是對他誇讚備至，認為他稟性過人，勤於力行，讀書能從細微處鑽研，能從源頭處體會，自羅豫章老師以來，從未見過他這樣出色的人才。於是名師得高徒，相得益彰，這是朱子思想發展的起點。自此，他拋開了佛老空疏的理論，承襲了二程的洛學，奠定了一生學說的基礎。

早在朱子十九歲時，便考中進士，作了泉州同安縣的主簿，此後十餘年來，他一面留心治績，一面埋首經書，生活上並無多大波折。直到三十三歲，便升為文學博士。那時，孝宗即位不久，正值金兵猖狂南侵，滿朝文武都不知所措，因此孝宗便下詔，鼓勵直言。於是血氣方剛的朱子就接連奏上了兩篇文章，首先他申明君主必先格物致知，心存義理，然後才能安邦治國；最後他強調，當時與金議和的政策是錯誤的，他痛切的說：「先君的血海深仇，是不共戴天的，今天我們唯一的生路，就是抗戰到底；不戰便不能復仇，不守便不能制勝。」這是何等慷慨激昂的話！他這種痛惡和議的見解，正和他父親不滿於秦檜的和議一樣。可是當朝的宰相湯思敬也和秦檜一樣，是些膽怯的鼠輩，只圖苟安於一時，自然不肯採納他的提議。於是他便帶著悲憤的心情，離開了軟弱無能的朝廷，隱居在家中，專心於讀書寫作。

在這十幾年的家居生活中，他一方面著書立說，教授生徒；一方面結識許多學者，共同討論學問。當時和他講學切磋，感情最好的，要推張南軒（即張栻），和呂東萊（即呂祖謙）。南軒是湘學派的中堅人物，東萊是浙學派的開山祖師。他們都是當代最知名的學者。朱子不僅和東萊一起講學，合編過一部《近思錄》，而且由東萊的介紹，認識了陸象山。象山是當時心學派的領袖，由於彼此的意見不合，曾在鵝湖寺開過一次辯論會。但雙方都堅持自己的觀點，所以始終沒有得到結論。這時，朱子已是四十七歲的中年了，無論在聲望和學術上，都已名高一代。

再過了三年，孝宗又請他去治理南康軍（「軍」是宋朝的行政區域單位，並不是軍隊，南康軍即後來的南康府，在江西省境）。當地時常發生旱災，他除了積極防災、救災外，並注意發展教育。他曾去考察白鹿洞書院的遺址，該院址在江西省廬山的五老峰下，南唐時曾在此建學，名廬山國學。他覺得此地環境很好，應重興書院來培植人才。於是便在此訂定學規，邀請四方有名的學者來講學，即使與他見解相反的象山，也在被邀請之列。

朱子在教育上的努力，雖然建樹很多，但在政治上的奮鬥卻頻遭波折。尤其在此後的二十餘年，風浪更大。主要的原因，乃是由於他的愛國心切，疾惡如仇，為當朝所不容。

先是在白鹿洞書院創立的第二年，當地發生大旱，人民流離失所，而政府卻置諸不問。他便上疏，向孝宗慷慨陳詞的指出：治國的首務在於愛民，而愛民的根本，全賴君主能正心術，立紀綱，親賢臣，遠小人。而現在君主被小人所包圍，宰相和諫議大夫又都失職，使得全國的命運危在旦夕。但君主仍然蒙在鼓裡，而不自知。朱子這篇措辭激烈的文章，可說罵遍了朝中的文武大臣，連孝宗也包括在內，所以孝宗看了，不禁勃然大怒，便聽信宰相趙雄的話，把他貶到江西常平等地。

由於他治績很好，孝宗又轉而信任他。但朝中的許多小人們，卻視他為眼中釘，曾多方設計陷害他。如監察御史陳賈、侍郎林栗等，便故意排斥朱子所傳的「程學」是偽學，企圖從根本上打倒朱子的學派。雖然並沒有達到目的，但孝宗這人耳根很軟，沒有定見，使得朱子或貶，或升，始終沒有得志。

後來孝宗禪位給光宗，光宗禪位給寧宗，這時朱子已是六十六歲的高齡了。但他仍然熱情如昔，看不慣韓侂冑的跋扈，上書直諫。不料寧宗非但沒有採納他的意見，反而聽信韓侂冑的讒言，使朱子被免而歸。於是反對派便乘這個機會，指責朱學是偽學，橫加禁止。甚至有些小人誣陷朱子聚徒結黨，有竊國之嫌，應斬首以示眾。這樣由偽學一變而成為叛黨，想不到黨禍的激烈，居然到了這種程度。其實朱子和反對派所爭執的，只有一個問題，就是反對派在外交上主和，而朱子卻極端的反對和議。

朱學被誣一變而為叛黨，這是從學術問題一變而為政治問題，情況顯然很嚴重。當時許多跟從朱子問學的人，都深怕遭到連累，紛紛離開他。有的隱避山林，有的過門而不入；有的卻狎遊市肆，表明自己並非道學；有的甚至轉入反對派，來誣陷朱子。

這次的打擊，對朱子來說，的確是空前的。但他並不因此而灰心、而失意。相反的卻鎮靜如故，仍然每天與親信的門生講學不輟。他的大弟子蔡元定（別號西山），因黨禍被貶道州，在臨行前曾來話別。但師徒兩人僅談論一些學術上的問題，對於被貶逐的事卻一句未提，而且也毫無怨尤和恐懼的表示。因為這時，他們已把個人的生死置諸度外。所以朱子在寫給朋友的信中曾說：「我一身的利害，算不了什麼，我所深憂的是：秦始皇焚書坑儒的暴政，將要殃及我們的學術了。」

這時，朱子已是六十九歲，已是他生命的最後兩年。由於平日用功過度，身體衰弱，而且又患了嚴重的眼疾，所以不能閱讀，也不能寫作。但他並沒有放鬆下來，仍然把他最後的一點精力用在講學上。就在他逝世前的兩天，看到許多學生來探病，便勉強支持起來，帶著重病，為學生們詳細分析濂溪的太極圖，和橫渠的〈西銘〉。這是他最後的一次講學，第二天，便安然而逝了。

當時，反對派聲言：如果四方的偽徒聚合，送葬偽師的話，將以謀亂罪處罰。儘管反對派如此的威脅，由於朱子精神的感召，遠來送葬的，仍然有一千多人，可見朱子的感人之深了。

三

朱子的一生，在政治上雖然由於情感的激昂而頻遭波折。但在學術上，他的深思明辨，身體力行，卻使他成為道統的繼承者。他一方面潛心於寫作，留給我們一部博大的文化遺產；一方面綜合各家學說，開創了新的思想方法。同時，更努力於文教，建書院、訂學規，奠定了此後七百年來的教育思潮。

朱子作品的博大，的確是前無古人的，然而那絕不是粗製濫造的多產，而是配合了寫作的辛勤，和態度的謹嚴。

他曾這樣的說過：「以前我用心良苦，思考一個道理，往往像過獨木橋一樣，相去雖在毫釐之間，但一失足，便有粉身碎骨的危險。」由於他對每一個小小的問題，都鄭重其事，不肯輕易放過。所以他孜孜苦讀，未曾一刻放鬆。即使臥病時，大家勸他好好休養，而他卻一見晨光，便立即起床，不停的閱讀，不停的寫作。有時甚至為了一個問題，而推敲整夜，忘了睡眠。他的一位朋友曾屢次的勸他，少寫作，多休養，而他的回答總是：「在世間，吃了飯後，全不做此子事，無道理。」

由於這樣的苦讀，使他博覽群書，舉凡天文地理、儒墨道釋、以及詩詞歌賦，他都有精心的研究。因此使他的著作，不僅博大，而且精深。現在先把他的作品，列一個清單，來觀摩一下：

他的詩詞散文，共有一百卷，平時講學的語類有一百四十卷，註釋的書有：《周易本義》，《周易啟蒙》，《詩集傳》，《儀禮經傳通解》，《大學中庸章句或問》，《論語孟子集註》，《太極圖說解》，《通書解》，《西銘解》，《楚辭集註》，《韓文考異》等。關於編纂的書有：《論孟集義》，《孟子指要》，《中庸輯略》，《宋名臣言行錄》，《近思錄》，《程氏遺書》，《伊洛淵源錄》，《小學書》，及《資治通鑑綱目》等。

以上所列各書，都是流行於世，特別著名的。至於其他的著作尚多，無法一一羅列。不過僅憑這些著作，已可看出朱子學問的淵博，精力的過人了。

在這些著作中，最能代表朱子思想精神的，是由〈大學〉、〈中庸〉、《論語》、《孟子》合成的《四書集註》。他注這本書前，曾寫過三十四卷的《論孟集義》，及《大學中庸章句或問》等書，作為集註的準備工作。在集註中的每一章、每一句，都是經過他的左右思量，前後推敲；而且稍有不妥，便重新再寫，由這樣一點一滴的辛苦而集成的。因此無論在章句的解釋，思想的闡發方面，都有嚴密的組織，特殊的創見。真可說每個句讀上，都點滴著朱子的心血。

這部集註不是以文字疏解文字，而是以思想發揮思想。他不僅是把個人的心血注入了本書，而且是把整個儒家的理想寫了進去。所以這部集註對後世的影響，幾乎是空前的。宋以後的科舉，都以此書為範本。註解中的每一句話，每一個詞，都成為士子作文所依據的旨趣。其受推崇的情形，由此可見一斑。而朱子在近代思想上的影響力，就憑這本書，再也沒有第二人敢望其項背了。

四

由朱子的作品看來，他從《周易》、《論語》、《孟子》，一直註到太極圖、《通書》、和〈西銘〉。這正表示他上承先秦的儒學，而下集北宋的理學。可見他的興趣是多方面的，思想是折衷的。因此在他學說上表現得最為獨出的，也就是這種富有調和綜合的色彩。

雖然他承接二程的洛學，但二程終生不談濂溪的〈太極圖說〉。而他對〈太極圖說〉卻有偏愛。他就是以太極為中心，畫出了整個思想的間架。

在太極以上是無極，這是引用濂溪「無極而太極」的說法。不過在朱子的體系中，無極不是另一個比太極更高的境界；而是一個形容詞。形容太極的本體，是無聲無臭、無方無體。但它雖然無形跡可尋，卻在宇宙間，又是無處不有、無時不在的。所以從無來看，是無極；對有而言，卻是太極。

在太極以下是理和氣，這是兼採伊川「理氣二元」的說法。不過朱子更進一步的說明太極和理氣的關係。他認為「太極只是一個理，太極只是天地萬物之理」，所以「人人有一太極，物物有一太極」。但為了表明高下起見，特別稱這個天地萬物最高的理為太極，而稱這人人物物各具的太極為理。用「月印萬川」的譬喻來說明，月是太極，而萬川中的月影，就是理。

然而太極是無聲無臭、無方無體的，因此理也只是個淨潔空闊的世界而已，又怎能產生作用，變化萬物呢？於是朱子便擡出一個「氣」字，認為能動的是這個氣。氣動而生陽，氣靜而生陰，由陰陽二氣交感，便產生了宇宙萬物。所以朱子用「無極」來說明「太極」的本質，而用「理氣」來說明「太極」的作用。

當這個太極，由理氣的作用而發動後，便直接影響了心，從理發出的是人心。在這裡朱子兼採橫渠的「氣質」說，認為由氣的變化，而產生了善惡。得人心之正者是天理；得人心之偏者是人欲。天理是性的本然，人欲是情的泛濫。天理勝人欲，就是聖人；而人欲滅天理，就是凡人。這兩者始終在我們的心中升沉，所以朱子一再的強調說：「聖人千言萬語，只是教人存天理，滅人欲」而已。

朱子的學說，由「無極而太極」開始，綜合了濂溪、橫渠，和二程的理論，構成了他的思想體系。這體系一直發展到存天理、滅人欲，便由宇宙歸結到人事，而引出了居敬窮理的學說。這一學說的引出，正是朱子畢生思想精神的所在。

他認為人心所以有人欲，主要的原因有二：一是心性的修養不夠切實，為外物所誘，而流於人欲；一是對事理的了解不夠透徹，為外物所惑，而失去天理。因此要滅人欲，必須先從內心的居敬做起；要存天理，必須先窮透天地萬物的理。這居敬和窮理，就是他修身治學的兩大工夫。

居敬，相當於伊川的用敬和明道的誠敬，也就是孟子的存心養性。在這方面，朱子只是發揮前人的學說，只是加以身體力行罷了，並無獨特的創見，而他最精彩的還是窮理的學說。

雖然伊川曾說過：「進學則在致知」，也曾強調過窮理；但伊川只是把窮理當作致知的方法。至於理如何能窮？知如何能致？卻未曾說明。但朱子不僅把這個窮理的方法奠以哲學的基礎，而且與他整個思想體系銜接了起來。

首先，他把心和物分開，心是一個靈明的能知作用，而物都有一個可知的理。於是一個能知，一個可知，便構成了知識的可能條件。但這僅是可能，因為心只是一個能知的作用，它必須格物而窮理；認識了這個理以後，能知才變為已知，否則外物的理有未窮時，我們的心也只是永遠的能知而已。

因此我們必須今天格一物，窮一理；明天格一物，窮一理。理窮得愈多，心中的已知也愈多。已知愈多，心愈靈明，而能知的作用也愈大。於是久而久之，一旦心中的能知作用達到某種程度後，對於外物的「表裡精粗」，便無所不知。而我心的本體，也朗然清澈，無所不明了。

朱子這段理論，就是根據〈大學〉中的「格物致知」而引申發揮的。前哲們都把注意力集中在「誠意正心」上，很少談到「格物致知」。但朱子卻把「誠意正心」和「格物致知」分成了兩截，前者是居敬的工夫，屬於道德的修養；後者是窮理的工夫，屬於知識的探討。他認為在目的上，雖然居敬為重；可是在次序上，卻以窮理為先。因為理窮了以後，心自然能明。所以在求道的方法上，他卻把重心偏於知識的探討，而特別強調窮理的學說。

朱子的思想，發展到這裡，已是一個十足的唯理主義。不僅太極是一個理，「理氣」中有理，人心中有理，事物中有理，甚之「誠意正心」也是一個理，所以他的思想徹頭徹尾是一個理字。這正是他集各家大成，辛苦構搭起來的一套完整的理學體系。

五

朱子不僅埋首經書，去發掘聖賢的義理；不僅揮筆疾書，去寫下自己的思想；而且身體力行，要把聖賢的學說、自己的理想實踐出來。他在廬山所建立的白鹿洞書院，便是這種實踐精神的具體表現。

在他以前，也曾有許多的書院，也曾有許多的學規；但特別提出教育宗旨，作為書院精神，書院理想的，卻以他為第一人。

他在白鹿洞書院的教條中，首先列出五教之目是：「父子有親，君臣有義，夫婦有別，長幼有序，朋友有信。」並在旁邊注明：「堯舜使契為司徒，敬敷五教，即此是也。」這正揭示出他祖述堯舜以來儒家傳統的教育理想。

其次，他申明為學之序是：「博學之，審問之，慎思之，明辨之，篤行之」，這是孔子治學的五個綱領。他認為前四者，就是窮理的方法；至於最後的篤行，乃是依據修身、處事、接物的原則以實踐。所以接著他說明：

修身之要在於：「言忠信、行篤敬、懲忿窒慾、遷善改過。」

處事之要在於：「正其誼不謀其利；明其道不計其功。」

接物之要在於：「己所不欲，勿施於人；行有不得，反求諸己。」

這就是白鹿洞書院的教育宗旨。雖只短短幾十字，但朱子已把整個儒家道統精神都寫了進去。所以當時不僅其他許多書院，採取這個教條，而且連宋代的太學，也以它來訓示諸生。這影響，一直到明代的顧憲成，在他的〈東林會約〉中曾這樣的嘆著：「朱子白鹿洞書院的教條，實在是至善至美的了！讀書人要為聖為賢，豈能越得出這個範圍！我們在東林書院所學的，也只是講明它的道理，而加以實行罷了。」

朱子白鹿洞書院的教育宗旨，所以對後代能產生如此深長的影響，並不是書院本身培植了多少登科的人才，而是這一宗旨維繫了一個道統的精神。儘管教育的制度，每代都有變遷，而這一個精神，卻是歷萬世而不變的。

六

對於朱子，我們可以從許多方面來稱頌他。因為他每一方面的影響，在中國文化上，都是舉足輕重的。

他的《四書集註》，成為中國思想的聖經；他的窮理學說，成為宋明理學的靈魂；他的白鹿洞書院教條，成為此後七百年來，教育思潮的濫觴。

不僅如此，在他逝世後的一百多年，他的思想精神，更遠渡重洋，進入了日本後醍醐天皇（日本第九十六代天皇）的宮廷，由玄惠和尚的講解，支持了當時的勤王運動。接著四百年以後，由山崎闇齋等的傳播，直接影響了後來日本的明治維新。

在這些方面，都足見他對後代影響的既深且廣。而他之所以有這樣偉大的影響，主要的是由於他富有特殊的綜合力和創造力。他不僅以二程的思想為經，以濂溪、橫渠的見解作緯，織成了龐大的理學體系，而且上追孔孟，旁及佛老，完成了儒家的新思想、新方法。

他這種綜合創造的能力，有人曾把他比之於西哲的康德（近代德國哲學家），雖然他和康德，在哲學內容與方法上不可相提並論，但在類型上卻很相似，尤其在思想流變的地位上，他們的影響，更是東西如一。沒有康德，西洋近代的哲學必須改觀；同樣，沒有朱子，宋元明清幾百年來的思想便沒有重心。

所以一般人都這樣的公認：在中國思想史上，體系之大，影響之廣，能直追孔子的，只有朱子一人而已。

第廿三章　宇宙一心的大儒——陸象山

一

理學，由北宋五子的推波助瀾，再經朱子的發揚光大，終於高潮突起，而睥睨一代。在當時，這些理學家們，都以繼承儒家的道統自任，都自認為得到千世不傳的道學。他們的聲勢，不僅支配士林，而且左右人心。

然而正在理學風靡一代的時候，另有一位冷眼旁觀的思想家，卻大不以為然，他在寫給親友的信中，便這樣的指出：

「故道之不明，天下雖有美材厚德，而不能以自成自達。困於聞見之支離，窮年卒歲，而無所至止。」

這裡所指的，就是程朱。他認為當代理學的毛病，就在過於繁瑣。什麼太極之上又有無極，氣之中又分清濁。同是一個心，卻有人心、道心；同是一種理，卻有本然、氣質。這樣一重重的添加，一層層的分析，本來是一個極簡單的問題，卻被他們割裂得支離破碎，失去了重心。這都是由於他們沒有抓住學問的血脈，沒有了解孔孟的真精神。

尤其站在道統的立場，這位詞鋒激烈的思想家，更沉痛的指出，自孟子以來，異端邪說仍然猖狂不已。先是道教的誤人，後是佛教的誤世；而漢唐的儒生們，又都埋首於注疏，毫無生氣。至於到了近代，偏安江南，國弱民貧，朝廷上都是些汲汲於利祿的小人；而儒生們卻仍然沉迷在故紙堆裡，既不能消滅異端，又無法重振民族氣節，讀書人的淪落至此，豈不令人痛心！

面臨著這樣一個世局人心，為了喊醒儒生們沉醉了千年的迷夢，為了真正的發揚道統，我們這位熱情的思想家便不得不高樹心學的旗幟，踏著孟子的步伐，去「正人心，息邪說」了。

這位思想家，就是我們現在要講的心學大師——陸象山。

二

陸象山，名九淵，字子靜，撫州金谿人（江西省臨川縣東），生於高宗紹興九年（西元一一三九年）。比朱子小九歲。

他家是個書香門第。弟兄六人，以他排行最小，他的四兄九韶（字子美，號梭山），和五兄九齡（字子壽，號復齋），都是當代有名的學者。

九韶，個性脫俗，終生不仕，曾在梭山講學，所以大家都稱他為梭山居士。他和朱子是朋友，曾為了不滿濂溪的〈太極圖說〉，與朱子有過激烈的辯論。

九齡，少有大志，學識淵博，在太學讀書時，已有聲名。後來任桂陽軍學教授，更是名重一時。他曾和象山參加過鵝湖寺的會談。

象山生長在這樣一個充滿書卷氣的環境中，自然受兩位哥哥的朝夕熏陶。所以陸門的心學，是從九韶開端，九齡繼之，而由象山集大成的。

陸門一家，除了二哥九敘外，都是書生；因此家境並不康裕。幸而九敘善於經商，才維持了一家的生活，使兄弟們能夠安心的讀書。所以當象山在三歲時，失去了母親後，便完全靠二哥二嫂撫養成人的。

象山從小就喜歡玄想。四歲的時候，便問父親天地的邊際是什麼？他父親笑而不答，使得他整日的沉思，而忘了吃飯，忘了睡眠。他時常一個人跑到林下，灑掃一番，然後坐下來沉思。他所沉思的問題，直到九年以後，才得到了解答。

那是在他十三歲的時候，讀到「宇宙」兩字。書中的註解是：「四方上下曰宇，往古來今曰宙。」至此他才恍然大悟，原來宇宙包括了無窮的空間，無窮的時間；而人就存在於這個無窮之中，和宇宙同永恆。所以他便立刻寫著：「宇宙內事，乃己分內事；己分內事，乃宇宙內事。」但宇宙和我究竟如何能同永恆？如何能溝通呢？他想了一想，覺得同永恆的是這個不易的理；而溝通的是這個不變的心。所以後來便補充的寫著：「宇宙即吾心，吾心即宇宙。東海有聖人出焉，此心同也，此理同也；西海有聖人出焉，此心同也，此理同也；南海北海有聖人出焉，此心同也，此理同也。千百世之下，有聖人出焉，此心同也，此理同也。」他把整個宇宙的理，納入了心中；又把所有的心，歸納為同一種作用。他這種驚人的創見，和簡易的手法，已奠定了日後整個心學發展的基礎。

雖然象山喜歡沉思，但他的氣魄大，情感激烈，頗有英雄的本色。在十六歲時，讀到魏晉六朝的歷史，便咬牙切齒，痛恨夷狄的侵華。又聽長輩們常談到靖康二帝被擄的故事，每每奮勇而起，剪短指甲，去學習射箭騎馬，希望能效命沙場。雖然他在這方面並沒有達到做英雄的志願，但他那種磊落豪放的氣魄，卻使他做了一個思想界的大丈夫。

不過象山並沒有立刻在思想界上嶄露頭角。在此後將近二十年的漫長歲月裡，他只是默默的讀書，靜靜的體會。直到三十四歲，參加禮部考試時，才一躍而成為思想界最紅的人物。

那次考試正好呂東萊是考官。東萊雖然和他相知而不相識，但在幾千份卷子中，一讀到他的文章，便拍手讚嘆，認為只有江西的陸象山，才寫得出這樣迴腸動魄的文字。可見東萊對他心儀已久。所以自他中了進士後，兩人便成為最好的朋友。

以前，他在八歲時，聽到別人提起伊川的話，便懷疑的問：「為什麼伊川的話，不像孔孟的呢？」這問題，經過了他二十餘年來的研究，體會，終於找到了答案。這答案很簡單，就是伊川的向外致知，沒有把握住孔孟的心傳。他認為昔日伊川的致知如此；今日朱子的窮理也是如此。這種向外求理，忘了本心，就是當代理學一派的毛病。因此為了糾正理學的錯誤，他便甘冒不韙，揭出了心學的旗幟。

這一破空的呼聲，在當時的確震動了整個思想界。四方的學者都好奇的來向他請教，從早到晚，川流不息，使他忙於應付，幾乎四十多天沒有好好的睡過。

由於他批評理學，自然與朱子的思想發生了摩擦。因此由東萊的介紹，曾在鵝湖寺和朱子辯論過。雖然並沒有得到結論，但朱子對他的氣魄卻非常讚嘆。所以在鵝湖寺會談後的六年，當他漫遊南康時，朱子便請他到白鹿洞書院講學。

他到白鹿洞書院發表了一篇極有名的演講，題目是「君子喻於義，小人喻於利」。這本是《論語》中的一章，象山特別把它提出來加以強調。他認為君子和小人的分別，就在於義利兩字。如果念念不忘救世救人，便是君子。相反的斤斤於個人的名利得失，便是小人。而今日一般學士大夫，只讀書，不問國事，便是為了利；至於一手拿著聖賢的書，而一心卻在高官厚祿，更是為了利；這些都是十足的小人。

象山這番話，完全繼承了孟子「義利之辨」，和董仲舒「正其誼，不謀其利」的精神。當他那次演講時，天氣雖然還是很冷，但聽眾卻感動得不禁汗下。也許是他那股莊嚴的氣魄，和有力的字句，緊扣著聽者的心弦，使得有些人甚至感愧得淌下了淚水。當時朱子也在場，一直揮著扇子。覺得象山這番話的確深中士大夫的病痛，也正是白鹿洞書院的教育宗旨。於是便把這次演講的精義刻在石上，作為學生們的座右銘。

就在白鹿洞演講的那年，呂東萊病逝了。象山痛失好友，非常感傷。當時稍有名望的學者也都相繼過世，只剩下這兩位心學和理學的大師，孤單的站在兩個高峰上，遙遙相對。

這時，象山還只有四十三歲，正是充滿了活力的年齡。在此後的幾年中，他做過國學的教授，敕令的刪定官，以及崇道觀的主管。這是他一生中，在政治上比較活動的時期。然而也只有短短的五年時光，他便厭倦了政治生涯，而辭職回家，去讀書講學。

他在貴溪西南的應天山上，建築了一間精舍，作為讀書講學的地方。因為該山形狀似象，所以後來改名為象山，他也自稱為象山翁。

四方的學者都不遠千里而來向他問學，他們各自在山上築廬居住，於是應天山上便平添了許多學舍。象山另闢出一間方丈作為教室。每天早晨在精舍中鳴鼓，學生們便紛紛而來，每堂課總有數十百人。他在那兒一共講學五年，統計學生的名單，已有數千人之多。

後來光宗登位，詔象山治理湖北荊門軍。當時荊門是一個軍事的要衝，是古代的戰場。如果荊門能鞏固，便可以屏障四鄰的地方。雖然以前曾屢次提議在這裡建築城池，但估計所費太貴，都沒有動工。這次象山不顧一切，親自召集義勇，督促他們興建。由於他的精神感召，不到二十天，整個城池便建築完畢。而所費僅估以前估計的四十分之一。可見象山辦事的魄力了。

在荊門，象山發揮了政治的才能，他一方面築城池，修武備；一方面開學堂，講義理。他不僅注意學校的教育，同時更注意官吏及民眾的教育。所以他在荊門僅僅一年多的時間，便把當地治理得民風向善，獄無刑事，然而這已耗盡了他最後的一點元氣。

由於他小時身體便很衰弱，曾患過咯血的毛病。再加以在荊門徹夜為民辦事，所以第二年冬天，便病倒了。他自知死期不遠，卻毫無懼色。在臨死那天，仍然同平日一樣，和僚屬們談論政務後，便回到臥室去休息。那時，外面正飄著大雪，他慢慢的燃了一炷香，洗過澡，換了一套新衣，然後端正的靜坐著。家人們拿藥給他喝，他把藥放在一邊，從此便不再說話了。一代的心學大師，終於在五十四歲時，他自己的心卻停止了跳動。

三

象山的心學，是針對當代的理學而發的。在他一生中，對於朱子的學說，曾作過兩次正面的批評，一次是鵝湖寺的會談，一次是關於濂溪太極圖的辯論。

在鵝湖寺的會談中，除了辯論的雙方外，還有一位重要的人物，就是呂東萊。他是象山的好朋友，又是朱子的老同學。但他的思想卻在朱陸的夾縫裡，不偏於任何一方。他為了調和兩家的學說，便在淳熙二年四月，邀請象山、九齡和朱子等人，相會於江西鉛山縣的鵝湖寺。所以鵝湖會談，可說是他一手促成的。

當象山和九齡接到了東萊的請帖後，九齡便對象山說：「東萊邀請朱子和我們相會，就是為了學術異同的問題，我們應該先作一番準備。」於是兄弟二人便先討論一番，彼此交換了意見。

第二天早晨，九齡便寫了一首詩：

孩提知愛長知欽，古聖相傳只此心，
大抵有基方築室，未聞無址忽成岑。
留情傳注翻榛塞，著意精微轉陸沉，
珍重友朋勤切琢，須知至樂在于今。

這首詩的緊要處，就在第五第六兩句，寫出了他不滿程朱學派窮理致知的過於繁瑣。象山非常稱讚這首詩，但覺得第二句稍有不妥。因為人類的知愛知欽，並不是由古聖相傳的；而是人心本然的。所以他在途中，便和了一首：

墟墓興哀宗廟欽，斯人千古不磨心，
涓流積至滄溟水，拳石崇成太華岑。
易簡工夫終久大，支離事業竟浮沉，
欲知自下升高處，真偽先須辯只今。

象山這首詩最激烈的地方，也是在第五第六兩句。他很明顯的指出自己的心學是易簡的、遠大的；而朱子的理學卻是支離的、淺薄的。

到了鵝湖寺會見朱子後，九齡先提出他的詩。當他讀到第四句時，朱子便含蓄的對東萊說：「九齡早已跑上子靜的船中了。」言下之意，就是指九齡已完全是象山一條陣線的人物。這時象山也接著提出他在途中所寫的詩；朱子聽畢，知道象山在諷刺自己學說的支離，臉色不禁大變。

一宿無話，第二天，他們便各自提出準備好的論點，互相辯駁。朱子認為做學問，應先博覽，然後求精求深，變簡變易，才不致流於空疏。但象山兄弟卻強調做學問，先要明本心，識大體，否則泛然去覽，便將流於瑣碎。朱子以為二陸教人實在過於簡單，但二陸卻以為朱子教人未免過於支離。由於彼此各執己見，所以當時並沒有得到結論。

三年後，朱子也和了一首詩，寄給二陸：

德義風流夙所欽，別離三載更關心，
偶扶藜杖出寒谷，又枉籃輿度遠岑。
舊學商量加邃密，新知培養轉深沉，
卻愁說到無言處，不信人間有古今。

這首詩的重心在最後兩句，朱子的意思似乎暗指象山的簡易工夫，做得太簡單，便要像禪宗一樣的不立文字，懷疑一切了。可見朱子始終沒有被象山說服。

不過在這次的會談中，象山對朱子的批評，只是限於思想的方法，只是一個治學工夫的問題。

至於真正觸及思想本身的，卻是在十年以後，關於濂溪太極圖的辯論。

先是象山的哥哥九韶，曾和朱子在書信上辯論過這個問題。由於朱子堅持自己的看法，結果卻不了了之。後來象山在應天山講學時，又遇到了這個問題，便特別寫信去和朱子作了一番激烈的筆戰。

象山批評朱子的重點，就在無極兩字。他認為太極既然是至高至上的理，便不應在太極之上又加了無極兩字。如果要形容太極是無方無體的話，儘可在太極之下加以其他的說明，絕不能在太極之上又別立一種境界。何況無極兩字不僅在字義上有語病，而且在濂溪的《通書》，以及儒家的所有經典中都沒有這兩字。可見〈太極圖說〉非但不是濂溪的作品，而且根本上就是道家的東西。象山這番話，表面上，似乎討論濂溪的〈太極圖說〉，而事實上，卻句句敲進了朱子的骨髓。因為朱子的思想體系，是從〈太極圖說〉中印證來的；象山指斥〈太極圖說〉是道家的東西，就無異批評朱子的學說不是儒家的正統了。

然而象山之所以這樣的批評，並非門戶之見，意氣用事；而是有他思想上的依據，因為朱子的「無極」，和「理氣」，是把世界分割成兩個：一個是形而上的，一個是形而下的。前者超時空，後者能變化。但象山卻強調形上形下只是一個世界，都在時空之中，都能產生變化。所以象山批評朱子的「無極而太極」，就是要把兩個世界揉成一個。而這個所揉成的世界，就是象山整個心學的體系。

四

那末，象山究竟怎樣把朱子的兩個世界揉成一個呢？

首先，他大刀闊斧的把朱子的太極和理氣揉碎，捏成了一個理。這個理，是形而上的陰陽，又是形而下的剛柔；是動的能量，又是靜的法則。所以天地由它而動，聖人依它而行。它充滿了宇宙，是無處不有，無時不在的。顯然象山的這個理，上窮太極，下括理氣，是徹頭徹尾的「理一元」論。這樣說來，豈不是象山也在大談其理學，而且比朱子談得更為徹底嗎？

事實不然，在象山的體系中，只是承認宇宙為這個理所充塞、所彌漫；而不是宇宙間充滿了百種千般的理。所以他反對朱子把心和物分成兩截，把理存於事物，而把心看作一種能知的作用。他認為這個理，不是離心而獨立，不是存於事物之中；而是充滿於人心，散佈於萬物的。固然從萬物來看，各有自身的理；但從人心來看，卻只有一個理。所以充塞宇宙的是這個理，充滿人心的也就是這個理。

接著，象山便用理為橋樑，溝通了宇宙和人心。因為宇宙只是一理，而此理本具於人心，所以「宇宙即吾心」；同時，人心只是此理，而此理充塞宇宙，所以「吾心即宇宙」。至此，象山已把朱子的理氣和人心合一，已把心和物兩個世界，揉成了一個。

由於他強調這個理是本具於人心，所以不主張向外去窮理。在他的體系中，乃是以明理兩字代替朱子的窮理。

有一次他的朋友問他治學應從何處下手，他回答說：「格物。」那位朋友問什麼是格物，他回答說：「研究物理。」那位朋友又問：「天下萬物不勝其繁，怎麼能夠研究得了呢？」他卻回答說：「萬物皆備於我，只要明理。」

可見他的格物不是窮理，而是明理，而是要明這個心中之理。他認為理學家的毛病，就是向外去窮理；今天格一物，明天格一物，就同跟自己的影子競走；追得愈急，影子逃得愈快，結果只是徒然的使自己疲於奔命；這就是由於忽略了自己本身是影子的主宰。心和理的作用也是如此；心是我們的本身，而理是我們的影子，這個萬事萬物的理，都是心的投影。理之所以為理，在於心之所以為心。因此我們不必向外去追逐形形色色的理；只要體認心中的這個理，便能以一御萬，無所不通了。所以他說：「一是即皆是，一明即皆明。」心明，理自然就明。

但此理「不解自明」，而此心也本體自明；只是因為人們自己把它蒙蔽了。蒙蔽的原因，不外兩種：一是智慧不夠的人，為物慾所蔽；一是用智過偏的人，為成見所塞。因此我們要保持此心靈明，不必苦索，只要以仁存心。

他認為孔子所謂的「吾道一以貫之」，孟子所謂的「夫道一而已矣」，這個「一」，就是指的心，就是指的理。因為「至當歸一，精義無二」，所以宇宙只是一理，天地只是一心。同時孔孟的這個「一」，又是指的「仁」；因為仁對內的作用是心，向外的實踐是理。把心和理合起來，就是仁。

整個心充滿了理，就是仁心。孟子要「先立乎其大者」，就是要先立「仁」。而明道的「學者須先識仁」，就是明此心，存此仁。

象山的思想，由格物、明理、一轉而為明心、存仁；便完全擺脫了理學的色形，而進入了心學的堂奧。

五

不過象山的心學，值得我們稱述的，不在體系的龐大，析理的周詳；而在其手法的簡易，氣魄的過人。

他只是一手抓住理，一手抓住心，把它們合成了一個仁；除此之外，他都認為是枝葉問題，不值得一談。有一次他的朋友問他：「性才心情，如何分別？」他卻回答說：「老兄所問的，只是枝葉。但這不是你的過錯，而是今日學界的通病。」

這裡所謂學界的通病，顯然是指的理學。他認為朱子那套把心分作人心、道心；把理分作天理、人欲的把戲，都是水中撈月，瞎子摸象。真正做學問的工夫，是要明本心、識大體；抓住學問的血脈，直達聖賢的仁心。絕不可咬文嚼字，埋首於支離的注疏。能夠這樣，我與聖人同心，六經反而成為我的注腳了。

因此他在應天山講學的時候，並不像朱子白鹿洞書院一樣，訂立了許多教條。他只是淡淡的告訴學生說：道並不遠人，只是人離開了道。你們住在山上，不可徒然的面對群峰，浪費時光，而應好好的切己反省。

這就是他的教條。所以每次當學生請教治學的工夫時，他總是這樣的回答：「切己反省，遷善改過。」

雖然這個教條很簡單，但象山所要求的卻很嚴格。他並不希望學生們在小枝節上做工夫，而是要「吾心即宇宙」，做一個頂天立地的大丈夫。

他譏笑那些斤斤於功名利祿的學者，「大世界不享，卻要占個小蹊小徑。大人不做，卻要為小兒態，可惜。」他批評那些從事注疏考釋的學者，只是「揣量摸寫之工，依放假借之似」。他認為這些都是蔽於物慾，囿於成見，都沒有抓住學問的血脈，都沒有大丈夫的氣概。他說：「像我，那怕是不識一個字，也要堂堂正正的做一個人。」

然而「大丈夫事，豈當兒戲」。並不是自我吹噓，而是要腳踏實地去做的。他說：「孔子十五歲就志於學，可是千百年來，卻沒有一個人有這樣的志氣。其實這也難怪，試想叫他們志個什麼？必須先要有智識，然後才有志氣的啊！」但象山在這裡所指的智識，不是朱子那套「道問學」的知識，而是「尊德性」的智慧。所以他一再的強調為學應先認清義利的分別，應先了解所學究竟為了什麼？他說：「人生天地間，做人就應該盡做人的道理，學者所以為學，並非要做一個學問專家，而是要學做人罷了。」

象山的思想，發展到這裡，由明心、存仁，而到做人，已完全把握住孔孟的精神，建好了他的心學體系。這裡面雖然都是些簡易的原則，卻具有最偉大的氣魄，這就是象山精神血脈的所在。

六

在先秦思想上，孟子和荀子是一個強烈的對比，因為孟子偏於主觀的心，荀子偏於客觀的理；孟子發揚孔子求道的精神，荀子承襲孔子治學的工夫。不過在時間上荀子比孟子晚出，所以我們只看到荀子批評孟子空虛不實。如果孟子和荀子同時的話，他一定會反過來批評荀子的學說太支離破碎了。雖然這只是個假設，但在一千多年以後，卻得到了印證。因為朱陸的不同，正可作孟荀的對照。朱子的學說是踏著荀子的步伐，而孟子的精神卻在象山的思想中復活了。

孟子的精神是「先立乎其大者」，而這句話正是象山一生思想的代表。

他批評理學的支離，高唱心學的遠大，就是為了要「先立乎其大者」；他強調義利的分別，揭示大丈夫的氣概，也是為了要「先立乎其大者」。

他認為朱子那套偏於「道問學」的工夫，雖然體系龐大，可是不明道體，反而把學問做小了，成為解字的遊戲。因為人心是宇宙的根本，德性高於一切；如果不能「尊德性」，僅僅「道問學」又有什麼意義呢？因此為了把握學問的血脈，他所要立的大者，乃是明心存仁的「尊德性」。

他這套「尊德性」的工夫，的確是簡易的、高明的；然而象山心學的漏洞，也就在這裡。因為簡易之處，原則必少，一般學者，反而不易把握；至於高明之處，意義深長，又不是普通人所能領略。固然以他的天縱英明，可以和宇宙同心；但對於資質稍差的人，卻不知何處是心。所以當朱子的門人，向象山問學時，往往不知所云，無所適從。而他自己的學生雖有幾千人，他們都曾被象山激烈的言詞，感動得淚流滿面；可是真正得到象山心傳的，卻寥寥無幾。這都是因為象山最簡易的地方，卻是工夫最難的地方。

但儘管如此，象山在思想上卻另有更深長的意義。他是有感於學術的支離，才提出易簡的工夫；他是痛憤人心的萎靡，才高樹心學的旗幟。他對當代的世局人心來說，無異是一個警世的木鐸，敲醒了不少儒生的迷夢。雖然他的心學，仍然染有理學的氣氛，甚至帶有禪宗的色彩；但他對理學的這一挑戰，這一呼聲，終於使理學逐漸改變了路線，而醞釀成有明一代的心學。不過這還須等待三個世紀，由另一位心學的大師來把它推上高峰。

第廿四章 知行合一的偉人——王陽明

一

象山高唱：「此心同，此理同」，可是當代和他同心、同理的人，卻寥寥無幾。因為理學派自北宋以來，便一脈相傳，聲勢浩大。後來到了明初，政府還特地把理學當作官學，以程朱思想為主，編了一部性理大全，作為科舉取士的標準，聲勢之盛，可見一斑。至於象山的心學，雖然和明道的思想前後呼應，但其間並無師承，而是靠他一人孤軍奮戰的。在聲勢上，當然不及程朱學派。尤其心學的高蹈，附和不易，因此很難找到能聞弦歌而知雅意的同調。所以直到象山死後的三百多年，才有另一位哲人出來，與象山同心共鳴，替象山熱情的申辯。

這位哲人，就是有明一代的心學大師——王陽明。

陽明在寫給朋友的信中，便這樣的指出：「象山之學，簡易直截，孟子之後一人，其學問思辯，致知格物之說，雖亦未免沿襲之累；然其大本大原，斷非餘子所及也。」

他認為朱子的學說，雖然集北宋理學的大成，發明六經論孟的要旨，對文化上的貢獻很大。

可是象山辨明義利，直探本源，對於性靈的提撕，也功不可泯。豈能為了附和朱子，便誣象山為禪學。使象山受不白之冤，達四百年之久？所以他激烈的說：「我願冒全天下的指責，而為象山進一言，即使因此得罪了別人，也絕不後悔。」

陽明這段慷慨的言詞，並非意氣用事，而是為了挽救學術風氣，不得不辨個是非曲直。他深深的感到宋代所以偏安江南，所以積弱不振，以至於滅亡；就是因為人心的浮薄，和士風的低落。而這一切，都是由於學術的不明。所以他要挺身而出，接過象山心學的旗幟，願以「道濟天下之溺」。他在寫給朋友的信中，便坦白的說：

「我平生對朱子的學說，本來很崇拜，一旦與他背馳，心中實在有所不忍，但這也是不得已的。」

為學術而辯曲直，這是陽明的不得已處；也是孟子、象山的不得已處。他們的動機相同，目標相同，精神相同，而不得不挺身以出，也復相同。這正是象山所說的「此心同，此理同」。象山在三百多年以後，終於找到了這位有明一代的偉大知音——王陽明，在艱難困苦中，以旋轉乾坤的魄力，把心學推上了高潮。

二

王陽明，字伯安，名守仁，自號陽明子，所以大家都稱他為陽明先生。他是浙江餘姚人，生於明憲宗成化八年（西元一四七二年），離象山之死，已有二百七十九年。

陽明從小就聰穎異人，氣宇非凡，十一歲時，便能在宴會上，即席寫了一首詩：

山近月遠覺月小，便道此山大於月，
若人有眼大如天，還見山小月更闊。

這首詩，雖然不大高明，可是一個十餘歲的兒童，居然能有這種氣吞斗牛的意境，已可預卜他來日為聖賢，為豪傑的成就了。

可惜在這最重要的幾年中，沒有一位名師指點他做學問；那些迂腐的塾師，只是加深了他的疑惑。有一次他忍不住問塾師說：「什麼是天下第一等事？」那位塾師回答說：「就是讀書登第啊！」他想了想，大不以為然的說：「恐怕不是登第，而是讀書做聖賢吧！」

由於沒有人指導他做聖賢，後來又轉而想做豪傑。他曾不畏艱苦，冒險的馳出塞外，縱觀山川形勢，調查諸夷種族，慨然有經營四方的雄心。然而那時他還只有十五歲，一切都未成熟，因此不能如願以償；只有在夢中，去發洩他的豪情壯志。

他父親為了使他安定下來，便在十七歲那年，命他到洪都（南昌）去成親。可是在結婚的那天，他卻一個人閒步到附近的鐵柱宮內，看見一個道士正在打坐。由於好奇心，便向道士請教養生的方法，學著靜坐而忘歸，錯過了洞房花燭夜。這是他荒唐之處，也正表現了他的哲人氣質。

而這一夜的參悟，又種下了他日後想做道士的因緣。

在婚後的第二年，他和夫人啟程回餘姚，路經江西廣信府時，便順道去請教婁一齋（名諒），一齋告訴他宋儒格物致知的方法。雖然這對他一生學說的影響不大；可是他與理學的接觸，以及日後思想的發展，一齋的講學卻是一個開端。

此後，他便離開空思冥想的階段，而到實際生活中去奮鬥。不過跟他日後的成就，還有一段極長的距離。而且在這段期間，風浪迭起，痛苦備嘗。

先是他研習朱子的學說，對格物的工夫大感興趣，便約了一位朋友，試格庭前的竹子。他們整天的對著竹子沉思，那位朋友格了三天，便病了。而他堅持著格了七天，也病倒了。但竹子仍然是竹子，他仍然是他。這時才深悟格物不是做聖賢的工夫，便放棄了朱子的學說。

接著他曾參加過兩次會試，都因恃才傲物，而不幸落第。後來他和幾位朋友在龍泉寺結了一個詩社，每天陶醉在吟詠之中，希望做個大文豪。可是第二年回到京師，看見國家邊疆危急，需要軍事人才時，便轉學武藝，遍讀兵家的秘典。然而在這方面，他也沒有達到理想。

經過了這幾次的挫折，幾次的轉變，他已感到極度的厭倦。功名不成，武事不就，聖賢之學不得其門而入，辭章文學又滿足不了他的雄心。正在這個徬徨失措的時候，有一次讀到朱子奏疏中的幾句話：「居敬持志，為讀書之本；循序致精，為讀書之法。」深悔以前的好高騖遠，不切實際，於是徬徨的心，逐漸安定下來，而努力於讀書精進。所以在二十八歲那年，便考取進士，做到工部觀政，又轉為刑部主事。在這幾年中，他非常熱心於政治，曾提出數千言的奏疏，痛切的指陳時弊的癥結所在，以及邊務的緊急措施。但他的熱心，卻得不到孝宗的採納。在失望之餘，又逐漸的轉為消極。

這時，為了厭倦政治，也為了保養身體，便告病回家。而他的生活也轉了一個方向，轉入了出世的道路。他曾在浙江四明山的陽明洞中，築了一間房舍，就在那裡窮研仙家秘典，及長生久視的法門。不久又悔悟說：「這那裡是道，只是欺弄精神罷了。」接著又想出家做和尚，以擺脫苦惱的塵世。可是他上有祖母和父親，下有妻子，實在放不下心，斷不了情。正在徬徨猶豫間，終於悟到三教中，只有儒學才是人生正道，於是便回到錢塘西湖來養病，準備轉換興趣，培養精力，以儒學來救世。這時，他面對江上明月，回顧往事，不禁唏噓的吟著：

江上孤臣一片心，幾徑漂沒水痕深；
極怜撐住即從古，正恐崩頹或自今。
蘚蝕秋螺殘老翠，蝸鳴春雨落空音；
好攜雙鶴磯頭坐，明月中宵一朗吟。

的確，這些年來，他的心一直在漂泊著，他要做聖賢、做英雄、做文豪、做政治家、做道士、做和尚。他到處執著，到處跳脫。最後又回到了儒家，這一個彎繞得可真大。從他這段漂泊，掙扎與奮鬥的過程中，可以看出他內心的苦悶、徬徨、與矛盾。他有一個理想，然而找不到一條通往理想的大路。他永遠在黑暗中摸索，這不是由於他的感覺遲鈍；相反的，卻是因為他的感覺過分敏銳。每次當他決心走入某條路時，才跨出一二步，就發覺這條路不夠寬大，不合他的理想；便立刻悔悟，掉頭而回。所以他每次的轉換方向，都是由於突然的悔悟。在每次的悔悟中，他的心境提高一層，他的苦悶也加深了一度。而這些苦悶到最後的大悔悟時，又都會突然的冰消雪釋。於是以前無數次的失敗和挫折，反而變成了一條通往成功的大路。「天將降大任於是人也，必先苦其心志」，孟子這話，正可作為陽明的寫照。

經過了這個大轉彎後，他終於找到了應走的路子，所以當他三十四歲時，回京擔任兵部主事，便專心研究道學。他和湛若水相約，在京師聚徒講學。若水是明代大儒陳白沙（即陳獻章）的學生，而白沙正是象山一路的人物。所以陽明從這時開始，才透過若水和白沙，接觸到象山的思想，露出了心學的光芒。不過這只是一線曙光，離他後來的大放光明，其間還須經過一個很大的波折，這在他的思想和生命史上，是一個最重要的轉捩點。

那是在他三十五歲時，武宗剛即位，宦官劉瑾操縱權柄；許多大臣們直言相諫，都被陷入獄。而陽明主持正義，上疏乞赦。事為劉瑾所知，慘遭誣陷，廷杖四十，並貶逐到貴州去做龍場地方的驛丞。救人的陽明，自身卻落得如此，怎不令人悲憤！

龍場位於貴州省城的西北，在萬山叢棘之中，充滿了毒蠱瘴氣；而且又是苗夷居住的地方，言語不通。危困如此，真有「人生至此，天道寧論」的概歎！陽明生活在這種環境中，一切的理想都成泡影。只有面對群峰，無語問蒼天，默默的沉思。

然而環境的惡劣，終於磨出了他的光輝。在某一個深夜裡，他突然悟出了格物致知的道理，好像有人在睡夢中告訴他似的，不禁跳躍而起。旁人被他驚醒，問他原因，他回答說：「我以前被格物的道理所困惑，現在才知聖人的義理是本性自足的，只要反求於本性便是格物了。」於是他便默記五經中的許多道理，和他的思想印證，真是若合符節。

這一夢，啟示了他「心即理」的學說。由這學說推廣為「致良知」、「知行合一」，便奠定了他整個思想的體系。這一夢，是一次大悟，使他以前的苦悶、以前的困惑、以及所有的矛盾和痛苦，都冰消雪釋，化作甜蜜的回憶。他不禁興奮的高歌：

大道即人心，萬古未嘗改。
長生在求仁，金丹非外傳。
謬矣三十年，於今吾始悔。

這首歌唱出了他心中的抑鬱。二十多年來，他一直徘徊在儒釋道之間，不知所從。現在悟透了大道即人心，無論是儒、是釋、是道，都不外我心的作用。因此再也不必向外去追求，去摸索了。至此，才深悔二十多年來走錯了路，也慶幸這一夜的大悟，消滅了二十多年的心中積壘。

貶謫三年以後，他被調升為江西廬陵的知縣。接著劉瑾伏誅，他受召回京，升任刑部主事。由於他讀書不忘救國，能文善武，數年間，便由一介書生，做到統率大軍的巡撫。少年時做豪傑的願望，至今也逐漸的實現了。

就在此後的十餘年間，他建立了不少的大功；先是剿清湖南、江西、福建、廣東邊境數十年來的積寇；接著又於第二年，以閃電的手法，平定了寧王宸濠的反叛，使東南半壁免於塗炭。最後，也是他生命的最後二年中，征服了廣西的土酋，開拓南疆，綏靖了邊陲。

這幾次的征寇平亂，的確耗盡了他的心血，尤其他好學深思，身體本很虛弱，曾患有咯血的毛病，所以當亂事平定以後，他自己也不幸病倒了。

這時，他雖然還只有四十七歲，卻因這一病而喪盡了元氣，以致不能恢復。當病危時，門人來問遺言，他只是皺一下眉頭說：「此心光明，還有什麼話可說呢！」接著便閉目而逝。

這一代的偉哲，度過一生的憂患，雖然沒有給我們留下一句遺言，但我們可以從他生前的一首詩中，了解他的「此心光明」。這首詩就是：

四十餘年睡夢中，而今醒眼始朦朧，
不知日已過停午，起向高樓撞曉鐘；
起向高樓撞曉鐘，尚多昏睡正懵懵，

縱令日暮醒猶得，不信人間耳盡聾。

如今，他已不能再「起向高樓撞曉鐘」了，但他昔日所撞亮的心鐘，卻永遠的響徹古今。

陽明的一生，謫居龍場是個轉捩點。他的思想，也就在龍場一悟時，才找到了重心，才建立了體系。

三

在此以前，雖然他對朱子的學說早已感到懷疑；雖然他從甘泉和白沙處，早已知道象山思想的消息。但他並不任意批評一家的學說；也不隨便接受一家的思想。非等自己悟透了這個理，他從不輕易的立論。所以他沉思了又沉思，悔悟了又悔悟，用功之勤，用力之久，而至於咯血。

在此以前，他所以悟不透的地方，乃是朱子的格物致知，要在事事物物上窮理，顯然是把心和理分作兩截。把「格物致知」和「誠意正心」分成了兩套工夫。至於象山的批評，也僅是把理搬入了心中，而把物留在外面，仍然沒有把「格物致知」和「誠意正心」連成一貫。所以他深感：朱子的學說支離破碎，固然不妥；但象山的思想，在「學問思辯，致知格物」上，也仍然染有理學的色彩，而不夠純粹。

可是究竟要如何補充象山的不足，以糾正朱子的錯誤呢？二十餘年來，他所困惑，所百思不得其解的，就是這個問題。然而龍場的一悟，卻使他悟出了這個答案。因為當時根本沒有科學方法，而朱子要格一草一木的理，要窮天下萬物的理，未免令人無從著手。而且即使格得一草一木的理，與自家心性又有何關呢？想到這裡，他便恍然大悟的說：「我在龍場三年，終於悟出了這個道理，才知天下萬物，本來沒有可格的地方。格物的工夫，是要在心上做的啊！」

為了說明格物是心上的工夫，首先，他把格物的「格」，解作孟子「格君心之非」的「格」字，是「正其不正，以歸於正」的意思。然後，再把外面的物搬進了心中。可是這個物，明明在外面自生自長的，又如何能搬了進來呢？對於這點，曾有一段耐人尋味的故事：

有一次，當陽明漫遊南鎮時，一位朋友指著岩石上面的花樹問：「你說天下沒有心外的物，請問這些花樹在深山中，自開自落，於我心究竟有何相關呢？」陽明便回答說：「你未看這些花時，它和你的心同歸於寂；當你看到了這些花時，它的顏色便一時明白起來，可見這些花並不在你的心外。」

這段對話乃是說明：儘管從表面上看，外物不在心中；但外物的形體、顏色，卻因心的感覺和認識，才能產生作用，否則雖有也等於無。在這裡，他承認萬象森羅，都由主觀所造，幾乎進入主觀實在論的範圍。不過他沒有作進一步的解釋，卻很巧妙的避過了這個抽象的問題，而把物與理合起來，認為物理是心的一種認識，是心的一種組織與理解作用。離開了心，便沒有物理的存在；同樣，心也就正由於這種作用而表現其存在；捨棄了物理，心也就空無所有。因此心和物理便相互含攝，所以物不外於心，而心也就是理。

這樣一來，他便很輕鬆的把物理搬進了心中。不過接著又遇到了一個問題：如果「格」當作「正」字解釋，那麼我們究竟要怎樣正心中的物理呢？為了理論上的需要，他又把物解作事。認為心的所發，便是意，意的所在，便是物。「如意在於事親，即事親便是一物；意在於事君，即事君便是一物。」至於仁民愛物，視聽言動也都是一物。於是物理變成事理，格物就是正事理之不正，以歸於正了。

經過這番努力，陽明終於把格物變為心上的工夫，解決了二十多年來的困惑。至此，他整個的思想體系，便以格物為開端。

緊接著格物而來的，就是致知的問題。他認為既然這個物是心中的物，那麼這個知當然是心中的知；既然這個物是仁民愛物等事，那麼這個知當然是知仁知愛的良知。

這個良知，不是由見聞所得的知識，而是心的本體。它是先天的，未發之中的；又是廓然大公，寂然不動的。它是行為的準則，是非的尺度；又是人人所固有，所同有的本來面目。因此「見父自然知孝，見兄自然知悌，見孺子入井自然知惻隱」，所以良知只是一個天理，只是一個自然明覺的流露。

然而良知在我們心中，如果不加以保存，不加以擴充，便將為人慾所蔽，物慾所塞，也就失去了它的昭明靈覺，失去了它所以為良知的作用。因此為了保持良知的晶瑩透徹，他便特別強調

「致良知」。認為千思萬慮只是要致良知，這是千古聖學的秘訣，這是孔門的「正法眼藏」。

致良知的工夫有二：一是在事上磨鍊，致我的良知於事事物物，使事事物物都有其理；一是拂除心中的私念，以保存那個本具的善端。前者是格物，後者就是誠意。所以陽明的「致良知」，乃是在心上，把格物和誠意貫串起來，連成了一套工夫。

他認為身的主宰，便是「心」；心的發動，便是「意」；意的本體，便是「知」；「知」的所在，便是「物」。所以就物方面是「格」，就知方面是「致」，就意方面是「誠」，就心方面是「正」。於是「格物、致知、誠意、正心」，非但不是兩截，而且沒有前後的次序，只是一體的幾個方面而已。

陽明一生教人的，就是這套工夫。所以他的學生錢緒山（名德洪），曾把陽明的教言，編為四句訣，就是：「無善無惡是心之體，有善有惡是意之動，知善知惡是良知，為善去惡是格物。」這四句話，正好是「正心、誠意、致知、格物」工夫。後來王龍溪（名畿），提出異議，認為：「若說心體是無善無惡，意亦是無善無惡的意，知亦是無善無惡的知，物亦是無善無惡的物。」他們兩人各執己見，互相辯論，曾在天泉橋上，特地請陽明來指正。陽明卻認為他們的見解，各有千秋。因為緒山的四句訣，是對付根機較鈍的人，教他們漸修；而龍溪的「四無」，乃是對付根機較銳的人，使他們悟入本源。所以一個講工夫，一個談本體；各有短長，可以兼用。這次的論辯，就是有名的「天泉證道問答」。歸結起來，也只是一個本體，一套工夫，和幾個方面而已。

四

陽明經過幾十年的苦思，終於建好了這套心學的工夫。於是他就利用這套工夫，一面宏揚儒家的思想，一面批評各家的學說。

當他把外界的物理搬入心中，再從心中找出一個良知後，便搭成了整個思想的間架。在這個間架上承擔著的，就是儒家「明明德」、「親民」、而「止於至善」的一脈道統。

他認為物理不外於我心，而良知又是我心所本有；因此這個心，乃是宇宙的主宰，萬物的尺度。因為我的良知，就是草木瓦石，飛禽走獸的良知；沒有我的良知，就沒有萬物。同時「天沒有我的靈明，誰去仰他高；地沒有我的靈明，誰去俯他深」。所以天地萬物不僅與人共一個良知；而且其發竅的最精處，也就在於人心的一點靈明。這點靈明，在認識作用上，是良知；在天命之性上，就是「明德」。

但明德雖然是我心本具，卻未必人人都能發揮，都能成為「大人」。因為這個「大人」的境界，乃是以天地萬物為一體，「視天下猶一家，中國猶一人」。要達到這種境界，還必須「明」明德。「明明德」，就是推廣這個天地萬物一體的心，用於仁民愛物，而成一體的仁。但這已不是一個本體問題，而是如何去致用？如何去增進君臣、父子、夫婦、朋友間的關係？如何去使男有分，女有歸？以達到保民養民的目的。換句話說：也就是發揮民胞物與的情懷，以兼善天下。這種事功，就是「親民」。

明德是仁的本體，親民是仁的實踐；在本體上，固然萬物一體；但在實踐上，卻有輕重厚薄的分別。這並非理論上有了矛盾，而是事實上不得不然。譬如手足和頭目都是人身的一體，可是卻用手足去保衛頭目；草木和禽獸都是天地的一體，可是卻用草木去飼養禽獸。這並非有所偏袒，而是為了宇宙的生生不息，必須如此。但其間不是雜亂無章的，而是自然而然，有它的中和，有它的極則。所以親民做到根本處，就必須「止於至善」。

陽明利用〈大學〉中的這三個綱領，強調了他對宇宙人生的看法。也就以這個看法，指出了墨子的錯誤，道佛的空誕。

他認為墨子主張兼愛，用心未嘗不美，可惜不懂仁心。因為仁心，有個發端處，正像樹木的生長，必須先抽芽，再逐漸生枝生葉。這個發端處，就是「親親」，由親親才能仁民，才能愛物，這是人情之常，理所必然。但墨子的兼愛，卻把自己的父兄和路人一般看待，這是不分輕重厚薄，忘了仁的本源，於是一切倫常禮教便無由建立。所以墨子的兼愛，反成了兼害。

至於道佛二家，雖然「其妙與聖人只有毫釐之間」；但他們只講上一截，而忽略了下一截。不如聖人那樣面面兼顧。所謂上一截，是指的明明德；而下一截，就是指的親民。他認為道佛二家，談虛說無，都是為了逃避執著。其實他們愈逃避，愈執著。不像儒家，有個父子的關係，就以「仁」來承當；有個君臣的關係，就以「義」來規範；有個夫婦的關係，就以「別」來維繫。

反而俯仰無愧，此心坦然。所以道佛二家，逃避一切關係，遁入虛無；即使能夠道通天地，悟入涅槃，但與世間畢竟無交涉，不可以治天下。

陽明這段批評，乃是站在儒家的立場，指出道佛的錯誤。可是當他再回顧當代的儒家時，卻不禁感到非常的痛心。因為那時的儒生們，受道佛的影響頗深，即使在口頭上排佛闢道。而實際上，把儒家的道理，談入玄妙，仍然和道佛只是五十步與百步之差。所以為了針砭當代儒家的病痛，他又特別提出「知行合一」的學說。

他認為理學家們的向外窮理，便是把知行分成兩截。他們強調必先知了，然後能行；可是當他們去知時，已再也沒有餘暇去行了。如果知而不能行，知也就毫無意義。因為知行是不可分的，知到真切篤實處，便是行；行到明覺精察處，便是知。知是一念，而一念的發動，就是行。譬如看見美色，聞到惡臭，是知；而喜歡美色，討厭惡臭，就是行。它們是同時發生的，並非知了以後，又立一個心去行。因此「只說一個知，已自有行在；只說一個行，已自有知在」。

古人所以說知，又說行，乃是為了用「知」去針砭那些懵懵懂懂，一意妄行的人；而用「行」去針砭那些空思冥想，不肯躬行的人。因此問題都出在行上；尤其一般學者的大痛，就是行得不夠篤實。所以陽明「知行合一」的重心，乃是偏重在行上；勸人於一念之間，便須切實的為善去惡。

陽明一生，處處以「行」鞭策後進，他曾對學生說：「你們聽我講致知格物，日日如此，講一二十年，也是如此。你們聽了以後，必須著實用功，才有所長進，否則只是話一場罷了，又有何用？」陽明不僅教人如此，而他自己更是如此。試看他，以前對於格物、成仙和學佛，都是用著所有的熱情，拼著整個的生命去追求的。而他後來在政治上的事功，更說明了這種「知行合一」的精神。陽明的光輝，陽明的偉大，就在於此。

五

在本書所述的思想家中，孔子是第一人，陽明是最後一人，雖然他們之間，相隔了兩千多個年代；其中，多少波浪的起伏，多少思潮的澎湃，但從孔子傳到陽明手中的，仍然是同一個道。這個道中，曾滲有墨家的熱情、道家的睿智、佛家的圓融，以及無數學派、無數哲人的心血。然而這個道，由儒家開始，又返歸儒家，仍然是那麼的簡易平實、顛撲不破。

陽明的一生，正像一部思想史。他遍歷儒墨道佛各家，最後又回到儒家；終於悟透這個道，承接了「堯舜之正傳，孔氏之心印」，建立了他的思想體系。

他的學說，在承先方面，不僅光大明道，象山以來的心學；而且遠紹孔孟，發揮內聖外王的工夫。尤其他的「致良知」，更在儒家思想中注入了新的血輪。

至於啟後方面，他不僅轉變了理學的頹風，使心學步上高潮，支配了此後四百餘年的思想流變。而且在他死後的百餘年間，他的鄉後進朱舜水，逃亡出國時，曾把他的學說帶到日本，引起了彼邦研究陽明思想的熱潮。而此一熱潮，卻直接推動尊王攘夷的明治維新，揭開了日本現代史的序幕。

然而陽明的偉大尚不止此。直到今天，我們要砥礪士風，改變氣質，從事心理建設，從事國家復興，仍都以陽明的思想為號召，以陽明的人格為風範。這究竟是何原因？理由很簡單，因為陽明不僅是位思想家，而且是位政治家、軍事家。他在思想上，提倡「知行合一」的學說，針砭了千年來儒者空疏迂闊的毛病，正是所謂「道濟天下之溺」。而他在實踐上，更表現了文武合一的精神，一面破心中之賊，一面破山中之寇，十餘年來的戎馬生涯，使他成為一代的儒將。

總之！陽明的一生，無論在思想和人格上，都是一種「力」的表現。而這種力，正是我國歷史上所缺乏的；也是我們今天所最需要的，這就是陽明之所以能閃耀古今了。

的確！孔孟的心傳，到陽明手中，終於心花怒放了。然而自陽明以後，卻不得其傳。儒者都以為五百年間，必有聖人出現。但今天，離陽明之死，已將近五百年，而人心的頹廢，士風的低落，及時代的亂離，更有甚於當年。所以能繼陽明心傳而興起的，實有待於我輩的努力了。

第廿五章　中國哲學的未來

一

本書從孔子敘述到王陽明，王陽明卒於明世宗嘉靖七年（西元一五二八年），距今已有四百多年。這四百年間，哲學的園地，雖不是完全空白，但要想求一位能與程朱陸王等人旗鼓相當的思想家，卻渺不可得。為了斤量相稱，乃使我們不能不於此擱筆而待來茲。

從思潮的大勢來看，明朝中葉以前，思想界可說全是程朱的天下。等到王陽明出來，高倡良知之說，才代替了程朱之學。及後王氏雖卒，而其學說卻經由弟子們的宏揚而大盛；直到明亡，學術界都為王氏的思想所籠蓋。王學流行的結果，雖糾正了程朱支離外逐的短處，但是卻帶來了更大的流弊。尤其在王心齋（名艮，一四八三——一五四〇）、王龍溪（名畿，一四九八——一五八三），兩人作風的影響下，士風走上狂誕空疏的歧途。大家由於尚氣節而流為囂張譁噪；由於講良知心性，而廢書不讀。相與講論，使孔孟之學流為變相的清談；不僅內聖外王之道不能大明，而人們本有的智勇才分，也都桎梏斲喪而殆盡。所謂「無事袖手談心性，臨危一死報君王」，便是當時最好的寫照。而明朝的天下也就在這種空疏狂誕的士風下結束了。

明亡之後，異族入主中華，社會情形為之巨變，學術風氣自然也難例外。在這明清交替之際，雖也有幾位名世的大師，如孫夏峰（一五八四——一六七五）、黃梨洲（一六一〇——一六九五）、顧亭林（一六一三——一六八二）、王夫之（一六一九——一六九二）、李二曲（一六二六——一七〇五）、顏習齋（一六三五——一七〇四）等是（按以上六人都是生於明末，而卒於清朝康熙年間）。他們雖都學問淵博，各有所長，但在哲學思想方面卻並無卓越的創見。他們不是因襲調停於程朱陸王之間，便是由於痛感亡國之禍，而棄華崇實，留心於經世之學。例如顏習齋說：「吾讀《甲申殉難錄》至『愧無半策匡時難，惟餘一死報君恩』，未嘗不悽然泣下也」，「……豈若真學一復，戶有經濟，使乾坤中永享治安之澤乎」，因此他們為學重實行，而以德行六藝教人，期能有益世道。這固然是聖賢精神，極可敬佩；但其無與於哲學思想，則是不爭的事實。

等到這一般大儒，老成凋謝後，更是繼起乏人，形成一片思想真空。我們並不是說，這一段期間沒有讀書人，而是在清朝的文化高壓（如文字獄……等），與利祿籠絡下，科舉八股已成了讀書人唯一的正途。就是不屬於為此的，也都相率投身於訓詁考證之途。欲求微言大義，一究聖賢至道的，實已渺不可得。因此終清之世，我們所看到的只是一科一科的狀元舉子，一派一派的文章名手，一位一位的經學大師，但是在思想方面，能卓然自成一家言的，卻絕無僅有了。在這種學風瀰漫下，我們簡直看不到哲學思想的生機。

但天下事往往是「山窮水盡疑無路，柳暗花明又一村」；就在這「思想真空」達到巔峰的時候，卻孕育了一個波濤洶湧的思想怒潮；那便是由鴉片戰爭而揭幕的「中西文化之交匯」。

二

中國與西方的全面接觸，雖自鴉片戰爭前後便已開端；但西方哲學的正式輸入，則是始於清末嚴復的譯介西洋名著（嚴氏於一八九八年譯出赫胥黎的《進化論》是為其始，及後又譯出孟德斯鳩之《法意》，史賓塞之《群學肄言》，穆勒之《群己權界》等多種，名噪一時），而大盛於「五四」前後。在這短短三十幾年中，西方各家各派的哲學，無不先後介紹到中國，甚至還邀請西方當代一流的哲學家，杜威、羅素，到中國來講學，風氣高漲，盛極一時。

西方這些哲學，來自不同的背景，出於不同的想法，因此不僅內容新異，為中國人前所未聞；而其為學的旨趣方法，尤與中國人有著根本的不同。於是乃使大家眼界豁然開朗，知道在佛學義理之學等舊有學問外，還另有迥然不同的新天地；而著書立說，在我們舊有的路子外，還大有其他思考的準則與方向。這一新異狂潮的輸入，遂使中國學海的領域拓寬，而使好學深思之士，平添了無數新的耕耘原野。

一個思想的輸入，將不止是有個新的「存在」而已，它是要發生作用的。因此我們在知道西方哲學後，絕不止是在學術園地上添幾個座位；而它自然而然的要對固有的哲學思想，發生作用。

這些作用有的淺近，當下即可顯現；有的則比較深遠，須在幾代之後始能看出。首先產生的一個具體反映，就是大家接受了西洋的方法來講解中國固有的哲學。胡適的《中國哲學史大綱》一書，就正是首先脫穎而出的一本代表作。胡氏此書，就哲學的觀點看，雖極平凡，且只有上卷；但在歷史上則具有劃時代的意義。他是把前人的書文綜合起來，然後把他的思想主張，分條析理的報導出來。這種作法，以前在中國是絕對沒有的，而完全是受了西洋哲學史的影響。從此以後，儘管有人反對胡氏的主張見解，儘管能有遠比胡書深刻的著作，但是胡氏所走的路子，卻為大家普遍接受了；那也就是說大家都已改用西方的方法，來講中國哲學。

跟著就發生進一步的影響，而有人吸收了西洋哲學的精神和技巧，來充實中國固有的哲學。儒釋道三家，無不都有這一類的著作產生。其中可推馮友蘭的《新理學》（儒），熊十力的《新唯識論》（釋），張起鈞的《老子哲學》（道）三書為代表。三者中以《新唯識論》最為深刻，而《老子哲學》則最有邏輯系統。他們雖都以舊有的哲學標榜，但其內容卻與舊有的面貌迥然不同。他們大體都是用西洋的方法，給所述的學說建立一個理論系統。《理學》、《老子》，原只是零散的語錄短簡；尤其在精神方面，不論是儒是釋是道，其傳統的旨趣都在使人實踐，而言辭不過是指點人們體認的工具而已；但這三書則是在有意的經營一個學說。而這一不同的精神，正是來自西方。

上面指出這兩種影響，都是比較淺近，容易顯出的。所以在短短五六十年間，便有具體的表現。至於把西洋哲學深沉融會而產生嶄然全新的思想，一如當年融會佛學，而產生宋明理學，那就牽涉繁多而唯有期之於未來了。

三

我們所期待之嶄新的哲學遲早終會出現。這是外來思想輸入後的必然結果，只要中國人的頭腦還不冬眠。但這一新的哲學究竟怎樣形成，問題卻非常複雜。

在前一次外來思想的輸入——那也就是漢末以後的佛教的輸入——雖也規模極大，但情形卻比較單純。佛教雖如洪流一般灌入中國，而印度始終安靜的躺在喜馬拉雅山之南。但近代哲學的情形，便不同了，它是先有兩大世界不斷的接觸，而後在船堅砲利、財大氣粗的情形下輸入的；於是牽涉的因素便大為複雜了。尤其就本質論，佛學是出世的，其範圍只限於哲學宗教；而西洋哲學則與世法關聯極深，不僅許多觀念想法，是由西方社會而產生；並且也另有一些觀念意識，正是近代西方社會所以形成的精神支柱。我們只要接受這些觀念意識，它便自然而然的形成一種力量，把我們推向近代西方社會的大路（例如：「科學」、「民主」、「自由」等是），何況伴隨著哲學輸入時，這兩大世界早已被政治、經濟、交通等力量牢牢的聯結成一體。在這種情形下，我們不僅是接受新的思想，同時還要以我們古老的東方社會來適應或變成西方社會，在這一艱鉅的激盪過程中，自然形成種種前所未有的問題，而這些新生的問題，就又轉化成我們面臨的思想課題，於是情形便益加複雜，而遠非當年佛教思想輸入之單純了。

假如問題僅止於此，事情還好辦，我們儘可在「迎頭趕上」的西化努力中，輸入思想解決問題；而聽候哲學史上的自然演變。但那知道這源流所自的西方思想和西方社會，其本身在今天也有了種種嚴重的問題。今天舉世動盪不安，人類瀕於毀滅的邊緣，就是其例證。我們既承西潮而與西方形成一體，則這些問題便也平空的落在我們的頭上，迫使我們不能不解決，否則我們自己的問題便無從單獨解決。於是思想套思想，問題加問題，彼此交織成一個極複雜的匯叢；在這種情形下我們中國哲學的未來發展，不僅要融匯西方思想的大流，並且要超出思想的範圍以外，擔負起解決人類全面問題的任務。只有能把這個大問題找出個端倪來，才是我們哲學發展的正鵠，而我們的哲學也才能有一個輝煌燦爛的前途。那也就是說中國哲學已進入世界的舞臺，擔負起人類的使命了，而這一遠景就正是中國哲學未來發展的新天地。

四

從上面的分析看來，今天新起哲學的創建，遠非當年建立宋明理學時的情形所能比。那時佛學帶給我們的問題是：明心見性，了生脫死。那是一個超時空的永恆問題，我們可以拋開一切環境背景不管，而自由自在地融攝在中國固有哲學中。因此宋明理學雖是新起之學，實際上不過是把傳統的孔孟之道，針對著二氏之說，加一個抽象而深刻的理論答辯而已。但今天的情勢則大不一樣。今天我們要建立新的哲學，絕不是僅僅吸收西洋傳入的思想，模仿西洋的理論形式，塑造一套中國哲學便可交卷。這樣的作品在當年建立宋明理學時則可，但在今天則將只是哲學櫥窗裡的花瓶，徒供人們賞玩而已。因為它未能解決今天我們面臨的實際問題，而放棄了哲學的使命。反之只有能鼓舞群倫，給人類樹立新的精神力量，使人們從內心裡能夠和諧相處，而共同邁向健全合理的理想境界，然後才算盡了當前哲學的應有使命，而世界的問題也才算有個徹底的解決。

這一任務，艱鉅而重要，絕非個人的一己才思，或是一家一派的空洞想法，所能解決。那勢必要匯聚中西雙方的經驗智慧，取精用宏徹底籌思，然後才能找到拔本塞源的對策，而樹立起這領導人類的新精神。這一任務，固是中國哲學所應有的遠景，但由於中國哲學已走進世界舞臺，面對的是世界共同問題，因此它同時也就是世界哲學未來要作的嚴正課題。在這一共同的課題下，不分東西中外，人人都有責任，竭其才智，去為這一崇高的使命而奮鬥，以期集思廣益，互相誘發，共促問題早日解決。

在這一進程中，無疑的，中國哲人應該擔起更多的肩責，義無反顧的，走在大家的前面。因為中國自從鴉片戰爭後，慘遭列強打擊侵略；為了禦侮圖存，不得不全心西化，力事西學。加以西潮正盛、中學委曲不振；遂使中國在文化方面也與政治一樣的淪於次殖民地的地位，這真是中國人有史以來所未遇到的低潮，真是痛心已極。但誠如老子所說：「禍兮福之所倚，福兮禍之所伏」；就在這慘痛的一世紀中，中國人學會了西洋的一切。西洋哲學思想對於中國人已成了通俗的高級常識，一如中國本國聖哲的思想一樣。每一位中國哲人只要他肯下工夫，都能深通西哲的學說。如其不高不精，那只是由於學力的問題，而不是因為他是「中國人」。換句話說，就是中國人對於西方哲學已毫無隔閡。反之西方人對中國哲學的情形就不同了。伏爾泰 (Voltaire) 和萊布尼茲 (Leibniz) 推崇中國學術的時代，早已隨著法國大革命而結束。鴉片戰爭以還，更是驕矜自滿，不屑一顧。其間雖也不無鑽研中華學術的，但多是充滿了憑弔古國，探險非洲的情調。二次大戰後，西方人開始注意研究了。但不僅文字是極大的隔閡，尤其中國思想的意態精神，以及表達的方法，都與西洋迥然不同；絕不是按照西學方法，能夠望文生義求懂的。雖也有極多的人從事譯解孔、老，講論儒、道，但實際仍停留在漢學、東方學的階段；其境界相當於我們當年的「洋務」時代。尤其「東方學」(Far Eastern Studies) 一詞之意識，正與「洋務」兩字，不謀而合。因此其所致力的乃在文字和史料，而距離思想的真正了解為時尚遠。今天我們新哲學的創建，新的領導人類精神之樹立，是要融會了中西雙方的經驗智慧而構成；但現在的情形則是西方哲人類多只能專攻西學，而對中學極為隔閡（甚至一無所知）；而中國哲人則兼通中西雙方的哲學思想；兩相比較之下，誰最為適宜擔負融會中西的工作，那就不言而喻了。在這種情形下，中國人如不奮發而起，多盡一點責任，那實在是辜負了一百多年來所付出的沉痛代價。

尤其西方哲學自古希臘以來，就側重於抽象的推理，而好作超時空的論斷。到了近來更是趨騖於邏輯的推敲，語意 (Semantics) 的分析。這雖都表現出哲學上極其精深的造詣，但卻流於空洞的「架子」，而難觸及實際的現世問題。因此往往在理論上講得頭頭是道，一旦衡諸事實則不是使人感到隔靴搔癢（因為缺乏實際的體驗），便是顯為一偏之見（因為只求理論的貫徹）。以這樣的傳統風格來謀解決當前繁難的世界問題，而求樹立領導人類的精神（按：西洋過去領導人類精神的任務，多委之於宗教），縱非緣木求魚，至少也是用非所長了。反之中國哲學的傳統精神就在面對現實，救人救世。如純從西洋的「哲學」（Philosophy——愛智之學）標準來看，可能並不為西人欣賞；甚至不承認是「哲學」（如西人每把儒家道家列於宗教之林是）。但那是取捨的標準問題，不足為論。而要真正解決今日的問題，為人類找一條出路，卻唯有以我們救人救世的傳統精神為張本。我們既忝為中國人，便應該懍於自己的特殊責任，而去好好的發揚我們聖哲一脈相傳的這種精神；使這種精神成為今後哲學思想的推動主力。我們要在這種推動下來融合古今的思想智慧，運用近代的知識技能，而為人類建立一條長治久安的合理大道。到這時，中國哲學才算有一個光輝的未來；同時也把世界的哲學帶到了一個新的境界。

近多年來，時常聽到「光明來自東方」的呼聲。在這一呼聲的背後，反映著西方的哲學思想，精神文化都已發展到「窮則變」的階段，而希望能從另一個世界中產出新生的力量。中國哲人固不可僅因生於東方，便有驕傲的幻覺；但是卻應該當仁不讓、堅定的有此信念，勇毅的盡此天責。我們要在這五千年智慧的燈塔上，點燃起舉世期待的光明。

附錄：中國哲學簡明系統表

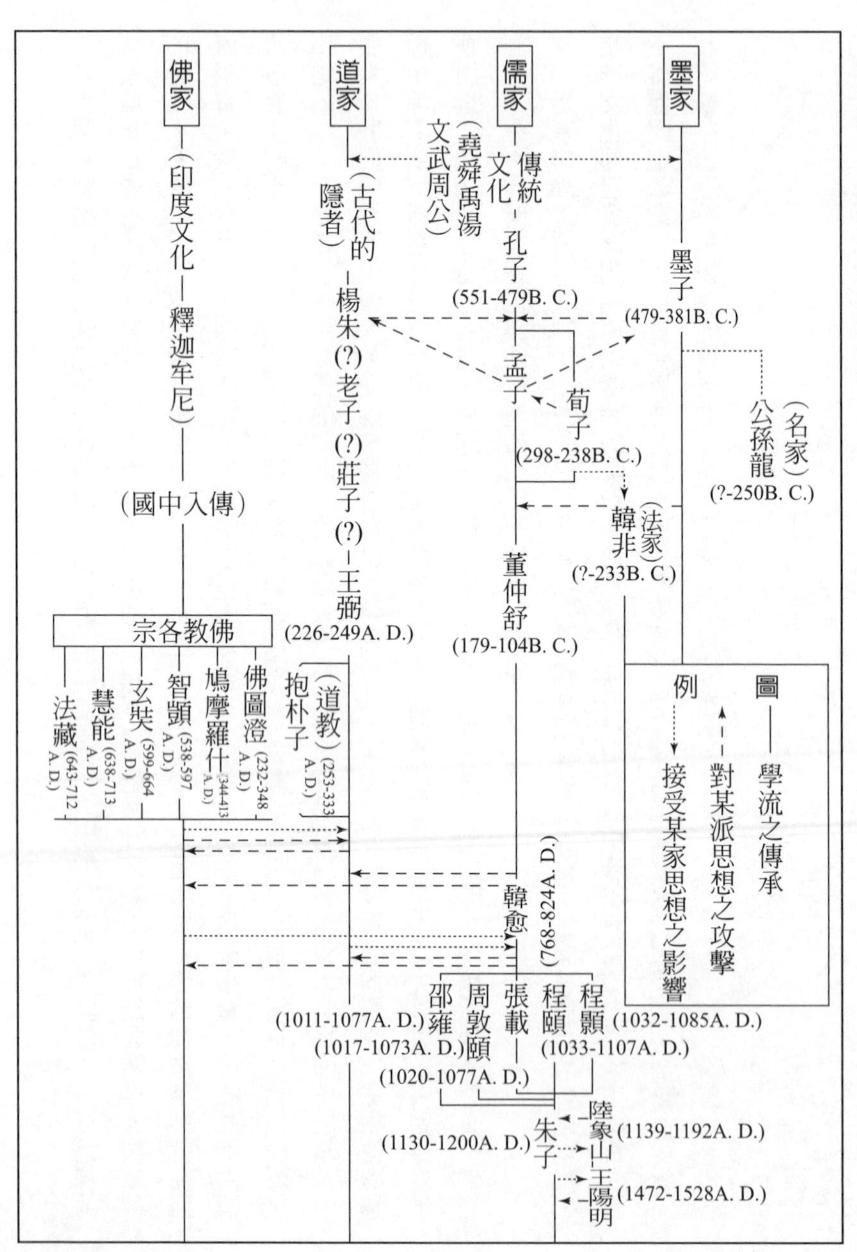

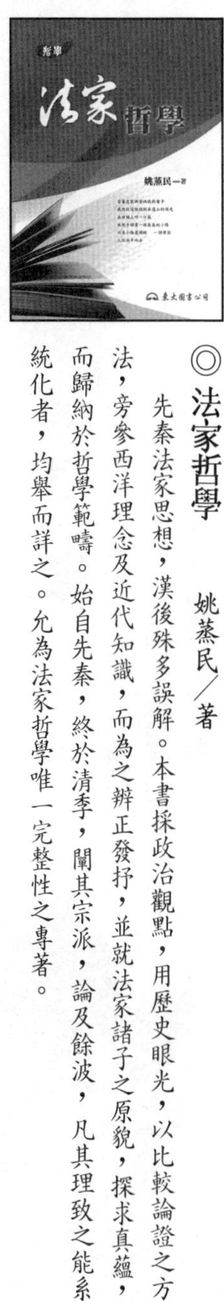

◎法家哲學

姚蒸民／著

先秦法家思想，漢後殊多誤解。本書採政治觀點，用歷史眼光，以比較論證之方法，旁參西洋理念及近代知識，而為之辨正發抒，並就法家諸子之原貌，探求真蘊，而歸納於哲學範疇。始自先秦，終於清季，闡其宗派，論及餘波，凡其理致之能系統化者，均舉而詳之。允為法家哲學唯一完整性之專著。

◎儒家思想：以創造轉化為自我認同

杜維明／著

本書展示了作者為建立當代儒學的核心價值和終極關懷所作的努力。書中所探究的基本議題——人類與自然的和諧、個人與群體的互動、人心與天道的相應，都是導源於「為己之學」，而通向家國天下，並遙契天命的儒家教言。本書所傳達的信息，不僅是中華民族主流思潮的歷史表述，而且也是中國文化為全球社群所提供的人文精神。

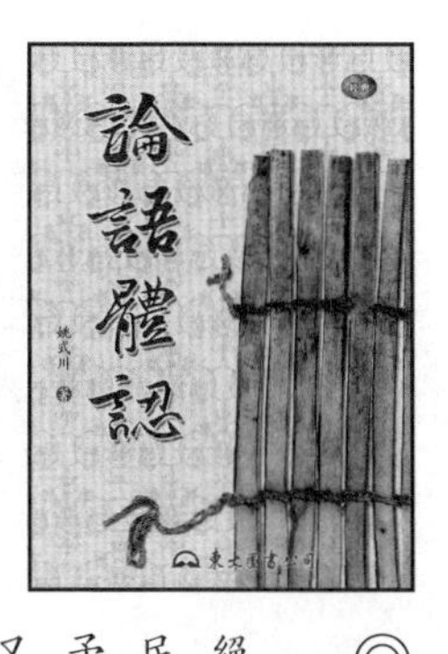

◎論語體認

姚式川／著

《論語》是記述孔子和他部分弟子言行的一部不朽著作。它所展現的孔子思想，絕大部分蘊含真知卓識，超越時空界限，適用於任何時代、任何社會制度的國家和民族，具永恆價值。本書把《論語》原二十篇約五百章，按不同義理別為十章，重予結構。這樣，既能有條理、有系統、有層次地展現了孔子偉大思想和崇高形象；又能一目瞭然地辨識出哪些是至今閃耀出智慧的光輝，可以古為今用的精華。本書文筆流暢易讀，是值得人手一冊的一部通俗讀本。